海外汉学家传记丛书

穷尽一生

汉学家父子西门华德和西门华

Walter Simon

Harry Simon

〔澳〕伍云姬 著

南京师范大学出版社

图书在版编目（CIP）数据

穷尽一生：汉学家父子西门华德和西门华/（澳）伍云姬著 . —
南京：南京师范大学出版社，2023.12
（海外汉学家传记丛书）
ISBN 978-7-5651-5837-7

Ⅰ.①穷…　Ⅱ.①伍…　Ⅲ.①西门华德 – 传记　②西门华 –
传记　Ⅳ.① K835.615.6　② K836.115.6

中国国家版本馆 CIP 数据核字（2023）第 154480 号

穷尽一生：汉学家父子西门华德和西门华

QIONGJIN YISHENG：HANXUEJIA FUZI XIMEN HUADE HE XIMEN HUA

作　　者	［澳］伍云姬	
责任编辑	杨佳宜	
出版发行	南京师范大学出版社有限责任公司	
地　　址	江苏省南京市玄武区后宰门西村 9 号（邮编：210016）	
电　　话	（025）83598919（总编办）　83598412（营销部）	
	83371351（编辑部）	
网　　址	http://press.njnu.edu.cn	
电子信箱	nspzbb@njnu.edu.cn	
排　　版	南京观止堂文化发展有限公司	
印　　刷	南京迅驰彩色印刷有限公司	
开　　本	890 厘米 × 1240 厘米　1/32	
印　　张	13	
插　　页	8	
字　　数	310 千	
版　　次	2023 年 12 月第 1 版	
印　　次	2023 年 12 月第 1 次印刷	
书　　号	ISBN 978-7-5651-5837-7	
定　　价	128.00 元	

出 版 人　张　鹏

谨献给所有热爱中国文化，
倾情奉献的中外汉学家

序

　　能受邀为伍云姬的具有开创性的传记写序，十分荣幸。该传记介绍了海外汉学界一对杰出的父子——西门华德和西门华。作者利用尘封的资料，对西门父子 20 世纪三分之二的岁月在西方汉学界里所扮演的角色，进行了深入的研究。

　　这是本传记，所以在序言中我应该阐述我个人与书中主人公的关系。我和西门华德虽不曾谋面，但和西门华一起在墨尔本大学工作了几年，并在他退休后，曾接任他的系主任工作。

　　墨尔本和墨尔本大学的中文系在海外汉学和国际汉语教学及其汉学史上占有特殊的地位。1984 年，我第一次访问西门华所创立的系时，得知学生中有一部分在中学已经学过六年汉语。进而得知墨尔本不少私立中学有中文课程，有向非华裔学生教授中文的传统。更重要的是，早在 20 世纪 70 年代初期，中文和其他外语，如德文和法文，已经并列在高考的外文科目中。中学开设中文课，中文成为高考外语的科目之一，这在当时是澳大利亚其他地方所没有的，在说英语的世界中，即使不是独一无二，也是不寻常的。而据我所知，这在很大程度上要归功于西门华在 20 世纪 60 年代初的远见卓识。当时中学的校长们正在寻找可以在学校课程中取代拉丁语和希腊语的科目，是西门华等人的努力，让一些学校选择了中文。而最初几年高考的中文试卷，也是他和系里的老师出题并阅卷。

80 年代中期，墨尔本大学院系重组，西门华所在的教授汉语和日语的东亚系，跟教授印尼语和印度语的东南亚系合并，并与新成立的人类学学科相结合，组成了亚洲语言和人类学系。当时我在悉尼麦考瑞大学（Macquarie University）教中文，接受西门华的邀请，申请到了教授中文和中国人类学的新职位。接下来的几年里，我沉浸在当时被称为"南方雅典"[1]的学术氛围里，与那里的同事和学生建立了持久的友谊。在那几年里，我也对西门华有了深入的了解。作为部门负责人，他给我留下了深刻的印象。他是一个头脑清晰灵活的人，事事考虑系里在战略上的发展方式以及长远的规划，而且从不放过任何一个发展的机会。

1989 年，我离开了墨尔本，到麦考瑞大学担任中文系主任。那时，西门华已于 1988 年退休去了中国香港岭南书院，在那里担任翻译系主任。那段时间，我在香港多次拜访过他，经常是在时任香港大学校长的王赓武的陪同下。王赓武和西门华是很好的朋友。

1995 年，我再次回墨尔本大学，担任系主任。那时，我发现系里的情况不太好。1989 年以后，中文学科的预算大大削减，本科生人数下降，研究生几乎为零。那时，大学实施了所谓的"分散区域研究模式"，中国历史在历史系教授，中国政治在政治学系教授，留给我们系的任务只是教授语言，而且希望我们走西方应用语言学的路线。在相当长的一段时间里，甚至"汉学"一词也被嘲笑为过时。

1 南方雅典（The Athens of the South）是一种夸张的说法，指的是在南半球这样遥远的地方，还可以有墨尔本这样文化灿烂的城市，像古希腊的雅典一样。

经过好几年的努力,我们在教学和研究上有了突破。在教学方面,我们开辟了五个不同级别的本科课程,以适应不同背景和语言水平的学生的需要;建立了本科中国研究课程,增加了研究生人数。大学有了双学位后,中文本科学生有兼修法律、物理、建筑学、人类学、哲学、农业等各门学科的,为此,我们调整了课程,着力培养跨学科学生在阅读、翻译以及写作等方面的必要技能。我们为一年级本科生教授中国书法,为三年级本科生教授戏剧表演。在研究方面,我们有了研究文学、语言、社会学等方面的专门人才,其中对中国区域文化的研究最为突出。教师中有从事江南歌曲文化研究的,从事湖南方言研究的,从事西北和敦煌历史研究的,从事山东殡葬与地方文化研究的,从事广西传统医学研究的,从事广西少数民族语言研究的。我自己的研究集中在广西壮族的语言、民俗和文化上。而我们的研究生,也在不同的学术领域发挥了各自的专长。

可以说,至少在一段历史时间内,墨尔本大学为学生提供的是澳大利亚最好的中文课程。我们遵照西门华的愿景,以一种满足学生需求并符合时代背景的方式,进一步发展了其创建的中文系及其课程。我为自己能成为这一项事业中的一员而感到自豪和幸运。

David Holm(贺大卫)[2]

2022 年 12 月 9 日于台北

---

2 贺大卫为著名汉学家、人类学家。他对广西壮族语言文化的研究在学术界很有影响。有关他的最新研究可参见 Baker, 2022;陆慧玲,2022。

鸣　谢

　　这部书稿的写作历时三年有余，倾注了很多人的心血，在此向他们表示衷心感谢。纰缪疏漏之处均为我个人的失误。

　　首先，我要对西门华的大女儿西门卡萝（Carol Simon）致谢。几年来，她不厌其烦，接受了我的多次采访，为这部书稿提供了不少难得的生动细节。西门父子的部分遗物、家信以及绝大多数的照片也是她提供的。[1] 如果说我收集到的素材主要集中在西门父子的学者生涯方面，在他们作为行政领导、教师、研究人员方面；那么西门卡萝提供的则是西门父子作为祖父、父亲和丈夫的邻家大爷、大叔的生活场景方面。而这两方面结合起来，这一对汉学家父子的形象才得以生动地呈现在我们面前。

　　西门华的学生兼同事孟华玲（Diane Manwaring）不但提供了一手资料，还从初稿开始，一遍一遍地阅读，提出修改意见，订正错误。东方研究系的继任系主任贺大卫（David Holm），一直关注和支持此项目，并审阅了最后一稿，订正了其中的错误，还为此书写了序。在

---

　　1 封面西门华在办公室的单人照不在此列。这张照片为墨尔本摄影师诺曼·沃代茨基（Norman Wodetzki）所拍，感谢他允许我们使用该照片。

此，我对他们二位表示诚挚谢忱。

我要感谢澳中基金会的出版资助，感谢澳大利亚西悉尼大学澳华艺术文化研究院的支持，感谢蔡源、刘江、杨蕙娴、韩静、王洪君、刘一玲等为此书得以出版所付出的辛劳。

我要感谢下面所有的在不同方面提供了帮助的同仁，他们提供的资料丰富了本书内容，他们的帮助使这项工作得以顺利进行。他们是：

Andrew Beale、Denise Bethune、Duncan Campbell、Laurence Chappell、陈文芬、陈杨国生、杜立平、Marian Van Enst、Christine Gordon、Michelle Hall、胡冼丽环、贾晓、李桢显、林佳静、吕一旭、Geraldine Mahood、Lewis Mayo、Leanne McCredden、蒙元耀、David Pattinson、Kwong Lee Dow、Alain Peyraube、孙浩良、沈瑞清、Jenny Simon、Susannah Simon、McComas Taylor、吴秀玲、杨碧霞、杨秀拔、张立民、张立文以及周少明等。

我要感谢南京师范大学出版社出版此书，感谢该社徐蕾、崔兰和杨佳宜的指点。

最后我要感谢我的家人，感谢我 91 岁高龄的老母亲在世时对我精神上的支持，感谢远在国内的家人为我买书寄书，感谢我的先生为我承担家务，并多次阅读和润饰书稿。

总而言之，没有众人的鼎力相助，就没有这部书的问世。

伍云姬

2022 年 12 月 20 日于墨尔本

前　言

约十年前，中国社会科学文献出版社先后出版了德国一对汉学家父子——福兰阁（Otto Franke）和傅吾康（Wolfgang Franke）传记的中译本。他们对汉学的痴迷和卓越贡献，让我们心怀敬意。[1] 本书要介绍的是另一对德国出生的汉学家父子，英国著名汉学家西门华德（Walter Simon）和澳大利亚著名汉学家西门华（Harry F. Simon）。[2] 这对父子对汉学同样痴迷，同样贡献卓越，并留下了弥足珍贵的学术遗产。有趣的是，以上两对父子有着师承关系：福兰阁既是西门华德的汉学引路人，又教过傅吾康古代汉语；他的高足西门华德则为傅吾康和西门华的中文老师。两对父子同在一个汉学圈里，拥有不少共同的朋友和同仁。

西门华德是汉学家，也是藏学家，曾任柏林大学东方学院教授，伦敦大学亚非学院远东系教授、系主任。他是"英国现代专业的汉学

1　福兰阁，2014；傅吾康，2013。

2　西门华德，全名 Ernst Julius Walter Simon，他发表的著作署名多用 Walter Simon（Simon，有人译为"西蒙"，Walter，有人译为"华特"或"沃尔特"）。西门华，全名 Harry Felix Simon，他发表的著作署名多用 Harry F. Simon（Harry，有人译为"哈里"）。在绝大多数情况下，书中的人名不加头衔，以便行文简洁。

研究的奠基者"之一、"欧洲汉学家的典范人物"。[3] 西门华毕业于伦敦大学亚非学院，1961 年应邀到墨尔本大学创建东方研究系、东亚研究中心以及东亚图书馆，任教授和系主任；1988 年到中国香港岭南书院创建翻译系，担任翻译系主任和文学院院长。他是澳大利亚"中文研究的火炬手"、"汉学的播种者"之一。[4]

西门华德为中国汉学界所知，历史语言研究所为胡适、赵元任、李方桂分别出的祝寿专辑里都有他的论文，直到现在还有学者在研究他的论著。[5] 西门华则还有待于介绍，虽说读过赵元任《中国话的文法》的，在此书的前言和参考书目里应该看到过他的名字；阅过马悦然（Göran Malmqvist）《另一种乡愁》的读者，应该知道他和作者在成都的故事，看过书中他们的合影。[6]

西门华德，字光中；西门华，字重光。不知父子二人的名和字是华人朋友所取还是父子二人精心讨论的结果，总之，二人名承字合，很好地诠释了这对父子和他们倾尽一生的汉学事业以及与华人学者之间的关系。西门华德早在 20 世纪 20 年代初期，刚刚接触中文的时候，就结识了俞大维、毛子水、姚从吾（姚士鳌）、袁同礼、蒋复璁等学者；还是中学生的西门华，在 30 年代，就收到过蒋彝亲笔签名的著作，并和其成了朋友。于道泉、萧乾和闻宥三人先后当过他的中文老师。因而，西门父子和海内外华人学者的学术交往和私人友谊在这本书里

---

3 Bawden，1981，第 474 页；王赓武，林娉婷，2020，第 124 页。书中凡英文作品的直接引文或间接引文，如无特别说明，均为笔者译文。

4 Endrey，Nailer & C. Simon，2020；Kowallis，2020，第 191 页。

5 Simon，W.，1957a，1957b，1969b；如冯蒸，1988；Hill，2011。

6 Chao，（1968a）1985，第Ⅶ页；马悦然，2015，第 13—55 页。

占有相当的分量。

　　和福兰阁父子所不同的是，西门父子既没有留下自传，也没有留下日记等个人记录。我们只能从他们的家人朋友、同仁以及学生那里寻找故事，从公开发表的悼文、父子俩的学术著作、遗留下来的书信以及有关单位封存的档案里寻找资料。所幸的是，众人拾柴火焰高，我们得以在爬梳剔抉中积薄而为厚，在裁红剪翠中去粗而取精。渐渐地，西门父子的人生脉络在我们的脑海里清晰起来，丰满起来，立体起来。顺着他俩弯弯曲曲的生命轨迹，我们有幸走进了父子俩的朋友圈，幸会了多位他们的终生好友、令人仰止的中外学者，如傅吾康、高本汉（Bernhard Karlgren）、蒋彝、蒋复璁、李方桂、柳存仁、马悦然、申德勒（Bruno Schindler）、王赓武、韦利（Arthur Waley）、闻宥、夏伦（Gustav Haloun）、袁同礼以及赵元任。西门父子和他们的同仁们在特殊的历史条件下，在柏林、伦敦、墨尔本，在中国大陆、台湾、香港，相互提携帮助，共同切磋探讨汉学这一"幽兰专业"[7]之奥秘的画面，像一部长卷，一幅接一幅；像组组群雕，一座接一座地呈现在我们眼前，让我们肃然起敬，感慨不已。

　　从1926年西门华德在柏林大学开始教中文，到1995年底西门华从香港岭南书院再次退休，西门父子在汉学领域里相继耕耘了整整七十年。在20世纪三分之二的岁月里，父子二人及其团队在烽火连天的战争期间，在经费奇缺、物质匮乏的年月，在和中国大陆没法联系的困难条件下，倾心付出。他们对汉学的贡献不单表现在学术研究上，还表现在中

---

[7] "幽兰专业"一说引自傅吾康，2013，第37页。

文教学和汉学研究机构的创建上，在教学模式的构建上，在教材教法的编写和研究上，在东亚图书馆的建设上，在中文教学的推广和汉学人才的培养上。半个多世纪以来，父子二人和他们的团队一起培养了一批出类拔萃的学生，有优秀的外交人员、政界人士，有大学院系的学术带头人、大学和中学教师以及在国际上享有盛誉的学者。

1961 年，西门华德在白金汉宫接受伊丽莎白王太后授予的大英帝国勋章时，王太后问："你用了多长时间学中文？"西门华德答曰："回太后，穷尽一生。"[8] 本书的主书名便来源于此。

本书记载了西门父子这两代汉学家的学术生涯和生活经历，书中既有两位学者、两位高校院系带头人在事业上的筚路蓝缕和起伏跌宕，也有两位普通人和朋友、同仁之间的相互欣赏、帮衬和扶持，还有在家庭中兼有祖父、父亲、丈夫多重职责的邻家大爷、大叔的日常生活和平凡琐事。西门华德和西门华，既是父子，又是师生、上下级。更重要的是，他们还成了同仁和好友。父子俩传承的是中国的语言文化，是与中外学者的深情厚谊。

书中史料很多是首次披露的第一手资料，而大多数的照片、图片，包括与多位中国学者的合影，也不曾为人所知。

在写作此书的过程中，毫不夸张地说，我们一直沉浸在崇敬的心情之中。为西门父子两代人，为他们的团队和同仁对汉学穷尽一生的奉献而感动，为中外学者之间的那种高山流水、相互欣赏的友情而动容，也为汉学的无穷魅力而满怀骄傲和自豪。

---

8 本书中凡是西门父子的家事，如无特别说明，均来自笔者对西门卡萝的采访记录。西门卡萝于 20 世纪 70 年代在墨尔本大学东方研究系获荣誉学士学位。

凡　例

1. 正文中的外文名字都有相应的中文译名，已为人知的随俗，如高本汉（Bernhard Karlgren）；没能查到汉字译名的一般以姓氏译音为名，如罗斯（Edward Denison Ross）；有同姓避免混淆，则用全名，如肯·迈雅（Kenneth Myer）和西德尼·迈雅（Sidney Myer）。外文名字只在第一次提及时出现，附录中有"外中人名对照"以及"中外人名对照"供检索。收录在"外中人名对照"的人名仅限于非华人的名字；"中外人名对照"中的人名不包括文学作品中的人名，如杜丽娘、齐普斯。凡注释里的人名，如参考书目的作者等，保留原名，不收入人名对照。

2. 外文人名里对姓氏的写法一般比较统一，但也有例外，如Phillips 和 Philips 为同一姓氏的不同拼法。对名的写法因人而异，差异较大：有习惯用全名的；有习惯用大写字母标注姓名缩写的；甚至同一人，在不同的著作里对名字的处理也不一样，如本书中菲利普的两本著作的署名，一作 Cyril Philips，一作 C. H. Phillips，在不发生混淆的情况下，一般采用通用的名字，不苛求格式的统一，不另行说明。

3. 海外的华裔学者一般会有拉丁字母拼写的名字，有人遵从西方的习惯，把姓置后，如赵元任（Yuen Ren Chao）；有人仍依汉语习惯，把姓置前，如胡适（Hu Shih）。本书索引里所有的拉丁文名，均把姓置后。华裔学者中没能找到中文姓名的采用译音，但只译姓氏，另加称呼，如陆博士（Chien-hsün Lu）。

4. 文中只是提及，没有参阅的书目，只在注释里注明来源，不收入参考资料。

5. 参阅的书籍如果不是初版，初版年份和参阅版本年份并列，如 Simon，W.，（1942）1956，括号内是初版年份；如果参阅了多个版本，则不用括号表示，如 King & Simon，H. F.，1970，1980。

目录

图目录

第一章

幽兰专业

1914—1926

雾尽一生

汉学家父子西门华德和西门华

作为一门独立的学科，东方学在德国建立颇早，"德国东方学会"早在 1846 年就成立了，可汉学的起步却远在一些近东学科之后。傅吾康说他在 20 世纪 30 年代学汉学的时候，"汉学是所谓的'幽兰专业'，和日本学加在一起不到 20 个学生。"[1] 在 40 年代，牛津大学的中文教师平时仅有 1 名，学生最多时 3 名；剑桥大学的中文教师 1 名，学生 5 ~ 7 名；伦敦大学情况好一些，有超过 10 位老师，有好几个人数众多的班级，但主要是因为军人学生的参与。[2] 60 年代在剑桥获得博士学位的一位汉学家回忆：60 年代以后，不少著名的汉学家曾在剑桥任教。很难想象，直到 50 年代末，剑桥的汉学专业还不为人所看重。[3] 甚至到了六七十年代，汉学在澳大利亚仍是藏在深山无人识。据报道，1969 年澳大利亚博士毕业生 490 人，只有 3 人从事东方研究；在同一年 13 360 篇本科和荣誉学位论文中，只有 13 篇和东方研究有关。[4]

汉学被认定为幽兰专业的时代是战争、动乱的年代，是经济萧条、冷战持续的年代。然而，在战火中，在物质条件极度贫乏之时，在与中国大陆联系困难之际，却有为数不多的一群汉学家，痴迷于中国的语言和文字及其背后的文化，甚至不惜为此穷尽一生。福兰阁父子在其中，西门父子也在其中。

不管福兰阁父子选择幽兰专业的初衷是什么，他们对这门专业的

---

1 李雪涛，2008，第 47—48 页；傅吾康，2013，第 37 页。

2 Blofeld，1945，第 2—3 页。此文为作者 1945 年 5 月 6 日在伦敦东方学会上的讲演稿。当天的会议由陈源（陈西滢）当主席。

3 Bernal，2012，第 133 页。

4 The Australian，1970.

执着是不容置疑的。在传记里，父子俩都毫不掩饰地表达了自己对汉学的爱。福兰阁说："我的年纪越大，我就越决心致力于汉学研究。"傅吾康表示："中国语言和文字及其背后的文化让我着迷，我从学习中体会了快乐。"[5]

福兰阁和西门华德这两位父亲都是在博士毕业后才开始学中文的，继而转向汉学，同时也都是从印欧比较语言学转向汉学的。而两个儿子，当然是得天独厚，比较早地接触了汉学。不过，福兰阁夫妇有四个子女，西门华德夫妇有两个儿子，[6]他们都各自只有一个孩子追随了父辈的脚步。

福兰阁博士毕业以后，对未来充满了期待和担忧。他需要一份工作来实现经济独立，可不知道往哪个方向走。当他向一位朋友述说自己的困惑时，朋友建议他考虑外交部的翻译服务工作，说当时前途最光明的是中国和日本。朋友的话让他豁然开朗。于是，他开始学中文，继而走上了汉学研究的道路。1888 年，福兰阁被选为驻北京帝国公使馆翻译候选人，在中国当了二十年外交官后，回到德国。他先是在汉堡殖民学院中文系任首位汉学教授，继而于 1923 年受聘于柏林大学，担任教授。[7]就在这一年，他成了西门华德的老师。

1893 年 6 月 10 日，西门华德出生于柏林，父亲为西门海因里

---

5 福兰阁，2014，第 186 页；傅吾康，2013，第 35 页。

6 福兰阁，2014，中文版编者前言第 3 页。

7 福兰阁，2014，第 35、40、207 页。

希（Heinrich Simon），母亲为
西门克拉拉（Clara Abraham Si-
mon）。[9] 夫妻俩育有四个孩子，
其中一对是双胞胎。西门华德的
妹妹叫西门凯特（Kate Simon）。
双胞胎中的一个很早就夭折了，
幸存的弟弟名为西门马克斯（Max
Simon）。[10]

　　西门华德之所以走上亚洲语言
研究的道路，可能跟他的两段经历
有关：一是 1911 年到 1914 年在
柏林大学本科学习期间，修过罗曼

图1.1　西门华德20世纪50年代单人照[8]

语族以及古典语言，有研究语言的基础；二是有当图书管理员的经历，
这个工作让他有机会博览群书。西门华德大学毕业后，于 1914 年参军，
在军队破译密码。1918 年退伍，1919 年获得柏林大学博士学位，并
获得了法语、拉丁语、希腊语的教师资格证书，1920 年又通过高级

---

　　8 照片由斯通曼（Walter Stoneman）1957 年摄于伦敦。斯通曼是英国著名肖像摄
影师。西门华德这张照片连同斯通曼的许多人物摄影，现仍收藏在英国肖像博物馆里，
并可以购买。这张照片成了西门华德的标准照，他的寿辰纪念文集以及网络的纪念文
章里，用的都是此照。

　　9 西门家人德文名字的拼法有些可能有误，他们的后人尚未能全部核实。

　　10 西门华德逝世以后，他的好友鲍登（Charles R. Bawden）于 1981 年发表了一篇长
达 19 页的纪念文章，叙述了西门华德的经历和成就。有关西门华德的简历，如无特别
说明，主要参考了鲍登的文章。鲍登于 1955—1984 年在亚非学院工作，是蒙古学家。
他的文章里没提到双胞胎，这一新资料是西门卡萝提供的。

图书馆馆员资格考试。西门华德最初的选择可能是做图书馆馆员兼外文教师，他对教学法特别感兴趣，很想研究如何用对话去教只有书面语的语言。

1920 年，西门华德的博士论文《萨洛尼卡（Salonika）犹太裔人西班牙语之特点》发表。这是一篇很有历史意义的论文，它记载了我们今天所说的濒危语言。

早在公元 1500 年，原居住于西班牙的犹太人被当地人驱逐出境，辗转到了希腊的萨洛尼卡。1519 年，在萨洛尼卡的西班牙犹太人有

左起依次为西门马克斯和西门华，1954年11月16日摄于香港半岛酒店。

图1.2　西门马克斯和西门华

15 715 人，占当地总人口的 54%。1943 年 3 月 15 日，纳粹分子开始驱逐萨洛尼卡的犹太人，该市战前 55 000 名犹太人中有 49 000 人被驱逐出境。战争结束后，萨洛尼卡的西班牙犹太人幸存者寥寥无几。

西门华德这篇论文的语料，是他在 1916—1918 年之间作为军人与从萨洛尼卡移民家庭打交道的过程中收集的，发音人是一位犹太裔西班牙姑娘。根据这位 17 岁姑娘讲述的三个童话故事——"拉比的驴子""国王和维齐尔""国王和三个姐妹"，西门华德尝试分析了犹太裔西班牙语与古西班牙文在语音、词汇和语法三个方面的差异。论文里有童话故事的转写，末尾还附有词汇表。[11]

西门华德是 1920 年开始业余学中文的。为什么选择学中文，不见文献记载。据西门华的大女儿西门卡萝介绍，祖父酷爱学习语言，只要有一点空闲，他就想学一种新的语言。据家人说，那一年他得了重感冒，医生嘱咐他在家静养。待在家里的西门华德觉得很无聊，随手在书架上拿了一本书，一本中文书，拿着就放不下了。那本书让他决定自学中文。至于那是一本什么书，现已无法知晓。

1921 年西门华德到基尔图书馆工作，一年后，1922 年应聘到柏林大学当图书馆馆员，同年与凯泽（Kate Jungmann）完婚。[12] 他的罗曼史是西门卡萝从祖母那儿听来的。西门卡萝说，她的祖父和父亲几乎从不提家事，家里的故事都是祖母或母亲告诉她的。

西门华德从军队回来以后，一天，他的弟弟，活泼开朗的马克斯

---

11 Simon，W.，1920.

12 西门华德的夫人和他妹妹的名字相同，均为 Kate。我们选了一个近音词"凯泽"，以和"凯特"区别开来。

负责举办一个舞会。他的同学凯泽那天正好得了流感，未能参加。为表示遗憾和慰问，等凯泽康复后，马克斯便邀请她上家里来喝下午茶。按当时的规矩，男女学生之间未经家长同意，不能擅自约会。马克斯请凯泽到家中，应该有家长在场，而西门海因里希夫妇那天恰巧临时有事外出，长马克斯六岁的西门华德只好代替父母的职责，陪着两位年轻人。不知怎么回事，总之，后来是西门华德，而不是他弟弟，送女孩回家。

开始一段路，西门华德和凯泽两人都没有说话，走了一半，才开始交谈。聊着聊着，西门华德突然发现自己很喜欢这位姑娘，他和凯泽的爱情就是从那天开始的。认识不久，西门华德就去凯泽家，请求她的父母允许二人约会。当时德国的高中生在毕业时都要求通过拉丁文和古希腊文的考试，凯泽古希腊文不太好，而语言是西门华德的强项，便主动帮助她补习，两人的感情自然而然升温。凯泽高中毕业之前，两人就订了婚。因为订婚，学校居然破例免了她的古希腊文考试。

1922 年，西门华德的工作稳定了，两位年轻人喜结连理。家人都说，如果没有这次偶遇，两个性格迥异的人不一定能走到一起，西门华德不一定能找到这么出色的妻子。

1923 年，西门华德在柏林大学开始跟福兰阁学汉学，跟藏语系的第一位藏学教授弗兰克（August Hermann Francke）学习藏文。当时在柏林大学从事东方研究的除了上述两位学者，还有吕德斯（Heinrich Lüders）和豪尔（Erich Hauer）等。吕德斯是著名的梵文专家，季羡林在哥廷根东方研究所的梵文老师便是吕德斯的学生。[13] 豪尔从 1923

---

13 Hill, 2017, 第 100 页；季羡林，（2016）2018，第 53—54 页。

20世纪50年代初期摄于伦敦。
图1.3 西门华德夫妇和西门彼得

年起在柏林大学任教，主要教满语和蒙古语。西门华德也学过满语和蒙古语，至于是自学还是跟豪尔学的，暂未找到记载。

西门华德学汉学的年代（1923—1926），也是中国兴起留学热潮的年代。当时柏林大学有"14 000 ～ 16 000 名学生，各个专业都人数众多——因此，仅仅是人文学科从业人员（最严格意义上的人文学科）就形成了教师团队，人数不少于一所小规模高校的全体教师"。[14]再加上第一次世界大战后，通货膨胀达到顶峰，马克大幅度贬值，用外币换马克比较实惠，因此不少中国留学生都奔向这所大学，甚至从法国、美国等地转战柏林。20世纪20年代初期，先后到柏林大学留学的就有陈寅恪、傅斯年、姚从吾、毛子水、俞大维等，五人交往甚

14 福兰阁，2014，第168页。

笃。[15] 西门华德与后三位学者的交往，我们已找到了根据。

俞大维在 1921 年和表哥陈寅恪一起去柏林大学求学。西门华德保留了俞于 1927 年赠送给自己的一本德文杂志。封面上有俞大维用德文写给西门华德的赠词以及中文签名，杂志内有俞用德文写的文章《欧洲和中国》，署名为"Yü Ta We"。[16]

姚从吾于 1922 年夏赴柏林大学留学，曾做过福兰阁的学生。[17]

俞大维赠与西门华德的德文杂志封面及其论文第一页。

图1.4　俞大维1927年赠给西门华德的德文杂志

15　关于这五位学子在柏林大学的情况，可参考岳南，2014，第33—45页。

16　Yü，1927.

17　傅吾康，2013，第76页。

1931 年，姚从吾担任柏林大学汉学研究所讲师，1934 年回国。回国前，他赠送了自己于 1933 年在《泰东》（Asia Major）发表的一篇有关金元王朝史册的论文给西门华德。封面上分别用德文和中文写了赠词。中文写的是"西门教授先生惠存　姚士鳌敬赠　一九三四年二月柏林"。[18] 1959 年，西门华德的儿子西门华在中国台湾休学术假时见到过姚从吾。西门华在当年 2 月 10 日给父亲的信里说："在写简讯中给我以帮助的是善良的长者姚教授，你们在柏林就认识。他现在是这里的中文教授，他向你表达最诚挚的问候。"

毛子水也于 1922 年秋赴德国留学。西门华在 1959 年 11 月 27 日给父母的信里说："去听胡适的报告时，再次遇到毛子水。毛子水再次叮嘱我向你表示问候。"[19]

从专业的角度说，西门华德与陈寅恪、傅斯年最接近。可是"陈傅二人在这一时期留下的资料非常稀少，为他们作年谱或传记的作者，在记述二人交往史实时，往往一笔带过，从而为后人留下一堆纠缠不清的谜团"。[20] 即使是俞大维、毛子水、姚从吾等和陈寅恪关系密切的同学，在回忆 20 年代在柏林大学的生活时，提及的也主要是他的治学方法和学识。俞大维曾提到陈寅恪受过高本汉、吕德斯、伯希和（Paul Pelliot）、钢和泰（Alexander von Staël-Holstein）、缪勒（F. W. K. Müller）以及巴特霍尔特（Wilhelm Barthold）等国外学者的影响，

---

18 Yao，1933. 姚士鳌是姚从吾的原名。

19 Simon，H. F.，1959b，第 1 页；1959g，第 3 页。

20 岳南，2014，第 40 页。

图1.5　姚从吾1934年赠给西门华德的
论文抽印本

但对其在柏林的生活以及与其他学人的交往均未提及。[21]

　　陈寅恪于1911—1914年间，曾自费在柏林大学就读；而西门华德也刚好是1911—1914年在柏林大学读本科。1918年冬，陈寅恪再度出国留学。1921—1925年在柏林大学哲学学院学习印度学和汉学，师从吕德斯，主修巴利文、梵文。傅斯年于1923年9月到1926年10月在柏林大学学习物理学，后转向语言文字比较考据学。

　　据傅斯年的档案显示，陈寅恪和傅斯年的藏语老师是弗兰克。弗兰克恰好也是西门华德的藏语老师，师徒二人还曾一起增订过德国西藏学先驱叶斯开（Heinrich August Jäschke）的经典作品《藏文文法》

　　21　俞大维等，1970，第2、9页。陈寅恪逝世后，俞大维、姚从吾、毛子水、赵元任等十多位学者写下了悼念文章，由台湾传记文学杂志社编辑成册。

（1929）。[22] 有研究认为，陈寅恪"第二次在柏林大学期间肯定见过西门，因为当时西门在柏林图书馆负责汉文藏书。他在1934年3月6日给沈兼士的信中议论过西门的学问，这个议论正是在西门访华以后"。我们没能找到西门华德在柏林大学图书馆负责汉文藏书之出处，但柏林图书馆有一位在学汉学的图书馆馆员，这位常去图书馆的中国留学生却不知晓的可能性确实比较小。况且西门华德与俞大维、姚从吾以及毛子水都有交往。陈寅恪1934年给沈兼士的信中提及西门华德时说："德人西门，据高本汉字典，以考西藏语，便略有发明。西门中国学问至浅，而所以有少少成绩者，其人素治印欧比较语言学，故于推测语根分化之问题，较有经验故耳。" [23]

这里还应提及20世纪20年代在德国留学的学者林语堂。他留学时和西门华德有无交集尚不清楚，但二人都对古音韵和国语罗马字进行过研究。

林语堂于1923年获莱比锡大学博士学位，毕业当年就回国了。1924年，他的一篇英文文章《古代汉语语音调查》在《泰东》杂志上发表。这篇论文不知是他博士论文的部分提纲，还是他拟写的另一部新作的提纲。这篇12页的论文只有第一部分的提纲，拟讨论三个问题——汉语史的分期、方言的分区、某些方言的（音韵）特点等，

---

22 Schindler，1963，第2页，1929（13）。申德勒（Schindler）编辑了西门华德1920—1962年的出版物80余种，用数字标序。凡西门华德1935年前用德文写的著作，除了他的博士论文外，笔者均未能参阅。故凡这个阶段的著作，均参阅申德勒的编目。上面标注的"1929"是论文写作时间，"（13）"是申德勒给西门华德论文的编号。

23 陈怀宇，（2013）2018，第81页。西门华德与沈兼士相识，1933年在北平时，沈赠送了其当年发表的论文抽印本《右文说在训诂学上之沿革及其推广》。

每个问题下面都有非常详细的小标题。文章一半的篇幅是参考书目，计有欧洲文献 25 种、中国文献 71 种。[24]

留德学子在柏林时生活都十分艰难，经济拮据，有语言障碍。按照柏林大学的规定，留学生不论以前在哪个学校学习，已得过什么学位，都要先通过德文考试。因此，不会德文的首先要补习德文。但正像福兰阁所褒奖的，"在柏林或其他城市学习的许多中国年轻人——完全有别于原来的时代——都是严肃和有责任感的人，几无例外……我总是听到我的所有同事对这些人的赞扬，赞扬他们的刻苦勤奋和满腹才华。"[25]确实，当年的留德学生，有不少像陈寅恪、傅斯年、俞大维、毛子水、姚从吾和林语堂一样的，后来成了国家的栋梁之才。

西门华德的论著目录显示，1923—1926 年在福兰阁门下学汉学时，他就发表了四篇学术论文：1924 年的论文《第一本汉语词源词典》，评论了高本汉 1923 年的著作《中日汉字分析词典》；1925 年的论文，评论了《韩国语会话语法》；1926 年的论文，讨论了"中国的民族语文运动"；同年的另一篇论文是评"梵语和藏语的发音"。[26]这四篇论文都是用德文写的，但探讨的问题所涉及的语言有韩文、中文、梵语和藏语。从西门华德的论著一览中还可以看出，他的学术论著采用了五种语言写作：德语、英语、汉语、法语和荷兰语。他早期用母语德文写作，1938 年以后发表的著作多为英文。他编写的中文教材抑或为纯中文（如 1944a），抑或中英并举（如 1943），而他

---

24 Lin，1924.

25 福兰阁，2014，第 184—185 页。

26 Schindler，1963，第 1 页，1924〔2〕，1925〔3〕，1926〔4〕，1926〔4a〕。

和法国学者合作的《满语基金目录》（1979）是用法文写作的。用荷兰文写作的有一篇，即1955年发表的，为荷兰汉学家戴闻达（J. J. L. Duyvendak）所写的悼文。[27]

据鲍登（Charles R. Bawden）回忆："西门华德很有语言天分，但很谦虚。1935年他去伦敦找工作时得填写一份表，其中一栏是哪种语言他能阅读。他答曰，几乎所有的欧洲语言，还有中文和日文。其实他还会藏语、满语和蒙古语。"[28]

前面说过，福兰阁、西门华德这两位父亲都是博士毕业后，因为某种契机，走上了汉学研究的道路。那么，他们的两个儿子是如何走上汉学研究道路的呢？

家庭环境和家庭影响应该是傅吾康走上汉学道路的重要因素。傅吾康回忆说："在我出生长大的家里，到处都是中国家具和其他中国物件：客厅里陈列的是中国瓷器和手工艺品，走廊里放着漂亮的景泰蓝花瓶和坛子，我父亲工作室的书架上摆放着许多中文书籍（木版书籍）。吃饭或其他时候，大家会大量地谈论中国的事情……"[29]

西门华读中学时的志向并不是走父亲的道路，他想学法律或者在军队里做情报工作，是第二次世界大战的爆发改变了他的选择。1942年，西门华中学毕业后，参加英国政府委托伦敦大学亚非学院开办的中文培训课程，从而走上了汉学研究的道路。

---

27 Simon, W., 1955. 此文有荷兰文和英文两个版本，参见 Schindler, 1963，第6页，1955（64a）。笔者只找到了英文版。

28 Bawden, 1981，第459页。

29 傅吾康，2013，第5—6页。

　　福兰阁父子和西门父子，这两对有师承关系的父子选择幽兰专业的初衷虽不尽相同，但是选上了以后，不管命运将他们抛到哪里，不管是在烽火里还是在冷战中，他们都从不回头，无怨无悔地为此奋斗了一生。这，便是这两对父子的共同特点，也是让我们肃然起敬之处。福兰阁一直拒绝追逐商业利益的办学方针，明确地提出要以中国语言和文化学习作为根本的方向，应当在汉语语言学的基础之上，进一步建立起对中国文化整体的研究。在教学和研究方面，福兰阁一改汉学只注重古代汉语和古典研究的做法，倡导从现代汉语出发，进而深入研究中国的传统和文化。[30] 福兰阁的理念无疑对西门华德有很大的影响。我们在后面可以看到，西门华德在伦敦大学亚非学院，西门华在墨尔本大学东方研究系的办学模式和方针，都有福兰阁理念的影子。

---

30 张西平、李雪涛，〔2011〕2018，第 163 页。

第 二 章

汉学圈

1920-1935

汉学家父子西门华德和西门华

学者的友谊往往重在学术层面上。同一课题的探讨，不同观点的对垒，学术会议上的切磋，学术单位间的互访，等等，这让有同样或相似专业的学者有建立学术上相互欣赏、相互借鉴、相互促进而结成知音的机会。西门父子和福兰阁父子一样，都是爱交友的人。他们周围有一个又一个汉学圈，甲圈和乙圈可能会有交汇之处，乙圈和丙圈兴许会有重叠之点。圈圈相连，环环相扣，构成了一幅绚丽多彩的汉学群英巨幅画卷。

西门华德的汉学圈从一开始就不小。从他 1920 年开始学中文，到 1935 年去英国之前，除了他的汉学老师和同事，仅就在德国认识的圈内朋友而言，我们查到的就有袁同礼、蒋复璁、傅吾康、白乐日（Étienne Balazs）、石泰安（Rolf Alfred Stein）、高本汉、李方桂，还有夏伦、申德勒和戴闻达等。特别难得的是，西门华德与这十位学者都保持了终生的友谊。这一章将论及前面的七位学者，后面三位在以后的章节里陆续介绍。在上述的朋友当中，以西门华德与高本汉的友谊尤为引人瞩目，他俩是因为学术观点尖锐对立而成为知音的。

西门华德的第一份职业是图书馆馆员，从 1922 年到 1935 年，他在柏林大学图书馆工作，拥有高级馆员证书。西门华德认识的第一位中国同行是袁同礼——著名图书馆学和目录学专家。在介绍他和袁同礼的相识之前，我们先介绍一下西门华德选择图书馆馆员为职业的原因。

西门华德之所以选择以图书馆馆员为职业，恐怕有家传因素。据西门卡萝介绍，西门华德的祖父和父亲都是图书馆馆员。有关其祖父的资料尚未找到，但我们知道其父西门海因里希是学者、作家，同时也是资深的高级图书馆馆员。[1]

西门海因里希出生于柏林，本科学的是数学和物理。他是一个兴趣十分广泛的人，为其从事的每个专业都做出了贡献，都享有声誉。西门海因里希拥有博士学位，研究过音乐史，写过与音乐史以及与音乐有关的小说、散文。在他的讣告里，西门海因里希被称为音乐史教授。[2] 他对语言文字学也十分有兴趣，提倡语言的纯正和运用的清晰。对各种学科有广泛的兴趣和研究，这对一个图书馆馆员是十分有益的。而图书馆馆员这个职位本身，又为扩展知识的广度和深度提供了有利条件。1887 年，西门海因里希先是在柏林大学图书馆做义务馆员，后一步一步升到图书馆馆员。1905 年，他转到普鲁士皇家图书馆，此后在多个图书馆工作过。在他 50 岁那年（1908），政府拨款给柏林大学、汉诺威大学以及丹吉格大学，让这三所大学各配备一名受过学术训练的图书馆馆员，西门海因里希得到了柏林大学的职位。西门华德于 1911—1914 年在柏林大学读本科期间，他父亲就在大学图书馆工作。1922 年，西门华德当上柏林大学图书馆馆员时，他父亲 64 岁，接近当时的法定退休年龄 65 岁，从时间上推算，父子俩应该在一起共事过一年。

1923 年 9 月 13 日，西门海因里希的大孙子西门华出生。同年 10 月 1 日，他从柏林大学退休，退休时荣获"学术界荣誉市民"的称号。退休后，西门海因里希并没有停止工作。一直到 1930 年，去

1　有关西门华德父亲的资料，均来自特罗姆斯多夫（Trommsdorff），1931。原文是德文，由西门海因里希的后人克里斯·戈登（Christine Gordon）译成英文。

2　西门海因里希所作文学作品多用化名"Osmin"发表，"Osmin"由"Simon"换序组合而成。

世的前几天，他还在协助编写《乌尔斯坦百科全书》。

西门海因里希在图书馆的建设上建树颇丰，最杰出的贡献是建立了一套对科技类书籍分类上架的方式。同行们对他的工作能力和态度给予了很高的评价："作为同事，他任何时候都热心相助；而作为领导，对手下期待很高，从不容忍懒惰和磨蹭。但是，他又很宽容，总是设身处地为他人着想，不管是言谈还是文字书写中，从不曾有过火的冒犯。""业内人都称他为德国最尽责、最优秀的馆员之一。"

1918 年，西门华德服完兵役以后，回到柏林。他先在基尔大学图书馆，继而在柏林大学图书馆工作。在他所处的年代，德国"除了国家图书馆以外，各大学汉学系也纷纷建立了各具特色的图书馆，同样也以最早建立汉学系的汉堡大学和柏林大学汉学系图书馆有关汉学的藏书最多，除了一些前汉学时期的珍贵'摇篮本'外，也藏有一些中文的善本和孤本"。[3] 西门华德对汉学专业图书馆的贡献一定在其中。图书馆的工作经历使他对藏书、版本学、图书管理学等相关的学科，都积累了丰富的知识。1929 年，西门华德还曾被派到英国多家图书馆进修一年。就在这一年，他的小儿子西门彼得（Peter Simon）在柏林出生。

长西门华德两岁的袁同礼生于北京，1916 年毕业于北京大学，与傅斯年、毛子水是同学。1923 年在纽约获得图书馆学学士学位之后，袁同礼前往欧洲各国考察图书馆与博物馆，寻找散失在海外的《永乐大典》。[4] 西门华德和袁同礼这两位图书馆馆员于 1924 年上半年在柏

---

3 张西平、李雪涛，〔2011〕2018，第 164 页。

4 张红扬，〔2010〕2012，第 97 页；有关袁同礼在海外寻找《永乐大典》的轶事，可参见叶隽，2020，第 1—34 页。

林图书馆相识。[5] 据西门华德回忆，袁同礼的访问让他和同仁们大为受益，他们通过袁同礼可以直接从中国买书了。西门华德当时正在收集刚刚开始流行的"言文对照"一类的书籍，袁同礼的帮助使他的收藏得以齐全。西门华德说，没有袁同礼的帮助，想在德国收集这类书籍，完全是不可能的。

袁同礼回国后不久就给西门华德寄了《中国图书新闻》（*China Book News*）的创刊号以及一封私信，说编这一小册子是受西门华德的启示。西门华德的订书单让他意识到，西方各地的汉学家们肯定也对中国出版的书籍感兴趣。西门华德和袁同礼的友谊便从那时开始。1932 年，袁同礼邀请西门华德到北平图书馆[6] 做交换馆员。

西门华德在德国认识的第二个中国同行是蒋复璁。蒋复璁毕业于北京大学哲学系，1926 年起在北平图书馆工作；1930 年赴德国柏林大学学习，攻读哲学和图书馆学。根据记载，"……中国学人蒋复璁1930 年留学德国，经柏林大学副教授西门华（德）（W. Simon）介绍，也与福兰克相识。"[7] 西门华德和蒋复璁的友谊一直延续到下一代，西门父子与蒋复璁的多封通信至今仍能读到。

1926 年，在做图书馆馆员的同时，西门华德得到了无薪讲师

---

5 西门华德与袁同礼的交往，如无特别说明，均参见他给袁同礼写的悼文：Simon，W.，1968，第 41—44 页；西门华德（陈祚龙译），1968，第 30—32 页。关于西门华德和袁同礼初次会面的时间，英文稿写为 20 世纪 20 年代中期，中文稿译为 1925 年。但据资料，袁同礼于 1924 年下半年就从欧洲回国，参见李文洁，（2010）2012，第 26 页。故他们初次会面应该是在 1924 年上半年。

6 北平图书馆，旧址位于北京市西城区文津街 7 号，原为国立北平图书馆的所在地，中华人民共和国成立后改称北京图书馆，现称中国国家图书馆古籍馆。

7 桑兵，2010，第 62 页。原文中"西门华"应为"西门华德"，"福兰克"即"福兰阁"。

（privatdozent）职位，教授
远东语言学。[8] 他的职位于
1929 年得以继续，然后续到
1931 年，届时他已经被允许
教授汉学的任何一个科目，
包括汉语、日语、满语和藏
语，1932 年晋升为汉学教授。

该照片摄影时间不详。
图2.1　西门华德在书房

　　西门华德的学生傅吾康
1931 年在汉堡大学学了一年
多中文后，转到柏林大学东
方语言学院接受中文训练。
傅吾康在回忆他于 1931—
1932 年大学期间的生活时写道：“在大学真正的汉学课程中，我定
期听西门华德（Walter Simon，1893—1981）的课，他是大学图书馆
馆员兼学院的无薪讲师。我还记得《聊斋志异》、《庄子》读物、一
门语言学讨论课和一门日文中的中文——汉文（Kambun）导论课。
在我的记忆里，当时的情景仍然那么清晰，仿佛就在眼前。西门尚未
到过中国，却非常清楚如何从多方面来安排课程，令学生的学习情绪
高涨并获益良多。我从他那儿学到了许多东西，与他和他妻子在校外

---

　　8 李方桂在提到西门华德的职位时解释：“在美国，他可能被称为教员（instructor），
而在德国他被称为无薪讲师（privatdocent/privatdozent），指不是从政府那儿而是从学生
那儿获得薪水的私人教员。”李方桂，2003，第 33 页。李雪涛把“privatdozent”译作“候
补教授”，并在注中解释“系已取得教授资格而无教授席位”。李雪涛，2009 年，第 67 页，
注 15。

也有联系。" [9]

西门华德和傅吾康有着不少共同的朋友和熟人，仅就傅吾康传记中提到的华裔学者而言，就有程曦、董同龢、胡适、蒋复璁、李济、刘程荫、刘若儒、柳存仁、王赓武、姚从吾、杨联陞、袁同礼、赵元任等。[10]

傅吾康当时的老师除了西门华德和他即将退休的父亲以外，还有许勒（Wilhelm Schüler）、特里特尔（Walter Trittel）、埃尼希·海尼士（Erich Haenisch）、雷兴（F. D. Lessing）以及曾垂祺。傅吾康的传记里，对西门华德的这些同事，都有简短的介绍。[11] 遗憾的是，关于西门华德和他们之间交往，能找到的记载很少。在这些同事中，和西门华德专业兴趣最相近的是蒙古语和满语专家埃尼希·海尼士。1931 年，埃尼希·海尼士离开莱比锡，来到柏林大学，接替即将退休的福兰阁的职位。在他和福兰阁进行交接的一年多里，柏林大学汉学的教学，实际都是西门华德在负责。[12] 埃尼希·海尼士和西门华德可能一直有联系，他的名字出现在 1963 年给西门华德祝寿的名单之中。[13]

1926—1933 年，西门华德在柏林大学任教期间，东方语言系培养了多少学生，西门华德直接教过多少学生，是否还有像傅吾康一样

9 傅吾康，2013，第 42 页。

10 傅吾康，2013，第 468—491 页，人名索引。其中，"柳存仁"误作"刘存仁"（见第 372 页）；"董同龢""杨联陞"，不见于人名索引（见第 240、327 页）。

11 傅吾康对这些老师都有简短的介绍，2013，第 40—43 页。

12 Bawden，1981，第 460 页。

13 Schindler，1963，附页。有关这份名单在本书第十章中会有介绍。

听过西门华德的课并留下了感言的，暂时未能找到资料。不过，值得一提的是，当时系里有两对父子，除了福兰阁父子外，还有海尼士父子。埃尼希·海尼士的儿子沃夫尔·海尼士（Wolf Haenisch）和傅吾康以及白乐士都在同一个汉学小组里。"学期中，小组成员多次碰面。大多数时候是在其中一个成员家里。通常，在谁那里举行，就由他作有关自己研究领域的报告。"[14]

柯马丁（Martin Kern）在研究德国汉学家1933—1945年的迁徙时，提到了西门华德在内的29名汉学家，[15]其中就有西门华德的终生好友白乐日、石泰安，以及申德勒和夏伦。

白乐日是匈牙利布达佩斯人。1935年，他被迫离开已经成为他第二故乡的德国，定居法国巴黎。他和西门华德是同学，都是从1923年开始在福兰阁门下学习。白乐日以研究中国古代经济著名，在学术上很活跃，常在学术会上与傅吾康相逢。西门华德七十大寿时，白乐日的名字出现在祝寿名单里。令人痛心的是，就在同年的11月29日，他心脏病发作，英年早逝。

西门华德的遗物中有两封石泰安用法国高等社会科学院的信笺写给他的信。信的抬头都是"亲爱的朋友"，先一句致谢，继而讨论学术问题。[16]石泰安比西门华德小18岁，属西门华德的学生辈，但他称其为朋友，可见二人的关系十分亲近。石泰安也是犹太人，1933年从柏林大学毕业以后，为躲避纳粹的迫害，离开柏林，去了法国，后

14　傅吾康，2013，第45页。

15　柯马丁，2005，236—253页。"夏伦"在此文中翻译为"霍古达"。

16　Stein, 1967a, 1967b.

成为著名汉学家和藏学家。根据西门华德记载，1948 年石泰安曾把法国藏学家拉露（Marcelle Lalou）于 1939 年发表的文章里引用的藏文图片让西门华德确认。[17] 西门华德七十大寿时，石泰安的名字也出现在祝寿名单里。

西门华德在 20 世纪 20 年代走上汉学道路时，关注的第一个学者是当时国际上最有影响力的瑞典汉学家高本汉。高本汉在中国方言学、音韵学、词典学、文献学等诸多领域都有杰出的贡献。赵元任对高本汉的印象是"平易近人，就像一个中国学者""很安静，对自己讲的话不武断"。马悦然回忆说："高本汉是个最理想的老师。他从来不用勺喂（spoon-feed）他的学生：他把我们看作在学术上的战友。他让我们听到巨大鹏鸟翅膀下飕飕的声音，让我们体验追求真理之美。高本汉的学生不仅尊敬他，我们真正地爱他，像爱自己的父亲一样爱他。"[18]

西门华德的第一篇汉学论文发表于 1924 年，该文评论了高本汉 1923 年的著作《中日汉字分析词典》。1927 年，他又发表文章评了高本汉的《汉语方言词典》。[19] 作为一个刚刚入行的年轻学者，评论权威学者的文章，是要有勇气的。西门华德于 1927—1928 年出版的《古汉语复辅音的构拟》和 1929 年出版的《汉藏同源词初探》，[20]

---

17 Simon，W.，1960.

18 列文森，2010，第 153 页；马悦然，2015，第 111 页。

19 Schindler，1963，第 1—2 页，1924（2），1927（7）。有关高本汉，可参见马悦然为他写的传记，Malmqvist，2011a。

20 Schindler，1963，第 1—2 页，1927（6），1928（10），1930（17）。《汉藏同源词初探》原发于 1929 年，1930 年出了单行本，共 77 页，在申德勒编的目录里，该文列在 1930 年。

均受到高本汉严厉的批评。而又正是这两部作品，奠定了西门华德在汉语古音构拟以及汉藏语研究方面的学术地位。

高本汉在他的论文《汉语上古音中的几个问题》里，用近三分之一的篇幅讨论了西门华德的《古汉语复辅音的构拟》。高本汉在阐述了自己的观点以后指出，他这篇文章的初稿曾于 1928 年 1 月在伦敦大学东方学院[21]做过演讲，正待付梓时收到柏林西门华德博士的论文，他在文章里提到好几个上文讨论到的问题，且有些极有意思的建议，所以得一一回应，此文才得告以结束。在对西门华德的提案做了分析和批评以后，高本汉指出："如果非得对西门华德的大部分结论提出方法论上的异议的话，我必须强调，本人丝毫没有认为他的提案是凭空想象的。相反地，我认为这位学者显示了优秀语言学家的天赋"。其中，"flair"（天赋）一词还特别用了斜体以示强调。[22]

紧接着，1929 年，西门华德的《汉藏同源词初探》问世。他精选了 338 对汉藏同源词，以探讨其音韵对应。这部著作一问世，就备受关注。《东方文献报》（*Orientalistische Literaturzeitung*）对这部著作有长篇介绍，藏学家们也纷纷发表评论。如，美国藏学家沃尔芬登（Stuart N. Wolfenden）指出："西门博士十分有成效地提出了长期以来被忽视的问题……他以一贯的谨慎态度，采用藏语和汉语中最古老的可以用来构拟（古音）的词进行了比较。"[23]可是，西门华德这篇文章受到了高本汉更加严厉的批评。高于 1931 年在《通报》

---

21 伦敦大学东方学院，于 1938 年改名为伦敦大学亚非学院。

22 Karlgren，1928，第 788 页。有关对西门华德论文的评价，参见第 788—811 页。

23 Wolfendena，1931，第 210 页。

（T'oung Pao）上发表了 46 页长文，对西门华德的构拟提出了否定意见。高本汉指出，西门华德仅用两种语言的比较来进行构拟，从方法上来说就是不对的；挑选的词语也有问题，都是些最常见的实词，没有意义抽象或不常用的词；构拟的音值也值得怀疑；等等。他总结说："对于西门的著作，我在很大程度上是持批评和坚决反对态度的。"尽管如此，高本汉也承认西门华德这一勇敢的、生机勃勃的尝试值得高度重视。这毕竟是第一个对于有可能的或疑似的同源词的系统梳理，有相当一部分的例子是站得住脚的。高本汉对西门华德论著的标题中采用的"初探"二字的谦虚态度也表示了赞赏。[24]

学者的交往和友谊，往往就是在针锋相对中密切和加强的。高本汉的传记里有这样的描述："在 1935 年 4 月访问柏林期间，高本汉见了犹太籍汉学家和图书馆馆员西门华德（1893—1981）。""西门对古汉语结构的研究，最重要的是关于辅音韵尾和汉藏语词的对应，对高本汉的古音重建起过重要的作用。"[25]

1935 年底，西门华德遭受被迫离开德国的灭顶之灾时，高本汉出手相助，给他出具了极有分量的推荐信。据李方桂介绍，有一年他见到高本汉时曾问："西门华特（德）近况如何？"高本汉回答："啊，还行，我推荐他去了伦敦大学。"[26]

李方桂和西门华德认识得很早。1929 年春天，在芝加哥大学获得博士学位后，李方桂计划从纽约上船去欧洲漫游三个月。出发之

24　Karlgren，1931，第 62 页。
25　Malmqvist，2011a，第 140 页。
26　李方桂，2003，第 34 页。

前，知道他的第一站是德国，芝加哥大学的人类学家鲍亚士（Franz Boas）交给他两封信，其中一封是给西门华德的。李方桂和西门华德这两位同行便经鲍亚士介绍而相识了。[27]

李方桂在他的口述史里回忆说："西门华特（德）当时非常年轻……我们开始一起讨论汉语语言学、历史语言学问题，也谈论汉藏语等问题。那时候，他正在写一篇汉、藏比较的文章。当时，著名的汉学家高本汉写了一篇文章在《通报》上批评，甚至是嘲讽西门华德的汉藏语比较。"[28]"当时在德国我和他成了好朋友。从此以后，我们经常就藏语问题互相通信。"

"西门住在柏林西部的格伦沃德（Grunewald）地区，我们常去他家喝茶，并常常环绕小树林散步，你们知道，那就是格伦沃德小树林。我们讨论高本汉对古汉语的构拟。你们知道，高本汉非常严厉地批评过西门华特（德）。我尽力地安慰他说，高本汉也太挑剔了。他说：'是啊，高本汉就是那种偏见。'……于是我对西门说：'高本汉对年轻学者过于严厉。'西门对这个评价印象非常深刻。【笑了】所以我们就变得非常友好了。""我之所以成为香港大学校长的顾问之一，大概主要是因为西门华特（德）的原因。"[29]

李方桂和西门华德一直保持着友谊，二人在音韵学、汉藏比较等领域时有交集。据丁邦新介绍，"李先生在一九二九年初到史语所

27　徐樱，2010，第 34 页。徐樱为李方桂的夫人。

28　高本汉在《通报》上的文章是 1931 年发表的，李方桂描述的是他 1929 年见到西门华德的情形，二者在时间上不合。

29　李方桂，2003，第 33—34 页。笔者从一个信封上找到了西门华德当年在柏林的地址：Rudolstâdterstr 126，Berlin-Wilmersdorf Duitsilland。

的时候，对于汉语语言学并没有深刻的认识。那时国内对于汉语音韵学及方言学的研究正在起步，反而是外国人的研究已经有高本汉（Bernhard Karlgren）及西门华德（Walter Simon）的著作。""先生在所里的头两年埋首批阅明清两代诸音韵学大师以及高本汉、西门华德等人的著作。在一九三一年就发表了他讨论古汉语音韵的第一篇文章'切韵 â 的来源'。这篇文章实在是体大思精，当时极受赵元任先生的赞许，认为是国人第一篇科学性的音韵学论文。"西门华德在他于 1938 年发表的《汉语中古音的构拟》一文中引用了李方桂的该篇论文。[30]

1962 年，李方桂夫妇利用假期在欧洲游历了九个月，停留过 16 个国家，其中就有英国。[31] 西门华德请他们夫妇到家里做客，留下了非常珍贵的合影。

阅读西门华德的论著目录，我们发现，他的评论文章占有相当的分量。在 1927 年到 1935 年的 29 种论著里，就有 14 篇是评论文章，其中一篇（1934）在同一个标题下评论了 17 篇著作。其评论所涉及的学术范围也较广，有评高本汉的《中国方言词典》（1927）、埃弗雷泽（Everard Fraser）的《〈左传〉的索引》（1933），有评埃尼希·海尼士的《汉语书面课程》第二卷（1931），还有评王力 1932

---

30 丁邦新，（1974）2000，第 411—412 页；Simon，W.，1938。

31 徐樱，2010，第 93 页。

右起依次为西门华德夫妇和李方桂夫妇等，1962年摄于伦敦西门华德家。[32]

图2.2　西门华德夫妇和李方桂夫妇

年出版的《po-pei 的汉语发音》（1935）。[33]

　　王力这篇论文是用法文写的。他于1926年考进清华大学研究院，全班32个人只有他一个人跟赵元任学习语言学。1927年赴法国留学，1932年获巴黎大学文学博士学位后返国。王力和西门华德是否有过

[32] 据王赓武辨认，左一可能是程曦。

[33] Schindler, 1963, 第2—4页，1934（28），1927（7），1933（24），1931（21），1935（30）。

往来不清楚，但他们在学术上是有神交的，即使意见相左。例如，在辅音韵尾的构拟上，二人的意见不一致。陈新雄指出："如果撇开细节问题，那么可以说辅音韵尾的构拟问题上，我们碰到的是两种根本不同的理论。一种是高本汉、西门华德和董同龢提出的，另一种则是奥德里古和王力提出的。"[34]

　　柏林是西门华德的出生地，柏林大学是他学习和工作多年的地方。遗憾的是，目前能找到的其在德国期间的资料非常有限，只有寄托于懂德文的同仁，作进一步的努力。

---

34 陈新雄，1999，第48页。奥德里古（André-Georges Haudricourt），法国语言学家。

客居北平

1932–1933 ┃ 1948–1949

汉学家父子西门华德和西门华

西门华德去过两次北平，[1] 第一次是 1932 年 11 月到 1933 年底，作为交换学者去北平图书馆工作了一年；第二次是 1948 年 9 月到 1949 年 8 月，利用学术假为伦敦大学亚非学院采购书籍。如果说西门华德以前的学习主要集中在古代汉语书面语上的话，两次居住北平让他有了学习现代汉语书面语和口语的机会。

1932 年，西门华德受袁同礼的邀请，作为交换馆员于 11 月 17 日抵达北平，"寓于东城大取灯胡同三院袁同礼宅"。[2] 西门华德在北平期间是一直住在袁家，还是刚抵达时在袁家落脚，不太清楚。

西门华德抵达时，北平图书馆新馆于 1931 年刚刚落成。作为副馆长的袁同礼很重视中外学者的交流，和美国及欧洲等国家和地区的图书馆都设立了互派馆员的项目，而西门华德去北平图书馆便是德国和中国的交流项目之一。那一年，严文郁赴德，而"国外人员到北图研习的有德国的西门博士"。[3]

根据西门华德的记载，北平的 20 世纪 30 年代是中西学人广为交流的黄金时期。当时，那里设有很多汉学研究的机构，如北平大学[4] 的社团、中德学会、中法学会、哈佛燕京学社等。北平图书馆是国际汉学研究的中心，袁同礼从不分学人的国际和社会地位，有求必应。

---

1 北平，是北京的旧称。1928 年，南京国民政府设立北平特别市，简称北平。1949 年 9 月 27 日，中国人民政治协商会议第一届全体会议在北平中南海怀仁堂隆重开幕，会议通过了中华人民共和国首都设于北平市，同时更名为北京。

2 李文洁，（2010）2012，第 39 页。

3 钱存训，（2010）2012，第 3 页。据西门华德记录，蒋复璁是和他互换的对象，参见 Simon，W.，1968，第 42 页。严文郁为图书馆学家。

4 北平大学，指国立北平大学，是民国时期国民政府教育部设立的大学组合体。

凡是旅华的外籍学人，希望使用北平图书馆和故宫博物院图书馆的珍贵资料的，他一律提供方便，还特意设立了一个询问处，方便外来学者。西门华德在北平的日子里，先后有法国汉学家伯希和、瑞典地理学家和探险家赫定（Sven Hedin）、美国哈佛燕京学社的首任社长叶理绥（Serge Elisséeff）等来华访问。而正是在北平的这一年，使得西门华德对袁同礼的敬仰倍增，二人之间的友谊也迅速发展。[5]

有关西门华德和袁同礼的交往，还可以找到下面的记载："其他还有许多欧美学者，如……英国的西门……也都和袁先生在学术上建立了深厚的友谊。"[6]

西门华德和袁同礼于 1924 年在柏林图书馆初识，1932 年在北平再次见面，二人还分别于 1934 年在柏林，1936 年、1948 年在伦敦，1948 年在北平见过面。最后一次相见是 1962 年在美国国会图书馆，在那里，袁同礼带着西门华德参观了图书馆中所有有关东亚的典藏，还把他介绍给了自己的同事。袁同礼逝世后，西门华德为他写了悼文。而此文的四页初稿，至今保存在西门华德的遗物里，文章指出："他的名字，将与他著作共存；而他独特的人格，将被有幸和他接触的人，包括我这斗胆称作为友人的，永远地缅怀。"[7]

西门华德在北平的任务之一是协助编写一部满文目录的拉丁语编目。1933 年，由李德启编、于道泉校对的满文版《北图联合目录》问世。李德启是满文专家，尚未找到其与西门华德交往的情况记录。于道泉

---

5 Simon, W., 1968，第 42—43 页。

6 钱存训，〔2010〕2012，第 2 页。

7 Simon, W., 1968，第 43—44 页。

于 1934 年被"中央研究院"派往法国巴黎索邦大学留学，在那里认识了西门华德的好友石泰安，并结成知己。1936 年，于离开巴黎后，去柏林学了两年德文；1938 年，"鉴于欧洲政治局势紧张，英国友人汉学家西门华德（Walter Simon）推荐他到英国伦敦大学东方学院任教。"[8]

20 世纪 30 年代，西门华德在北平待了一年，所结识的人除了袁同礼、于道泉和李德启等北平图书馆的同事以外，能查到的还有胡适和丁文江。西门华德回忆说："袁同礼还和胡适、丁文江等人一起，每次都在欢迎外籍学者的场合出现。"[9] 1957 年，"中央研究院"为胡适 65 岁大寿出了集刊，西门华德的一篇论文收在其中。[10] 1959 年，西门华德的儿子西门华在当年 2 月 4 日给家人的信里说"见到了胡适，他人很好。也见到了赵元任先生，参加了欢迎赵先生的盛典"；在 10 日给父亲的信里说"胡适、赵元任夫妇向您问好，赵元任夫人也向母亲问好"。[11]

西门华德和卫德明（Hellmut Wilhelm）在北平还参加了 1933—1934 年举办的"现代德国印刷展览"的筹备工作。卫德明是德国著名汉学家卫礼贤（Richard Wilhelm）的儿子。1930 年，卫礼贤逝世后，卫德明决心继承父志，从事汉学研究。他应该是西门华德的学生辈，1932 年在柏林大学获得汉学博士学位，导师是福兰阁。卫德明

---

8 王尧，2001，第 12—13，374 页。

9 Simon, W., 1968，第 43 页。丁文江，著名地质学家，曾留学英国。

10 同上，1957a。

11 Simon, H. F., 1959a；1959b，第 1 页。

图3.1 西门华德参加筹备的"现代德国印刷展览"资料

于 1933 年到北京大学任教。

德国公使陶德曼（Herrn Oskar Trautmann）为此次展览的目录写了献辞，希望在中国还没有许多人知晓的德国书籍借这次展览的机会，为德国和德国的思想获得新的朋友，并对中德两国之间的友谊与文化关系的进展有所裨益。[12] 袁同礼写了序，并把六大类展出的书籍翻译成中文，其中一类是关于中国书籍的。西门华德保存了陶德曼在 1933 年 12 月 3 日送给他的展览目录。

12 *China-Ausstellung*，1933—1934，第 7—12 页。

　　1943 年，西门华德和陆博士[13] 合编的教材《中英对照国语会话读本》，用第一人称的叙述形式，介绍了"我"去北平以及在北平的经历。书里应该有西门华德当年去北平的记忆。

　　此教材共 50 课，每课包括汉字书写的课文、国语罗马字注音以及英文翻译。第一课到第十七课写的是"我"从伦敦到北平的经过，有《我决定经过苏黎世到中国去》《我收拾行李》《船上的生活》《由地中海到黄浦江》《从浦口到北平》等。第十八课到第五十课是"我"在北平的经历，有《问路（道儿）[14]》《我在银行里立一个账》《我给我兄弟写一封信》《我买菜》《我逛东安市场》这样的日常生活描写，也有《我拜访张先生》《我登广告请教员》《我接洽中文先生》《我们听戏》《我们在东来顺吃饭》《我逛颐和园》等活动的记述。此教材提到"张先生"的课文有 10 篇。现节选《我拜访张先生》和《我们在东来顺吃饭》如下，不更正文中的个别错误。

我拜访张先生（节选）

　　到了北平安顿下来后，我就去拜访张先生。

　　我走进张先生的客厅，这客厅是三间北房，又宽又大，屋子里的光线也很充足。

　　张先生的客厅很有点艺术味儿。客厅的中间儿挂着一幅

13　Simon，W.，（1943）1954. WorldCat 显示，陆博士（C. H. Lu）全名为 Chien-hsün Lu，中文名字不详。其拥有博士学位，曾在伦敦大学亚非学院担任过教学工作。

14　"（道儿）"是原文有的，后文中的"（琴谱）"也是。

赵子昂画的八骏马，两旁儿挂着一副刘墉写的对子……靠西这一间里墙角儿这儿斜着摆着一架钢琴，琴上有一摞乐谱（琴谱）。墙上是一盏灯。沿着西墙儿是一条长条案，条案上摆着一个大钟，还有一对九桃瓶。靠着窗户是一张八仙桌儿，一边摆着两把椅子。椅子的旁边儿有个小茶几儿，上面摆着茶壶，茶碗等等的……

张先生的书房不很大，可是布置得很文雅。靠着墙有六个大书柜，柜子里整整齐齐摆着许多的中国书跟外国书。墙上挂着几幅儿古铜拓片。一张几案上摆着几块秦砖，汉瓦、古钱、古镜等等的。靠着窗户是一个很奖究的写字台，写字台上的各种文具，像砚台、墨、笔筒、洗子、笔、镇纸、印色盒儿、墨盒儿、墨水儿等等的无不具备，旁边儿还摆着一摞字帖。写字台的旁边儿有一张小桌儿，桌儿上摆着一架打字机。写字台的后边儿是一个报纸架儿，架子上有几份儿中文跟英文的报纸……" [15]

从上面的描写来看，张先生应该是家境富裕、留过洋、喜好收藏且知识渊博的知识分子。"赵子昂画的八骏马""刘墉写的对子"这样的珍品，知道的人并不多。[16] 在英文翻译的注释里，还注明赵子昂

---

[15] Simon，W.，（1943）1954，第86—94页。原文的句号用的是圆点。

[16] 不知有无可能是袁同礼家的写照。据资中筠在"袁同礼：中国现代图书馆的先驱"一文里介绍，袁同礼的家在金鱼胡同一号时，单是前厅之宽敞就有王府之气。袁同礼有两大爱好，一好古董，二好广厦。他离开中国时，把古董交给了一个朋友，后来朋友上交给政府了，里面有国家一级文物，现存历史博物馆。资中筠这篇2020年在网上能找到的文章，复查时未能查到，故未列入参考书目。

即赵孟頫，并有赵子昂及刘墉的生辰。能如此细致地描写一个中国文人房间的摆设，没有中国文化知识，没有细致的实地观察，没有行家的指点，是不可能的。里面的描写，有可能完全是写实，也可能在真实的基础上根据教学的要求有所删增。

张先生请"我"到东安市场东来顺吃个便饭。接下来的三篇课文，写的都是"我"和张先生吃饭的经过。内容涉及如何点酒菜、如何用开水烫碗等。

我们在东来顺吃饭（节选）

接着，张先生对我说："北平的涮羊肉最有名，那儿的羊肉也没有北平的好。"

我说："对了，在欧洲的时候儿，我就听说，北平的涮锅子跟烧鸭子很有名。"

过了一会儿伙计又端来一个大油盘。油盘里头搁的是吃涮锅子的作料儿，酱油、醋、料酒、芝麻酱、秦椒油、葱、香菜、韭菜花、酸菜、大白菜、粉、蒜片儿等等的。伙计把这个油盘先搁在旁边的茶几儿上，随后他又出去给我们拿来一壶酒跟一个凉盘儿。

这个凉盘儿是白煮鸡、鸭掌、松花跟黄瓜皮儿拼的。我拿起筷子来，夹了一块鸭掌，一尝，做的很鲜。

两人喝起酒来。喝了一阵后，张先生说："把锅子拿来吧。我们这就吃。肉你给我们挑着来。来点儿瘦的，再来点肥瘦

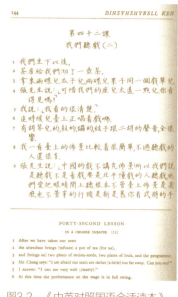

图3.2　《中英对照国语会话读本》
第四十二课[18]

儿。肝儿跟腰子也每样来两盘
儿……"[17]

这段描写，不知老北平人会怎样评价。不管怎样，西门华德和陆博士的这本教材，可以当作一个西方人在北平的散记来读。里面有不少关于老北平的描写，很是有意思。

西门华德于1932年离开柏林时，个子高高，体态匀称。可是1933年回到柏林时，他的体重增加了不少，还有了肚腩，看来应是袁同礼及中国友人盛情款待的结果。

在后来的岁月里，他在中国增加的体重再没能减去。据西门卡萝回忆，曾有人介绍祖父用"断食"的方法减轻体重。西门华德曾尝试几天不进食，饿得不行时就到电影院连看几场法文电影以转移注意力，可惜

17　关于"在东来顺吃饭"，共有三篇课文，参见 Simon，W.，（1943）1954，第128—140页。

18　他们听的是杨小楼和梅兰芳二人合演的《霸王别姬》。杨梅二人早在1922年就合作演出过《霸王别姬》，最后一次合演此剧可能是1936年。根据孟小冬的年表显示（许锦文，2008，第358页），梅兰芳于1932年4月率全家迁居上海。1932年11月到1933年年底西门华德在北平期间二人是否有过同台演出，尚待查核。

未能奏效。[19]

1948 年，西门华德第二次到北平，正遇上民国政府发行金圆券，引起通货膨胀，民不聊生。当时旧书相对来说很便宜，因为存货不少而没人买。西门华德在写给系里的信里说："……我已经购得所有的重要的百科全书，只有明代的未能买到。我还购得一批有关古文字的书籍，这是我们图书馆所十分缺乏的。新的方志也都买到了，还有重要的现代参考书，哈佛燕京的索引，从 1939 年起的各类杂志等等。"在北平，西门华德也买了不少满文、蒙古文和藏文的书籍。

在北平停留期间，西门华德还帮助了牛津大学访问学者刘荣恩的妻子刘程荫，帮她携女儿刘陶陶去伦敦团聚。他为刘程荫在亚非学院争取到一个研究助理的职位，在连续给学校发了多封电报后，刘程荫终于拿到了工作许可，于 1949 年 9 月抵达伦敦，在亚非学院工作直到 1981 年退休。

当时北平两个最大的出版机构——商务印书馆和中华书局的总公司都已经迁到了香港。西门华德在那里买到了这两大出版社在过去二十多年里出版的大多数重要的著作，并在香港的智源书局（Apollo Book Store）买了一大批文学书籍。[20]

西门华德还去了一趟日本，在东京见到了东方史学家榎一雄（Kazuo Enoki）。在他的帮助下，西门华德不但买到了许多有关日

---

19 介绍"断食"方法的朋友可能是于道泉。据萧乾介绍，他在伦敦时，于道泉告诉他，印度有人 30 天不吃东西，他想试一下，萧乾没能阻止他。在断食期间，于道泉照旧每天骑车去学校授课。参见王尧，2001 年，第 392 页。

20 Bawden，1981，第 470 页。有关西门华德在中国和日本购书的情况，可参见此文第 468—470 页。智源书局是 1947 年日本人在香港开的一个书局。

本学的书籍，还买到了比较齐全的日本汉学家的著作。榎一雄和福兰阁父子也都认识，他后来成了"东洋文库"的总经理。[21] 伦敦大学亚非学院的日本典藏有如下记载：1949 年，西门华德教授在日本购买了大批的书籍，还参观了京都大学图书馆，紧接着 1950 年丹尼尔斯（F. J. Daniels）又买了一批。这样，亚非学院图书馆的日文典藏能在英国占一席之地。[22]

剑桥大学的汉学教授，西门华德的朋友夏伦，在 1949 年也到了中国和日本，用政府拨的经费替大学买了一大批书。[23] 两人很早就认识，西门华德在他于 1938 年发表的《中古音的重建》里就有给夏伦的谢辞，感谢他所提供的资料。鲍登曾称赞他俩道："毫不夸张地说，西门华德和夏伦是英国现代的专业汉学研究的奠基者。"[24]

夏伦到剑桥大学之前，在哥廷根大学等三所大学工作期间，都创立了汉学的典藏，积累了远东目录学的丰富经验。到剑桥大学以后，他以扩大剑桥大学的典藏为自己的第一个目标，重新整理所有的中文书籍，重新做卡片，重新分类归档。在他的努力下，剑桥大学的汉学典藏成为世界最有名的典藏之一。[25] 夏伦在哥廷根大学汉学研究所当所长的时候，季羡林刚好在那里留学，二人还成了朋友。在《留德十年》里，季羡林回忆了和夏伦相处的种种感人故事。[26]

21 李雪涛，2009，第 87 页。

22 Clay，Baker & Tripp，2007，第 136 页。

23 Cambridge Digitial Library，2016.

24 Bawden，1981，第 474 页。

25 Simon，W.，1952，第 93 页。

26 季羡林，（2016）2018，第 68—70 页。

不幸的是，夏伦完成购书之旅返回英国后，身体就出了毛病，于1951年12月24日，53岁正当壮年时辞世。西门华德为朋友的死而悲伤，为夏伦写了长达三页的悼文，介绍了他的生平和贡献。在文章的结尾，西门华德说："夏伦的死对于他亲近的朋友和同事来说，如风木之悲；而其带给汉学家们的哀伤也丝毫不少。夏伦穷尽一生，不懈研究的大量积累，只有一小部分留在未发表的手稿里。他原本可以教给我们的很多知识，现在却随着他的远离永远地逝去了。"[27]

西门华德虽然只去过北平两次，但他和北平图书馆，和满语编目的情缘却延续了终生。他用德文为《北图联合目录》作了序，在序中表达了编纂一部满文书国际联合目录的愿望。西门华德没有忘记他的诺言，从伦敦大学退休以后，他和同仁们一起编辑出版了伦敦和巴黎的满文目录。

1977年，西门华德和纳尔逊（Howard G. H. Nelson）的《伦敦满语书籍联合目录》（*Manchu Books in London: A Union Catalogue*）问世。纳尔逊是伦敦图书馆东方手稿和书籍部的藏书助理。此著作共有182页，收录了包括伦敦图书馆和亚非学院图书馆在内的七个图书馆的满语资料。[28]

在前言里，西门华德介绍了编写此书的过程以及所有的参与者。他指出，自1940年以来，他草拟的这部手稿经过多次修改。1960

27　Simon，W.，1952，第95页。

28　Simon，W.，1977，第11页。伦敦图书馆成立于1973年，它的满语资料原存于大英博物馆。

年，格林斯特（Eric D. Grinstead）[29] 博士把他手书的目录打印出来，共 37 页，命名为"大英博物馆满语书籍和手稿"，并新增加了 7 页。1968 年，西门华德开始编写亚非学院的同事麦卡利维（Henry McAleavy）[30] 所遗赠的满语书籍和手稿。不久，纳尔逊加入了这个项目，对伦敦的满语收藏做了更深入的研究，最后他们重新编辑了所能收集到的资料。

西门华德在谢辞中感谢了史学家松村润（Matsumura Jun），说他在伦敦逗留期间审阅了全书，并订正了几个错误。感谢了他的朋友鲍登对文中与蒙古文字有关条目的帮助，并对七个图书馆的管理员一一表示了谢意。鲁惟一（Michael Loewe）在 1982 年为西门华德写的悼词里提到此书。他说："联合目录的工作在 1940 年之前就开始了，像许多其他书目一样，是历经沧桑后的曙光。这部作品之优秀，远远超出了作者的预想，它是来自七个图书馆馆藏的联合清单。每个条目都有注释，而其在目录排列上的开拓性，是对学术界的永久贡献。"[31]

1979 年，西门华德参与的另一部有关满语的目录（*Catalogue du Fonds Mandchou*)，为行文方便，下称《巴黎联合目录》）出版。《巴黎联合目录》由法国国家图书馆用法文发表，全书共 178 页，记录了 294 条满文文献。作者依次为：普赖莱蒙德（Jeanne-Marie Puyrai-

---

29 格林斯特是西夏语专家，曾任职于大英博物馆。

30 麦卡利维曾任职于伦敦大学亚非学院。他学中文的动机始于对 20 世纪 20 年代的美籍华裔演员黄柳霜的喜爱。西门华保留了麦卡利维逝世时《泰晤士报》刊登的悼文，题目为"中国的学生——麦卡利维先生"，参见 The Times，1968。

31 Loewe，1982，第 45 页。

mond）、西门华德、塞吉（Marie-Rose Séguy）。

普赖莱蒙德是法国国家图书馆手稿部的汉学家，塞吉是东方手稿部的负责人。塞吉为《巴黎联合目录》写了序，普赖莱蒙德写了简介。在序里，塞吉回忆了法国国家图书馆自 1685 年以来对满文书籍的收藏以及研究的历史。塞吉指出，有系统的编目始于 1936 年，"杰出的汉学家和藏学家于道泉编了一个按音序排列的索引"。1963 年，西门华德访问巴黎时，考证了二十来种文献，并记录了一些尚未编目的作品。1970 年，西门华德接受法国国家图书馆的邀请，在长达数月的时间里，不仅修改了原有的目录，并建立了藏品索引。更重要的是，他充分利用在巴黎的逗留时间，承担了向普赖莱蒙德教授满语的任务，使她很快就能够协助正在进行的工作。在该书的介绍里，作者还特别指出了 1970 年西门华德再次到巴黎时，还对伯希和所遗赠的书籍进行了系统整理。[32]

值得一提的是，这本《巴黎联合目录》似乎没有引起足够的重视，既没有列入鲁惟一为西门华德编的出版清单，也不见于纪念西门华德的悼文中。我们在 2003 年召开的满语研究国际会议的论文集里，看到此目录被引用，[33] 按图索骥，找到了这本书。

从参加北平图书馆满文目录的拉丁编目工作，到编写伦敦、巴黎的满文目录，西门华德为满文研究做出了很大的贡献，而他的贡献和

32　Simon，W.，1979，第 10—11 页。此书为法文，所参考部分由 Diane Manwaring 和 Laurence Chappell 译成英文。

33　Loewe，1982，第 47 页（西门华德去世以后，鲁惟一整理了其于 1965—1980 年间的出版物清单）；Wadley，Naeher & Dede，2006，第 168 页。

影响力还不止于此。根据柏林国家图书馆满文收藏的记载，该馆有
550 册满文书籍，是世界上满文书籍收藏最丰富的图书馆之一，最早
的收藏可追溯到 17 世纪中期。对馆藏做出重大贡献的十位学者的照
片和简历，载入了柏林图书馆的史册。[34] 其中三位我们认识：曾任教
于柏林大学的豪尔、埃尼希·海尼士，以及西门华德。

---

34 Anonymous，2020.

第 四 章

西门华德的人生转折

1936-1938

穷尽一生

汉学家父子西门华德和西门华

1933 年底，西门华德从北平回到柏林时，面临极其严峻的局势。希特勒已当上了德国总理，《重建公务员队伍法》已经颁布。按照此法，犹太人等非雅利安人被划作"劣等民族"，他们和政治上的反对派一样，不能担任教师、教授、法官或其他政府职位。此后不久，德国纳粹政府又通过了一项类似的法律，范围扩大到律师、医生、税务顾问、音乐家和公证人。纳粹政府的这两个法令公布以后，德国的学术界受到了毁灭性的打击，一批又一批优秀的犹太裔学者被迫离开德国。最让西门华德锥心刺骨的是，被他视为"父亲般的朋友"[1]的申德勒已经在他回到德国之前被迫离境，办了十年的《泰东》杂志也被迫停刊。

申德勒于 20 世纪 20 年代初期自行出资创办了《泰东》，既当主编、出版人、发行人，又是作者。在此杂志的"第一系列"里，[2]几乎每一期都有他自己的文章，每一期都有对新著作的介绍和评论。以 1924 年发表的《泰东》为例，全集共有 883 页，其中书评就占了 171 页。在刊物的最后一页上，申德勒指出，这本集子已经比预计的多出了 208 页，有的书评只能收在下一期里。未收入的书评共八篇，其中两篇是有关高本汉的，两篇是有关韦利的，他俩各自在 1923 年发表了两本重要著作。这一期共收了 25 篇论文，其中包括前面所提到过的林语堂的那篇。西门华德第一次在《泰东》发表文章是 1927 年，

---

1 Simon，W.，1964a，第 95 页。

2 《泰东》曾因故两次停刊，故有"第一系列"（1923—1932）、"新系列"（1949—1975）、"第三系列"（1988— ）之分。

文章标题为"中国浊音系列的分化"。[3]

　　西门华德于 1932 年晋升为柏林大学教授。可是，作为犹太人，他的教职在 1933 年底就被终止了。傅吾康的传记里有这样的记载："这期间，西门教授从中国回来了。他以《东方文献报》中国部门合作出版人的身份，交给我一些书籍让我评论，并在当年和次年发表了我的书评。当时西门教授的处境困难，他从中国回来后不久，正是 1934 年 2 月初的学期，他不被允许继续在大学执教，学生的申诉也没有用，有些学生就是纳粹的武装联盟突击队的成员。不过西门还可以在大学的图书馆工作一段时间，因为他在一战中作为情报官员立过功。"[4]

　　西门华德确实有一枚一战立功的勋章，他的家人都看到过。不过，西门家流传下来的故事是西门华德是个反对战争的人，不愿意上前线。第一次世界大战的时候，他参加了红十字会的救援工作，在离前线很近的救护站工作。一天，他正在整理绷带时，收音机里传出的发报广播引起了他的注意。作为一个在语言学上有天分的人，西门华德对寻找规律非常在行，他很快找到规律，破译了电报。该电文是条非常重要的情报，西门华德因此获得战功，得到一枚铁十字二等勋章。

　　早在 1932 年，西门华德去北平之前，每逢下午的学术研讨会结束，和傅吾康在走去波茨坦火车总站的路上，二人总是在讨论不断恶化的政局。他是个爱国者，那个时候对形势还抱着乐观的态度，不相信希特勒能获取政权，而傅吾康与他的意见相左。希特勒上台以后，西门

---

3 Schindler，1924；1963，第 1 页，1927（5）。

4 傅吾康，2013，第 54 页。

华德的妻子曾写信给他，试图说服他留在北平，不要回国。他当然没有采纳妻子的意见，作为一家之主，他不可能抛下妻儿，自己留在中国。[5]

　　1935 年的柏林，"纳粹味还不算太浓"。希特勒的照片到处挂着，纳粹的旗帜也到处飘扬。人们见面和道别的用语不再是"早安""再见"之类，而是右手直往前伸，喊一句"希特勒万岁！"。那一年，外国人入乡而不随俗还不至于受到刁难，对犹太人的迫害还处在第一阶段，即只针对祖父母及父母双方都是犹太人的所谓"全犹太人"，或父母一方为犹太人的"二分之一犹太人"。这是 1935 年秋天抵达柏林的留学生季羡林对当年的回忆。[6]西门华德应该属于这两种犹太人中的一类，他即将失去图书馆馆员的工作，完全陷入困境。为了找出路，这一年的年底，他去了一趟伦敦的"学术援助委员会"（The Academic Assistance Council），以寻求帮助。伦敦对西门华德来说，倒不陌生，1929 年他曾被派到英国的图书馆进修过一年。

　　冬天的伦敦常常笼罩在灰白色的雾气里。一幢一幢庞大的建筑物，在冬日里变得灰暗。树上的叶子全掉了，光秃秃的树枝和树干呈现出深黑色。伦敦男女老少的服装，也和伦敦冬天的单调相呼应，不是深蓝，就是棕色或黑色，黯然、了无生气。西门华德当时在伦敦的心境，一定和伦敦的寒冬一样不堪。

　　学术援助委员会是在贝弗里奇（William Beveridge）的倡议下成

---

　　5 Bawden，1981，第 460 页。

　　6 季羡林，（2016）2018，第 36—37 页。季羡林因为"不喜欢柏林，也不喜欢那里成群结队的中国留学生"，于 1935 年 10 月 31 日离开柏林去了哥廷根（第 43—44 页）。

立的，他当时是伦敦政治经济学院的院长。当贝弗里奇知道德国大学教授们的遭遇时，便决定立即组织救援行动。1933 年 5 月 22 日，纳粹的《重建公务员队伍法》公布不到两个月，学术援助委员会就发表了成立宣言，呼吁各界对德国学者出手相助。

西门华德带到学术援助委员会的推荐材料非常有分量，推荐人几乎全是当时欧洲的汉学泰斗，有德国的福兰阁、海尼士和卡勒（Paul Ernst Kahle），瑞典的高本汉，荷兰的戴闻达，法国的普祖鲁斯基（Jean Przyluski）、马伯乐（Henri Maspero）、伯希和，以及英国的翟林奈（Lionel Giles）、韦利和罗斯（Edward Denison Ross）。所有推荐人都给他的学术水平和人品以高度评价。福兰阁认为西门华德"是个有迷人的个性、有高尚的品格和绝对可靠的人"，韦利也认为西门华德是一个"有非凡魅力的人"。

尽管学术援助委员会很欣赏并希望帮助西门华德，可是他们的经费和能力都很有限。他们兴许可以为他争取到短期的一周教几节课的工资，可是没法给他谋求一个正式的职位。因而，西门华德伦敦之行的收获只是得到一些建设性的意见，如去多伦多、去美国、去中国某地当图书馆馆员，或者干脆去耶路撒冷。[7]

怎么办？西门华德那年已经四十出头，他要承受的是种族歧视所带来的羞辱和迫害，面对的是全家安全、温饱受到威胁，孩子无处上学，自己无处就业这样严峻的局面。经过十来年的耕耘，西门华德在学术上正处于火山即将喷发的阶段。早在 1930 年，他就减少了图书

---

7 Bawden，1981，第 461—462 页。

馆工作，增加了研究时间，希望有更多的学术成果问世。可是1935年他面临的现实是，偌大的柏林，容不下他一张书桌；偌大的柏林，竟没有他和家人的立足之地。他得克制自己进一步探索幽兰专业的强烈渴望，先逃出纳粹德国，找到安身之所。

图4.1 中学时代的西门华于伦敦家中

所幸的是，就在西门华德觉得前途渺茫的时候，峰回路转，柳暗花明。学术援助委员会收到一笔匿名的捐款，指明给西门华德，这使他得以到伦敦大学东方学院任职一段时间。[8]

1935年12月离开柏林前，西门华德的妹妹西门凯特过生日。他的儿子西门华给姑妈寄了一个自己做的小木盒。凯特收到了非常高兴，给西门华回了一封信：

> ……我真的很喜欢你的精美手工，不仅是我——你为她制作了一个如此可爱的木盒子的过生日的"女孩"，而且每

---

8 Bawden，1981，第462页。

第二排右一为西门华，摄影时间不详。
图4.2　西门华在伦敦泰晤士河谷文法学校

个看到它的人，都喜欢。我想我会用它来装我的针头线脑。
这样，你可以确信我将永远不会忘记我的朋友和侄子。每当
我织袜子时，都会想起他。哦，不幸的是（谢天谢地），这
会是经常的！……很多时候……永远如此！！！[9]

　　1936年3月，西门华德到伦敦大学工作，租下了位于伦敦特威
克纳姆区（Twickenham）的里斯本大道（Lisbon Avenue）13号，一
套政府的廉价房，安置了家人。特威克纳姆在伦敦的西南面，里斯本

_____

9 Simon，K.，1935.

大道是一条普通的住宅街。后来，政府的房产政策有所改变，西门华德买下了那套房子。

　　十二岁的西门华和六岁的弟弟跟随父母到了伦敦，西门华进入泰晤士河谷文法学校（Thames Valley Grammar School）学习。该校成立于 1928 年，是所男女混合的中学。[10]

　　伦敦大学地处市中心，著名的大英博物馆、大英图书馆、皇家戏剧艺术学院等都在这所大学的附近。西门华德每天乘公共交通去东方学院上班。

　　成立于 1916 年的东方学院是伦敦大学的一个学院，经过十年筹备，于 1917 年 1 月 18 日迎来第一批学生，并于 2 月 23 日举行了隆重的集会，由英国国王乔治五世（George Frederick Ernest Albert）亲自剪彩，宣告学院的成立。建立这所学院的目的是教授东方和非洲古今语言，以及文学、历史、宗教习俗等，为拟赴这些地区去学习、从事研究、经商以及就业的人员提供服务。[11]

　　东方学院第一任院长为前面已提到过的西门华德的推荐人之一，语言学家罗斯。罗斯出生于伦敦，可以阅读 30 来种语言，能流利地说 12 种，对各种语言的研究成果都很多。1909 年，罗斯和夫人去了一趟中国。他在北京时想做的事情之一是找一位好老师学习口语。当时在北京的英国驻华公使为他找到一个北京人，此人以能说标准的北京官话而有名。遗憾的是，罗斯在从上海到北京的途中患重感冒，影

　　10　西门华的德文名字是"Helmut"，西门彼得是"Werner"。他们到伦敦后改用了英文名字。

　　11　Arnold & Shackle，2003，第 22—23 页。

响了听力，无法通过分辨四个声调的第一关，因而失去了唯一的学习北京口语的机会。[12]西门华德抵达伦敦大学时，罗斯正准备退休，接任的是特纳（Ralph Lilley Turner）。特纳于 1937 年上任，1957 年退休，其接任者为菲利普（Cyril Philip）。[13]

菲利普曾出过一本小册子，名为《伦敦大学亚非学院》（1917—1967）。他把亚非学院这五十年的历史分成了三个阶段：1917—1939 年，艰难的创业阶段；1939—1946 年，战争年代；1946—1967 年，扩大和发展阶段。[14]西门华德从 1936 年抵达亚非学院到 1960 年退休，在亚非学院工作了二十四个年头，其中在第二任院长特纳手下工作了二十年。他经历了亚非学院第一阶段的最后三年，整个第二阶段以及第三阶段的前十四年。遗憾的是，我们找到了罗斯和菲利普的自传，唯独没发现特纳的。[15]

和西门华德一样经历过亚非学院第一阶段的还有一些中国学者。我们所知道的就有老舍和蒋彝。

老舍曾于 1924—1929 年在东方学院任讲师，其原名为舒庆春（Chien-Chun Shu），在亚非学院用的英文名为 "Colin C. Shu"。根据老舍的回忆，在东方学院里，重要的语言都有独立的学系，如汉语和阿拉伯语。独立的学系由一位教授和两位讲师组成，教授差不多

---

12 Brown，2016，第 57 页；Ross，1943，第 160 页。

13 本书所引用菲利普的两本著作署名不一，一是 Phillips，C. H.，1967；一是 Philips，Cyril，1995。这里采用的是其 1995 年的名字。在参考书目中，两本书按署名的不同而分列。

14 Phillips，1967，第 15、31、41 页。

15 Ross，1943；Philips，1995.

左一为爱德华兹，她对面侧着脸说话的是西门华德，大约摄于20世纪40年代中期。

图4.3 亚非学院教师会议

都是英国人，讲师两个，常常是一个英国人、一个非英国人。这三个人的职位是固定的，然后按需要聘请临时教员，按时计酬。当年和老舍一起教中文的是教授卜道成（Joseph Percy Bruce）和讲师爱德华兹（Eve D. Edwards）。他们三人曾一起编写过一本教材，叫《言语声片》，教材中的课文由老舍朗读。[16]

卜道成于1925年出任伦敦大学东方学院第一位中文教授。在他之前，该学院教中文的最高职位是副教授（reader）——1921年被

16 老舍参与编辑的教材，参见 Bruce，Edwards & Shu，1930a，1930b。这是一套（两本）装帧十分讲究的教材，蓝色硬皮封面上是烫金的英文书名和出版社名，书脊上是中文书名"言语声片"。

任命的里斯（William Hopkyn Rees）。[17] 1924 年，就在里斯去世前不久，他托北京"伦敦宣教会"的同仁给他找一位中文老师，而找到的人便是老舍。爱德华兹于 1921 年起在东方学院当讲师，她和卜道成都曾在中国当过传教士。[18]

在老舍的笔下，当时的东方学院更像一所语言学校。东方系对学生的年龄、学历等没什么要求，学生想学什么可以自己提要求。教授与讲师都没法开一定的课程，而是兵来将挡，学生要学什么，他们就得教什么。老舍在校的五年里，平均每年有五六十个学生，最多的一年为 63 人，最少的一年为 41 人。他和爱德华兹一起教口语、翻译以及写作，和卜道成合授道教佛教文选和历史文选。[19]

在为庆祝亚非学院 100 周年所举办的一个展览上，有早年的一份中英文招生广告。中文为："东方文字学校，教授华文及各种东方文字，为官商教士游人所急需者，请向此处取章程或向本校函索。"[20]这则广告透露了这些信息：其刊登的时间应是老舍教中文之前，因为老舍称亚非学院为"东方学院"，而不是"东方文字学校"；当时学中文的主要是政府官员、商界人士、传教士和旅游者，教学以书面语言为主。

---

17 英国高校的"reader"为高于高级讲师、低于教授的一个职位，拥有这个职位的人要求在研究上有特殊贡献。暂译为"副教授"。

18 Clay，Baker & Tripp，2007，第 138 页。熊文华（2007，第 288 页）和黄海涛（2010，第 302 页）的著作里称爱德华兹为"叶女士"，因不知来源，故没有采用。

19 李振杰，1990，第 139—140 页。

20 SOAS，University of London，2017.5.13/2021.12.16，Academics，Agents and Activists Exhibition.

西门华德在伦敦虽不曾与老舍谋面，两人却有某种关联。1932 年，西门华德发表了题为"研究中国北方口语的新工具"的文章。在这个标题下评论了四部著作，其中一部便是卜道成、爱德华兹和老舍三人编写的《言语声片》。[21] 此外，老舍和西门华德都对《金瓶梅》的译者艾之顿（Clement Egerton）有过很大的帮助。老舍于 1924 年 9 月 15 日在东方学院上任，艾之顿于 1924 年 9 月 26 日在东方学院注册学中文，师生二人合租房屋，并互教互学。艾之顿想把《金瓶梅》翻译成英文，得到了老舍的支持和帮助。而该书在 1939 年出版之前，艾之顿为一些难点和疑点，频频请教西门华德。1939 年 5 月 5 日，艾之顿给西门华德写了一封信。[22]

亲爱的西门：

真不好意思，我又要为我那本可恶的小说来麻烦你。

记不记得上次在你家时，我拼命想找一处难点却怎么也找不着？原来是在校样 126 页大约--半的地方。段落的开头是"郑爱香正递沈姨夫酒"，接着有一个双关语，"干儿子，儿子干"。我不知道如何巧译这个双关，我甚至不知道"儿子干"的意思……

遗憾的是，我们没能找到西门华德的回信。

艾之顿在英译版《金瓶梅》的扉页上写着"给我的朋友舒庆春"；

---

21 Schindler, 1963, 第 3 页, 1932（22）。
22 Qi, 2018, 第 85 页。

在"译者注"里，他是这样感谢老舍和西门华德的："没有舒庆春先生的慷慨、不倦的帮助，我可能根本没有勇气翻译此书。翻译初稿时，他是东方学院的中文讲师。对于他的帮助，我将永远心存感谢。我还要感谢西门华德博士，他曾是柏林大学中文教授，目前在亚非学院担任副教授。对我提出的一些疑问，他给予了极其有价值的帮助。对于此书的翻译，他一直满怀兴趣。"[23] 有专家评论说："杰出的汉学家西门华德和天才的小说家老舍（舒庆春的笔名，《金瓶梅》是献给他的）的帮助，使艾之顿避免了犯大错的危险。虽然一些小错还存在着，但总的来说这个翻译颇尽如人意，是流畅的。"[24]

老舍于 1929 年离开东方学院以后，有谁接替过他的职务不清楚。1932 年初，庄士敦（Reginald Fleming Johnston）上任。庄士敦毕业于牛津大学，1919—1925 年曾在北京教末代皇帝溥仪学英文。1931 年 3 月底，他被正式任命为亚非学院汉学教授兼远东语言文化系系主任，不过，他次年才正式上任。当时庄士敦手下只有两位教员：已退休但按授课节数领取薪水的卜道成，以及已晋升为副教授的爱德华兹。按当时的规定，庄士敦不但担任行政管理工作，一个星期还至少得上 14 节课。[25]

1934 年，卜道成去世，庄士敦要求招聘新老师。"经过协商，一位高年级的学生担任了初级汉语的部分教学，骆仁廷（James

---

23 Egerton，〔1939〕1967，第 XI 页。

24 Qi，2018，第 85—86 页。

25 有关庄士敦在亚非学院的情况，参见 Airlie，2012，第 225—248 页。

Stewart Lockhart）的一位中国朋友担任了部分教学。"[26] 骆仁廷是英国最早的汉学家之一，伦敦大学管理委员会的成员，和庄士敦是朋友。这里所说的中国朋友便是以"哑行者系列"而闻名的作家和画家蒋彝。

蒋彝于 1933 年 6 月 15 日抵达伦敦。现在恐怕很少有人不知道"可口可乐"（Coca Cola），这音义吻合的翻译便来自 20 世纪 30 年代，出自蒋彝。蒋彝初抵伦敦时只会五个英文单词，可经过刻苦学习，1934 年便进入伦敦大学经济系就读。这年初夏，得知东方系有职位空缺时，骆仁廷便问蒋彝有无兴趣。蒋彝并无教学经历，但很愿意尝试。1934 年 10 月 13 日，庄士敦面试了蒋彝，对蒋很满意，认为他是临时教师的合适人选。

1934 年 10 月 24 日，蒋彝正式上任。从蒋彝传记的描述来看，东方学院的中文教学比老舍那个时期正规一些了。刚开始，他每周上三个小时课，没有教材，他便自己找材料。到了 1935 年，他的课增加到每周六个小时，共教四门课——"初级古代汉语""初级现代汉语"以及两门口语课，不过他的学生一共不到十个。[27]

西门华德于 1936 年 3 月抵达东方学院时，学院有八个系，他所在的为"远东语言文化系"（The Department of Languages and Culture of the Far East）。当时，庄士敦已在准备退休，蒋彝作为教师的合同在 4 月份得以延续。"1934 年到 1935 年，中文系只有两个

---

26 Airlie，2012，第 234 页。

27 Zheng，2010，第 49 页、57 页。该书里有蒋彝从 1934 年 10 月到 1937 年底在该校三年工作的简单记述，参见第 48—83 页。

全职人员，系主任兼教授庄士敦以及副教授爱德华兹，外加助理讲师蒋彝。次年，增加了德国犹太籍难民西门华德，他来自柏林，拥有博士学位，是中文、日文、藏文以及满文方面的专家。同一年，好几位学者先后加盟东方系，包括杰出的汉学家韦利，他是中国诗词专家，还有几个研究亚洲语言和方言的学者。"[28]

和西门华德同年任教东方学院的，还有第三任院长菲利普。根据他的回忆，1936 年进校时东方学院一共只有三十来个教员，但多为极具天分的国际知名学者，如"可以轻松学会任何一种口语的院长罗斯，梵文学家、印度雅利安语词汇学的著名学者特纳""爱德华兹教授是汉学家，体态丰满、天性欢乐""从纳粹德国新来的几个犹太裔的难民给系里增加了异国的神秘色彩，引人注目的是西门华德和恒宁（Walter Henning），两人都是热情洋溢的学者，都还在努力学英语。"[29]

1936 年 8 月，西门华德接到通知，允许他在英国待到 1938 年底。1937 年庄士敦退休后，爱德华兹接替了系主任的位置，并于 1939 年成为教授。西门华德很快就和她在院系的发展上达成共识。爱德华兹和西门华德二人强强联手，向传统挑战。从此，东方学院中文系走上了科研和教学并重的正轨。伦敦大学在 1938 年时聘请西门华德为正式教师，并给了他副教授的头衔。

从 1936 年抵达伦敦到 1938 年安顿下来，这三年对西门华德来说，一定是十分艰难的：蒙受着耻辱，以难民身份进入一个陌生的国度，要学习一门新口语，要面对新的教学环境，更不用提安家、帮助妻儿

---

28 Zheng，2010，第 76 页。
29 Philips，1995，第 42—43 页。

适应新的环境等琐事。西门华德妻子的卧室里曾挂有齐白石弟子郭大维的一幅画，画面上是一条忧郁的狗，题款为"寄人篱下"。[30] "寄人篱下"几个字可能很符合西门华德那些年的心境。

不管日子多么艰难，心情如何不堪，在那短短的三年里，西门华德无法兑现他在北平的承诺，编纂一部满文书国际联合目录，但仍发表了六篇书评和两篇有分量的长篇论文，论文的题目分别为"汉语是否有词类？"和"汉语中古音的构拟"。[31]

第一篇论文的开头注明，此文曾于1937年2月5日星期五在一次语言学会议上宣读，但没有标明地点，全文共21页，在讨论代词的时候参考了胡适的"吾我辨"和"尔渠辨"；第二篇论文也长达21页，参考了李方桂的"切韵 â 的来源"以及林语堂的"支脂之三部古读考"。

关于汉语是否有词类的问题，自《马氏文通》起就有讨论，哪一本语法书都绕不开这

图4.4　郭大维画作《寄人篱下》

个问题。汉语史上的第一次大辩论，是 1938 年陈望道等语言学家发起的"文法革新讨论"。从西门华德的文章看来，西方汉学家对这个问题也早有争论。当时已故的德国语言学家洪堡（Wilhelm von Humboldt）等都认为汉语的词不能分类。西门华德认为这个问题不能简单地从有类或无类的角度看，而应该先讨论清楚汉语的特点；不应该单纯地把声音的不同作为词类不同的标准，也不应该认为汉语的词可以任意地转换类别。汉语书面语的特点是单音节、有声调，以及采用表意文字。一个方块汉字，代表的不一定是一个单个的词。中国的文学著作，不应看作功能未知的"表意字符"的组合。从西门华德的论述来看，他是反对词无定类之说的。赵元任在其大作《中国话的文法》里介绍国内外著名语言学家对词类问题的重要论述时，就提到了西门华德的这篇文章。[32]

《汉语中古音的构拟》是西门华德 1927—1928 年的《汉语复辅音的构拟》一文的继续。他简单地回顾了 1923 年以来，从高本汉开始的中国古音构拟的成果，提出他将重点讨论高本汉对中古韵母的重建。西门华德在文章里论证了他与高的不同意见。在文章的末尾，西门华德说："古音重建的工程刚刚开始，大修大改、针锋相对，是很自然的事，无论怎样都不会减损高本汉的贡献。高本汉所构拟的新系统，是他敏锐的洞察力和坚持不懈的研究精神的又一例证。"[33]

---

32 Chao，〔1968a〕1985，第 498 页，注 3。

33 Simon，W.，1938，第 288 页。

五名军人，五位汉学家

1939-1945

汉学家父子西门华德和西门华

西门卡萝保留了一张珍贵的照片，背景是大片丛林，丛林里隐约露出了房屋。照片上是五名英气逼人的年轻军人和一位女士，他们满面笑容地面对镜头。在照片的反面，留有西门华的题字：With compliments of the "boys" and the girl（向"男孩们"和女孩致意）。"男孩们"之所以打了引号，是因为这里特指"德威男孩"（Dulwich boys）。"德威"是西门华他们从 1942 年 5 月到 1943 年 12 月在亚非学院学习中文时的场所——位于伦敦南面的德威学校

第一排左起为韩礼德、王女士、[1]白芝，第二排左起为蓝克实、秦乃瑞和西门华。1945年摄于伦敦大学。

图5.1　五名军人，五位汉学家

（Dulwich College）。西门华每每提到那个年代的同学，就会用加了定冠词的"男孩"。

说起德威男孩，还要从第二次世界大战打响说起。

1939 年 9 月 1 日，纳粹德国对波兰不宣而战，英国政府立即下令把高校迁出首都。菲利普曾记载过疏散之前的情况：当时正逢假期，听到迁校的传闻时，他便到亚非学院打听消息。所看到的是，院长特

---

[1] 王女士（Ms. Wong）当时是韩礼德的女朋友。

纳和秘书坐在走廊的一条长凳上，特纳脸色铁青，神态迷离，眼睛瞪着地板，好像不能或不愿提及学校的安排。第二天，菲利普再次登门，只见大楼所有门窗紧闭，大门上贴着一张打印通知，说学校已迁往剑桥。[2]

就在这年 10 月初，中国记者萧乾揣着到亚非学院教授中文一年的聘书抵达英国。萧乾本拟在西门华德家落脚，因为亚非学院已迁，所以直接去了剑桥。[3] 萧乾回忆说："在那里，我翻开了生活史上的另一页：除了是重庆《大公报》的记者，我还开始教汉语。"萧乾应聘亚非学院，是于道泉向西门华德推荐的。他和萧乾早在 1926 年就认识了，虽然后面失去了联系，但于道泉总能从《大公报》里找到他的行踪。

萧乾是这样介绍亚非学院和他的同事的："我所在的东方学院，全名是亚非学院（SOAS）。院长是位梵文学家，学院教职员中有些知名学者，也有些仅仅是在东方混过事的。中文系主任爱德华兹不授课，除她外，中文系还有四人。一位从德国逃出来的犹太人西门博士，是高级讲师；一位是嫁给英国丈夫的广东女子；于道泉本行是藏文，

---

2 Philips，1995，第 55 页。

3 于道泉在 1939 年 10 月 4 日写给萧乾的信中提到："昨见系主任谓兄将来大概须留伦敦。兄到后可住 13（liston Avenue，Twickenhaw）一见 Dr. Simm（本系副教授），彼当可将学校计划见告也，余俟面谈。"见王尧，2001，第 435 页。这段文字印刷错误较多，信中提到的本系副教授即西门华德（Dr. Simon），他家的住址应为 13 Lisbon Avenue，Twickenham。于道泉写此信之时，萧乾已经在路上了。据萧乾回忆，他 1939 年 8 月 31 日在九龙登船离开香港，10 月 6 日到了法国，紧接着经伦敦去了剑桥。见萧乾，2003，第 129、148、149 页。

但那时没人学这门，所以他就改教古汉语；我教的是现代汉语。"[4]

萧乾提到的广东女子是赖宝勤。赖宝勤毕业于香港大学英文系，在亚非学院教授国语和粤语。

于道泉从 1938 年进入亚非学院到 1949 年离开伦敦回国，在该学院任教时间长达十年，可惜有关他这个时段的记录非常少。萧乾到达剑桥后，曾和他一起住过一段时间。据萧乾回忆，于道泉特别不讲究生活。"每周只做一次饭，把洋葱、土豆、胡萝卜等煮熟后，分别装进十几个大瓶子里，每天吃上一两瓶。"回到伦敦后，每次去学院图书馆，都看见于道泉在"埋头钻研梵文"。[5]

亚非学院的师生在剑桥时，日子还过得比较平静。虽说食品、衣服实行了配给，灯火也受了管制，但上课照常。学生、老师骑着自行车，车前挂着一只篮子，里面放着书本或讲义，在校园里自由穿行。1940 年 7 月，亚非学院的学生迁回伦敦，疏散到剑桥的 62 名学生到 1940—1941 年期间只剩下了 26 名。[6]

亚非学院刚撤回到伦敦不多久，大轰炸就开始了。几百架德国轰炸机连续几十个夜晚袭击伦敦，然后，不定期的轰炸一直持续到 1941 年 5 月。萧乾亲身经历了这场劫难。纳粹那时搞的是"饱和式轰炸"。一个晚上就派来几千架次。在一次轰炸中，萧乾住的楼房被击中，他被"民间自行组织的救护队员背出火场，一直送到附近的救

4　Hsiao，（1990）1993，第 73 页。萧乾所作《未带地图的旅人》的中文版未能找到，故用了英文版。这里翻译的是大意，和萧乾的原文会有出入。

5　王尧，2001，第 392 页。此书中有"伦敦十个春秋"一节，不过多为于道泉的亲人在那段时间写给他的书信，真正涉及其在伦敦经历的文字极少。

6　Phillips，1967，第 33 页。

护站"。[7]

伦敦的很多建筑在大轰炸中变成了废墟,伦敦的居民在大轰炸中伤亡惨重。回忆二战期间在伦敦的生活时,萧乾说他是在物质生活最匮乏的时候旅英的。"足足有六年,每月吃不上一磅肉,每年只配给两双袜子。朋友请吃茶,得自带糖和茶叶各一小包,香蕉只见过泥塑的。然而在精神方面,那正是那个民族最光彩的时期。在大毁灭的威胁面前,他们昂起头,挺直了腰杆。"[8]

1941年春天,西门华德和萧乾被派到伯明翰郊区的"公谊救护队训练营"(Friends' Ambulance Unit Training Camp),给救护队成员补习中文。[9]公谊救护队是英国宗教协会志愿者组织的一个团体。抗日战争开始后,中国的局势恶化,1941年,公谊救护队决定派40名志愿者对中国提供医疗援助(亦称"中国车队")。萧乾回忆道:"这个队要求我所在的伦敦大学东方学院为他们动身前举办一个短期训练班,要在三四个月里,教会他们日常华语以及有关中国的地理、历史等方面的粗浅知识。东方学院指定我和另一位讲师西门先生负责此事。训练班设在伯明翰郊区卡德伯利公司的一座仓库里。"[10]《萧乾自述》里刊登了一幅他在仓库前面的土坪上授课的照片。萧乾站在布门帘撩起的仓库门边,十多个年轻人坐着听讲,大部分埋着头在做笔记。照片下面的说明是:"二战期间在英国,萧乾为即将赴华

---

7 萧乾,2003,第139页。

8 萧乾,2014,第235页。

9 Bawden,1981,第463页。

10 Hsiao,〔1990〕1993,第78—79页。

支援中国抗战的英国公益会的教徒们教中文。"[11]

在当年西门华德给爱德华兹写的信里，有他和萧乾一起工作的汇报："下午是 B 组，我从两点教到三点，萧从三点教到四点。如果我们不参加五点的下午茶和八点的晚餐的话，四点后就可以离开。但萧的热情特别高，他决定晚上也去辅导学生。如果不是有宵禁制度（10点 30 分以后不能外出），他肯定会在学生那儿待到半夜。"

即使是这样短期的语言课程，每个星期六的上午，除了给学生复习以外，他们还会给学生介绍文化背景知识。在给爱德华兹的同一封信里，西门华德说："我明天准备介绍一下孟子。我希望学生除了能说'我走向黑板''我从椅子上站了起来'以外，还能知道'王道'，能够意识到中文是崇高思想的载体。"[12]

萧乾在他的回忆录里提到这群学生，他说："我同这四十名公谊会救护队队员同吃同住，朝夕相处，大大增进了对英国的了解。我问过其中几位，为什么选择去中国从事救护工作，他们回答：'中国人素来是爱和平的，是日本欺负中国，从 1931 年就开始侵略，弱肉强食。我们愿意为中国做点事。'换句话说，是出自一腔侠义之情。他们这种心情决定了我与他们之间不是一般师生关系。我怀着感激之情，就中国的语言、历史、风俗，尽我所能地介绍给他们。"[13]

西门华德和萧乾，两个来自不同背景的国语老师在教学中互相支持，建立了深厚友谊。他俩留下了一张同堂教学的宝贵照片。照片中

---

11 萧乾，2003，第 48 页。"公益会"，或应为"公谊会"。

12 Bawden，1981，第 463 页。

13 Hsiao，（1990）1993，第 78—79 页。

左二为萧乾，右一为西门华德。资料图片，具体拍摄时间不详。
图5.2　西门华德和萧乾在中文课堂里

西门华德站在讲台的一端，正在把唱针放在留声片上，萧乾很随意地站在他的左侧。萧乾背后的黑板上写着"三民主义""抵抗日敌"等字样。照片中的师生都穿着西装，打着领带。

　　1941年12月7日，"珍珠港事件"爆发。这一事件把学习亚洲语言提到了战略性的高度，英国军队急需懂汉语、日语、波斯语和土耳其语的人。1942年2月，英国教育部同意给中学男生提供奖学金，在全国范围内招生，鼓励他们学习亚洲语言。当时有八百多名学生报名，共授予了74份奖学金，其中16份（一说15份）给了学中文的学生，供他们在亚非学院学习18个月（1942年5月到1943年12月）。与此同时，军队也派年轻军人到大学学习语言，以满足战争的需要。根据记录，从1942年到1947年，共有850名军人被派到亚非学院学习中文和日文。[14] 亚非学院的中文培训是由西门华德负责的，他和他的团队在硝烟中求生存，在战火中培养了一批又一批优秀学生。

图5.3 二战时的西门华

当时亚非学院的教室不够，学生们被安排在德威学校。每天早上，学生们去亚非学校上语言课，下午回到德威学校学习其他课程。德威学校到亚非学院有四十来分钟的车程，而他们住宿的地方——沃克斯豪尔（Vauxhall），位于德威学校和亚非学院之间。

本章开篇照片上的五名军人，韩礼德（Michael Halliday）、白芝（Cyril Birch）、秦乃瑞（John Chinnery）、蓝克实（Douglas Lancashire）以及西门华，除了蓝克实以外，其余四人都是德威男孩。[15] 秦乃瑞是中国人的女婿。他的第二任妻子陈小滢是作家夫妇陈源和凌

---

14 Brown，2016，第86页；Great Britain Foreign Office，1947，第103页。

15 蓝克实的父母是英国人，早年在中国传教。蓝克实出生在天津，并在那里上中学。他们一家离开中国回到伦敦的时间不详。1945年1月，因为会说中文，蓝克实作为皇家空军的一员被送到亚非学院任教并就读。有关德威男孩，参见Brown，2016，第91页，注29。

叔华的女儿。他们的同班同学还有后来成为英国外交官的第 26 届香港总督的尤德（Edward Youde）等。

白芝和韩礼德都曾在不同场合提起过他们成为德威男孩的经历，韩礼德的回忆比较详细。

1942 年，韩礼德报名参加了 18 个月的语言训练，接受了亚非学院的语言学家弗斯（John Rupert Firth）设计的语言能力测试，并参加了面试。语言能力测试有两个部分：第一部分，测试考生破解一种人工语言密码的能力；第二部分，测试考生在汉语、日语、土耳其语和波斯语这四种语言中最适合学习哪一种。其中一个题目是背诵一组挺长的、有不同声调的单音节词语，韩礼德被选中学中文。[16]

白芝本想学习波斯语，可是经过 30 分钟的口试之后，面试官对他的语言天赋大为惊叹，说服他去学习最难的汉语。[17]

令人遗憾的是，西门华没有留下这段生活的记录。从年龄上推算，他应该在 1941 年秋中学毕业。四个德威男孩于 1942 年进校时，西门华 18 岁，秦乃瑞 17 岁，韩礼德和白芝 16 岁，白芝比韩礼德小二十多天。

亚非学院的中文课程结束后，西门华在英国当情报官，1945 年 4 月被提为中尉。白芝被派到印度，在英国情报工作部门担任陆军中尉一职，韩礼德和秦乃瑞也都参了军。

据韩礼德回忆，参军一年半以后，当年一块儿学中文学得最好的四个——秦乃瑞、白芝、西门华和他自己——被召回到亚非学院教中

---

16 关于韩礼德的回忆均来自 Martin，2013，第 96—99 页。
17 吴思远，2020。

文，当时他们的身份仍然是军人。在军队服役的后两年，他实际是在教中文。韩礼德记得他的第一堂中文课是给一群空军高级军官考听写。

图5.4　西门华和他的战友

五位军人合影的时间很可能是 5 月 8 日的欧战纪念日，因为韩礼德是他们几人中最晚回到伦敦的，刚好在纪念日当天抵达亚非学院。如果真是如此，那么这张照片既是欧战胜利纪念，又是同学重逢留影。

四个德威男孩回校时，系里有 122 名学生在学中文，包括国语、广州话和潮州话。[18] 爱德华兹和西门华德觉得这四位军人应该受到更完整的语言训练，于是有意安排他们上午当老师，下午当学生。

1947 年，韩礼德决定去中国读学位。西门华德便写了封信给他在中国的朋友、当时北京大学的代理校长，[19] 问北京大学是否能收韩礼德作为学生，并提供一份工作。西门华德的朋友回信说："没问题，

---

18 Brown，2016，第 86 页。

19 韩礼德没有提及这个朋友的名字，那段时间当过北京大学代理校长的有袁同礼和傅斯年。

下周就可以到英语系上课。"于是，韩礼德有幸在罗常培门下攻读学位，后来又到香港岭南书院跟王力读了八个月。西门华等照片上的其他四位军人继续在亚非学院边学习，边任教。

照片上的五位军人后来都成了国际知名的汉学家，不仅个个在学术上卓有建树，还全都是院系领头人，其中四位还是院系创始人：西门华于1961年创建了墨尔本大学东方研究系，秦乃瑞于1965年创建了爱丁堡大学中文系，蓝克实于1966年创建了奥克兰大学中文系，韩礼德于1976年创建了悉尼大学语言学系。

第 六 章

二战中诞生的汉语教材

1939—1945

汉学家父子西门华德和西门华

　　萧乾和德威男孩们相处的时间不太长。1942 年夏天，他获得了英国文化委员会颁发的政府奖学金，辞去了东方学院的教职，进入剑桥大学读研究生，主修文学。1944 年 6 月，萧乾放弃了学位，成为一名随军记者。二战期间，他发表了大量作品，用日记、通讯以及散文特写等形式，报道一个民族在大难面前的精神面貌——"八百万伦敦人在死亡面前的镇定，守秩序，而且依然保持着幽默感"，以鼓励正在经受同样苦难的中国人民的士气。[1] 而他的同事西门华德，则在战火中编写了一系列中文教材，以另外一种形式为这两个民族服务。

　　要让一大批学生在短期内初通中文，亚非学院当时面临的问题之一是没有合适的教材。早在蒋彝任教时，就注意到教材的缺乏，他收集了一些材料，并自告奋勇为初学者编一套教材，可没有得到庄士敦和爱德华兹的同意。他们说教材不是可以随便编的，得经过试用等各种程序，才能列入教学大纲。蒋彝便不再提及此事。[2] 大约是战争的需要打破了这些条条框框，1939—1945 的六年之中，西门华德的十六种出版物中就有八种是汉语教材或教学参考资料，[3] 其中四种是与华人学者合作编写的，大多数曾再版。连同 1947 年出版的辞典，西门华德编写的九种教材可以分为四类：口语课本、汉字课本、语法课本及参考资料。这些教材反映了西门华德时代的教学理念和方法，甚至他个人的写作风格。我们有幸从不同渠道找到他编写的全套教材，一一简介如下：

1　萧乾，2014，第 233 页。

2　Zheng，2010，第 57 页。

3　Schindler，1963，第 4—6 页。

第一类 口语教材（4本）

《国语句子系列Ⅰ》（*Chinese Sentence Series* Ⅰ）（1942b）1943，与陆博士（C. H. Lu）合著，共230页。

《国语句子系列Ⅱ》（*Chinese Sentence Series* Ⅱ）**4**（1944a）1956，与陆博士合著，共166页。

《国语句子系列Ⅲ，国语罗马字汉英词汇》（*Chinese Sentence Series* Ⅲ，*Gwoyeu Romatzyh Chinese-English Vocabulary*）1944b，共55页。

《中英对照国语会话读本》[*Chinese National Language（Gwoyeu）Reader and Guide to Conversation*]（1943）1954，共196页。

第一类前面三本是西门华德编写的第一套教材。第一册无汉字，课文用国语罗马字转写，附有英文翻译；第二册是与第一册相对应的纯汉字教材；第三册是词汇表，共收有2400个词。

在《国语句子系列Ⅰ》里，前65页是对这本书的介绍，接着是50篇课文。介绍分两部分，第一部分是作者对该书的录音、汉字以及教学方法三个方面的看法。作者建议学生多听录音，先不要急于学汉字，并指出这本书采用的是法国语言学家古安（François Gouin）的"连环教学法"（Series）。古安为"语言习得"理论的先驱，他

---

4 在这本书的内页里有此书的中文名字"中英对照连环教学法 国语罗马字华语入门初编五十课"。因过长，这里采用封面的英文译名。

图6.1 西门华德编写的部分汉语教材

原为拉丁语教师，在学习德语的过程中逐渐琢磨出一种新的教学方法，即从某个场景入手，用一系列有逻辑联系的句子，利用动作和道具让学生从反复聆听到开口说。[5] 第二部分主要是给自学者的忠告，对从ABC 学起的学生在"声调""语音""轻重格式""词汇和语法"四个方面提出建议，还介绍了相关的参考书籍。

在《国语句子系列Ⅱ》的序中，西门华德对该教材中汉字的书写者崔骥表示了感谢。他说："作为一个学者和成功的作家，崔骥没觉得书写这样一本初级汉语教材会有损他的名声。所有使用这本书的学生，在欣赏他娴熟的书法之时，会感谢他的付出。"崔骥出版过好几本著作，他的《中国文化小史》由英国著名诗人宾扬（Laurence Binyon）写序。西门华德和崔骥是如何认识的不清楚，但他俩有着共同的朋友——蒋彝和熊式一。1951 年崔骥去世时，是蒋彝和熊式一

---

5 Simon，W.，〔1942b〕1943，第20—23 页。

给他办的后事。[6]

这套教材分两部分，每部分25课。第一部分介绍学校生活，很像是一个中文初学者对第一个学期学习生活的回顾。其中有上课内容和情景的描写，有考试方式和过程的记叙，有对先生的观察和与先生的交流，等等。第二部分课文是对日常生活的描写，从文字上来说，比第一部分浅显。作者选择的授课内容和今天使用的国际汉语教材有着明显的不同，很是有时代特点，故把这50课课文的标题按序罗列如下：

第一部分

我在黑板上写字

我的粉笔掉在地下了

中国字跟四声

先生接到一封信

我由写字台的抽屉里拿出我的橡皮来

先生喝一杯水

我在没上课之前所做的事

我说话的声儿太低或是太高

---

6 有关崔骥的个人情况，可参见 Zheng，2010，第119—120页；熊式一，〔2010〕2013，第19—20页；郑达，2022，第254—257页、272—274页。笔者只在 WorldCat 查到崔骥和宾扬共同署名的此书的法文版，Chi Tsui & Laurence Binyon，1949，*Histoire de la Chine et de la Civilisation Chinoise*，Paris：Payot。宾扬在大英博物馆东方绘画馆工作了40年，是韦利的同事。

一个新学生

一个不好查的字

两个很容易弄混的中国字

怎么样儿研墨

怎么样儿拿（用）[7]毛笔

我坐电梯上楼

学生们听话匣子片子

我们看军乐队

我做字号儿

我怎么样儿温习功课

一个（位）很有经验的先生

用国语罗马字默书

中国书和外国书

考试（一）笔试

考试（二）口试

我从图书馆借一本儿书

一个茶话会

---

7 括号和里面的汉字是原文有的，下同。

第二部分

我从我的屋子出去

我由楼梯下去

我走两万步

我把灯开开

我把书房的窗户开开

我出门儿

我回家

我起来

我洗澡

我洗脸

我刷牙漱口

我穿衣裳穿鞋

我吃一个苹果

我抽（吸）烟

我发烧

江大夫给我看病

用筷子吃饭

我到理发馆去理发

英国的天气

我在乡下住了一年

我看报

我带我的狗出去散步

昨天我忙了一天

汽车闯祸

害病

　　所有课文都采用散文形式，用数字把句子断开。课文长短不一，有十来句的，也有三十来句的。从写作特点看，"描写细腻"应该是最突出之处，这跟古安所提倡的按逻辑思维顺序教学有关。以第一部分的第十三课"怎么样儿拿（用）毛笔"为例，从下面的描写中，我们可以想象西门华德时代老师教这一课的情景：学生们坐在桌前，面前放着纸、笔、墨，老师读着句子（或放着录音），学生们边听边模仿，直到能流利地复述课文。

　　　我研完墨，把仿纸搁在桌子上。铺好了，再垫上纸，又用镇尺压好了。于是我拿起笔来，把笔由笔帽儿里拔出来，掭上墨，现在我拿笔写字。我用四个手指头拿着笔管儿，就是用大拇指、二拇指、中指跟无名指。我的二拇指、中指跟无名指在一边儿，大拇指在另一边儿。笔是用手指头的尖儿拿着，拿着一个适中的地方儿。当然二拇指跟无名指彼此之间全得有相当的距离。笔管儿要垂直。我把身子坐正，并且叫笔管儿同鼻子成一个平行线。我又把胳膊肘儿搁在桌子上，于是我写字。[8]

8　Simon，W.，（1944a）1956，第35—37页。引文省略了句子的序号。

这套教材曾于 1942 年由"灵格风"录制。赵元任对此教材的录音发表过评论，主要从语音的角度对朗读者发音、字音等方面的问题进行讨论。赵元任指出："这本用国语罗马字转写的教材是用好的白话文写的，涵盖了日常生活的多个侧面，朗读者用的是标准的北京方言。"他提到这是"灵格风"录制的第二套中文录音教材，并把这套教材和第一套，也就是老舍他们的《言语声片》做了对比，说老舍的那套有系统性，更适合初学者，可以放在这套之前。赵元任还指出，从一些英国式的用词来看，这本教材应该是从英语翻译过来的，例如代词的用法，多处出现像"我洗我的脸"之类的句子。[9]

口语教材的最后一本《中英对照国语会话读本》，也是西门华德与陆博士合作的。其内容在"客居北平"一章里已介绍过，不赘述。需要补充的是，教材里的部分课文，在英国广播公司的顾问、语音专家詹姆斯（Arthur Lloyd James）的指导下由陆博士朗读，并由亚非学院的语音和语言学系录制了四张唱片，希望能为"灵格风"所用。西门华德在序言里不但感谢了詹姆斯，还感谢了系主任爱德华兹校对英文译文。[10] 这本教材最终是否为"灵格风"所用，未能找到记载。

以上教材由普罗布森（Arthur Probsthain）书店出版。在第一本和第四本教材的前言里，西门华德对普罗布森的帮助致以谢忱。普罗布森于 1903 年以自己的全名开了家书店，此店为伦敦最老的东方书店之一，以卖亚洲和非洲的古籍为主。1905 年，该店搬到大英博物

---

9 Chao，1945，第 364 页。

10 Simon，W.，〔1943〕1954，第 Ⅲ 页。

馆附近一条狭窄的小街上，现在仍由普罗布森的后人继续营业。这家书店想必曾是西门父子经常出入的地方。

第二类　汉字课本（2本）

《中英对照 平民千字课》（*1200 Chinese Basic Characters*）（1944c）1957，共 334 页。

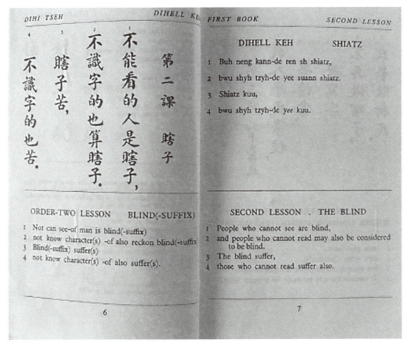

图6.2　《中英对照 平民千字课》第二课

《如何学写中国字》（*How to Study and Write Chinese Characters*）（1944d）1959，共 439 页。

第一本汉字课本用 1927 年商务印书馆出版的《平民千字课》[11] 作为蓝本，加上英文注释和国语罗马字编写而成，王云五作英文序。王云五当时是商务印书馆总经理，正随"五人访英团"在伦敦做短期的访问。他在 1944 年 1 月 7 日写的序里说："给这本书作序是我的荣誉，我真诚地希望西门博士的这本书能帮助我们的英国朋友更好地了解中国，进一步促进两个伟大的民族之间的关系。"[12]

西门华德在此书的前言里除了感谢王云五允许此书出版，还简述了平民教育家晏阳初所倡导的平民教育运动，探讨了教材上所选用的汉字在多大程度上可视为能构成基础汉语的常用汉字，并提出了使用此书时应该注意的事项。

此课本共收了 1 269 个汉字，所以英文书名为"1 200 个基础汉字"。《中英对照 平民千字课》共分四册，每册 24 篇课文，每课都有汉字课文、国语罗马字注音和英文翻译。

《如何学写中国字》是《中英对照 平民千字课》的辅助教材，是一本关于汉字入门的著作。西门华德在前言里不但解释了该书的编写原则等，而且指出了该书的局限性以及克服这种局限性的方法。他指出："这本书是教学生如何写汉字，使他们识字。如果他们希望百尺竿头更进一步，比如以书法为学习目的，则应该参考像最近出版的蒋

---

11 《平民千字文》由晏阳初等编写。晏阳初被誉为中国平民教育家和乡村建设家。
12 Simon, W.,（1944c）1957，第 V 页。

彝的《中国书法》一类的书。"[13]

《如何学写中国字》不但为亚非学院所用，也得到了社会的关注。1947 年出版的《自学中文》一书的前言赞扬此书特别实用。英国著名作家温切斯特（Simon Winchester）为李约瑟（Joseph Needham）所作传记里"建议进一步阅读"的书目中就列有这本书。因为传记里描述了李约瑟学习汉字的过程，写到他对学习书法倾注的热情，说他虽说没能成为书法家，但他的书法已有了自己的风格，显示了自己的情感。[14] 至于李约瑟本人是否参考过西门华德这本书，尚未找到记录。

第三类 语法课本（1本）

《中文结构练习》（*Structure Drill in Chinese*）（1945）1959，和兆先生[15]合著，共 101 页。

"结构练习"是由申德勒和西门华德合作编辑的一个系列，意在帮助学生练习语法结构，有国语、粤语、西班牙语、俄语和法语五种

---

13 Simon，W.，（1944d）1959，第Ⅶ页。《如何学写中国字》是该书作者取的书名。蒋彝的《中国书法》（Chinese Calligraphy）于 1937 年由伦敦 Methuen 出版社出版。

14 Williamson，1947，第Ⅴ页（文中将"Simon"误写为"Simey"）；Winchester，2008，第 295 页和第 47—48 页（写《中国科学技术史》的李约瑟的中文启蒙老师之一是西门华德的朋友夏伦，夏伦在 1938 年和 1939 年两年里，每周给李约瑟上四到五个小时的课，见第 46 页。

15 没查到兆先生（T. C. Chao）的中文名及生辰等资料。教材封面上注明其为法学学士，亚非学院讲师。

版本。国语文本由西门华德与兆先生合著，粤语文本由赖宝勤著，西班牙语文本由申德勒和西门华德合著。[16]

《中文结构练习》全书共有 50 种中英对照句型，每种句型一般有 15 个用国语罗马字拼写的句子。书中所有句型按英文音序排列，如字母 A 下面有五个句型：

After he had…/ 他……以后

Although…/ 虽然……但是

…as if…/……好像……

As long as…/ 只要……

As soon as …/……一……就……

该书第一课前面五句的罗马字注音译成汉字为：

他把功课预备完了以后就睡觉去了。

他接到了他母亲的一封信以后赶紧就写回信了。

他把灯灭了以后立刻就睡觉了。

他吃了药以后就觉得好多了。

他看了一页恋爱故事以后就不再往下看了。[17]

---

16 Whitaker，1945；Schindler & Simon，1947.

17 Simon，W.，〔1945〕1959，第 3 页。

西门华德（右四）和西门华（右二）以及蓝克实（右一）在婚礼上，
20世纪40年代摄于伦敦。

图6.3　西门父子在婚礼上

第四类 参考教材（2本）

《中国新官方拉丁字母国语罗马字》（*The New Official Chinese Latin Script Gwoyeu Romatzyh*）1942a，共 63 页。

《初级中英国语字典》[*A Beginners' Chinese-English Dictionary of the National Language（GWOYEU）*]（1947）1964，共 1094 页。

第四类中的两本教材将在"西门父子与赵元任的国语罗马字"一章中介绍。

德威男孩们是上述教材的受益者。早在 1941 年，西门华德的教材草案就已经开始试用了。[18] 笔者在西门华德的遗物里找到一份 1950 年的年度报告。这个报告列出了各个年级的课程、所用课本、任课教师名字，以及每个班的学生人数。

课程分三个等级：初级汉语（一年级），中高级汉语（二、三年级），研究生课程。初级汉语又分国语班和粤语班，国语班的教材为《汉语句子系列》《中文结构练习》等。中高级汉语课程有古代经典《论语》《孟子》《左传》《韩非子》《西厢记》《红楼梦》，近代、现代经典《胡适文选》。讲座有"汉学初步""目录学""中国文学史""中国的社会""《红楼梦》中文讲解""日本传统读音""汉语文献中的日语读音"。练习课有"汉译英""古今经典翻译""英

---

18 Bawden，1981，第 463 页。

译汉""报刊阅读""口语练习"。研究生课程没有给出细节。

这一年的学生人数为 303 人次（研究生课程没有注明人数）。之所以说人次，是因为学生从二年级起就可以选修课程，如为二年级开办的"古代经典翻译"在那一年只有一名学生选修，而"现代经典翻译"有十人选修。在所有的课程中，选修人数最多的是西门华德开的"汉学初步"，共 32 人选修。西门华德那一年共开了三门课，除了"汉学初步"，还有"目录学"（20 人选修），以及"汉语文献中的日语读音"（12 人选修）。此外，他还在藏语专业教授"藏语介绍"课程（3 人选修）。[19]

一位从军队进入亚非学院的学生回忆，1945 年他奉命进伦敦大学远东系学习，参加学习的人分成两组，一组学粤语，一组学客家话。他被分到了粤语组，一个月以后，课程增加了国语、客家话以及日语。他还记得"课程导论"是西门华德上的，西门华德详细地介绍了粤语和客家话里难读的音。他特别记得有一个音，西门华德把口张得很大，对学生说："请观察我的小舌。" 这位学生回想当时的课程，觉得课程结构合理，在实践和学术训练之间取得了很好的平衡。这门课为他打下了粤语基础，使他掌握了大量的词汇，还掌握了现代汉字的基本知识。"因为西门华德不寻常的学术建树以及教学方法，有时候学生甚至要求增加规定外的课程。"[20]

1945 年，二战结束以后，各个大学求贤若渴，希望修复战争的

---

19 Simon，W.，1950. 从老师的名单来看，这份年度报告应该是 1950 年的，上面没有西门华的名字，他那年在成都。

20 Clay，Baker & Tripp，2007，第 28 页；Bawden，1981，第 464 页。

创伤。1946 年和 1947 年，柏林大学两次恳请西门华德回校担任汉学系主任，他谢绝了。1946 年年中，剑桥大学中国语言历史系主任夏伦退休，剑桥大学有意请西门华德接任。这个职位对西门华德有非常大的诱惑力，他非常喜欢剑桥大学。"每次走在剑桥校园，都会感到'好像中了法术，不愿挪步'。"西门华也极力希望父亲能接受剑桥大学的职位。在他犹豫之际，特纳给他写了信，信中强调，如果他接受剑桥大学的任命，"会对整个远东系造成灾难性的影响，并对整个学校造成沉重打击"。西门华德是个忠诚和念旧的人，伦敦大学在他落难的时候收留了他，他对这所大学满怀感激之情，觉得理应为大学做贡献。经过一个多月的思考，西门华德最终理性地谢绝了剑桥大学的邀请。[21]

战争结束了，炮火中的亚非学院培养了一大批优秀学生。西门华德和他的同仁们在战火中为汉学所做的贡献，通过他们的出版物保存下来了。可是，他们在战争中所承受的磨难和创伤，却未必有多少记载。且不说大轰炸给西门华德带来的担忧——担忧妻儿的安全，担忧战火烧毁他的房子，担忧他万里迢迢采购回来的书籍毁于一旦，也不说物质贫乏带来的艰难和痛苦，单说他德国人的身份给他带来的压力，就让他举步维艰。

虽说 1939 年 9 月，经多次申请，西门一家得到了在英国的永久居留权。可还没有来得及松口气，战争就爆发了，西门华德来自德国的身份受到质疑，有一次差点儿被拘留。虽然在西门华德的"一如既往，

---

21 Bawden，1981，第 468 页。

很有帮助的朋友"——亚非学院院长特纳的帮助下，其被拘留的危险排除了，但出行仍然受到限制，超过 24 小时的外出要申请。那时候，亚非学院在剑桥，离伦敦约 100 公里，这使他遭遇种种的不便。1940 年夏天，随着局势的进一步紧张，他的身份再次遭到质疑，教学范围受到限制，如不能教政府公务员。1941 年起，他申请英国公民的身份，特纳是他的担保人之一，并强烈推荐，依旧无果。政府不觉得一个汉学家对这个国家有什么用。西门华德 1943 年又给特纳写了一封信，详细阐述了公民身份对于他，对于大学的重要性。可是，直到战争结束后好几年，他和一家人才获得英国国籍。[22]

1945 年，二战结束了，但西门华德到伦敦的推荐人之一马伯乐，在已经能看到胜利的曙光时死在了纳粹的集中营里。1944 年 7 月 26 日，马伯乐和妻子因儿子参与法国反纳粹运动而被捕。马伯乐被遣送到纳粹最大的集中营之一，在那里遭受了好几个月非人的折磨，于 1945 年 3 月 17 日病逝。马伯乐逝世三个星期以后，集中营就解放了。马伯乐没能看到二战的胜利，这是西门华德和马伯乐的亲朋好友尤为悲伤之处。

战争结束了，可战争给人留下的创伤永远无法愈合。在 1954 年的一篇悼文里，西门华德表达了他的切肤之痛："最近几年，逝世的杰出汉学家有伯希和教授、马伯乐教授、福兰阁教授、夏伦教授，而现在，另一位了不起的汉学家戴闻达在经历了几个月的重病后于 7 月 9 日离开了我们。戴闻达的过早辞世，无疑是德国占领期间所受的苦

---

22 Bawden，1981，第 462—465 页。

难所导致的。他的去世，不但是荷兰学术界不可挽回的损失，也是整个汉学界不可弥补的损失。"[23]

---

23 Simon，W.，1955，第 1、4 页。中英文版 "维基百科" 在介绍戴闻达时，都没有提及西门华德此篇悼文。

第七章

和马悦然在成都可庄

1949—1950

汉学家父子西门华德和西门华

1949 年 6 月，已经是亚非学院讲师的西门华从伦敦飞到香港，在那儿见到了分别近一年的父亲。西门华德为亚非学院购书的任务完成得很圆满，西门华很为父亲高兴。

西门华这年休学术假，计划在香港待一年，研究项目是马致远的元杂剧《汉宫秋》。此外，他还受伦敦公务员委员会（Civil Service Commission）委托，担任 7 月初在香港举行的公务员中文考试的考官。他的好友，从牛津大学本科毕

图7.1 西门华20世纪40年代单人照[1]

业、曾在亚非学院学过中文的沃德少校（Willie Ward）当时在香港工作。7 月底，沃德去昆明公干，染上急性肠胃炎，住进了医院。西门华闻讯后，决定去昆明探望。就是这次探望，让他改道成都，不但完成了原定的研究计划，还学习了宋词，且翻译出版了 24 首；结识了闻宥、马悦然等新朋友，并和闻宥一起编译了一本汉语读物。更重要的是，他在成都经历了新旧中国的变更。

和沃德同住在昆明一家旅馆里的，还有来自瑞典的马悦然。他于 1946 年开始跟高本汉学中文，学了两年古文后，去四川调查方言，为他的博士论文准备语料。高本汉和西门华德一定没有想到，

---

1 西门华 20 世纪 50 年代的护照上用的就是这张照片。

他们的友谊会在万里之遥的中国昆明，由他们的学生用这种方式传递下去。

马悦然在成都学了一段时间的方言后，上峨眉山报国寺做了几个月的田野调查，然后去昆明做短期休整。

一天，马悦然回到旅馆时，老板满脸焦虑地对他说："你的朋友住院了，赶快去看看他吧。"

"朋友？"马悦然愣了一下，他刚到昆明没两天，哪来的朋友？不过，他很快意识到老板说的一定是旅馆的另一位外国人，尽管他们仅仅打过照面。

此时，躺在病床上的沃德正在着急，西门华要来昆明探视，而他没法去接机。看到前来探望的马悦然，沃德心生喜悦，马上求助，请马悦然去机场接他的英国朋友。8 月 3 日，马悦然在机场接到和自己年龄相仿的西门华。知道他准备在香港待一年，马悦然便鼓动他一起去成都，去一趟华西协合大学。[2]

成都和华西协合大学，西门华一定早有耳闻。剑桥大学的李约瑟在英国广播公司电台讲述的成都之行，在伦敦曾轰动一时。李约瑟讲述了他于 20 世纪 40 年代初期在成都、在华西为他的《中国科学技术史》收集素材的经历。[3]

几天后，两位年轻人告别了病愈的沃德，一起飞到了锦城（成都

---

2 Malmqvist, 2014, 第 66 页。马悦然于 2005 年用瑞典文写了一本自传，献给亡妻陈宁祖。2014 年，他的一位学生把传记中有关马悦然于 1948—1950 年在中国的经历翻译成英文，作为献给恩师九十大寿的礼物。华西协合大学，1951 年更名为华西大学，后又更名为华西医科大学，2000 年 9 月华西医科大学与四川大学合并组建四川大学。

3 Winchester, 2008, 第 89 页。

的别称）。西门华住进了华西协合大学中文系主任闻宥的家里，马悦然回报国寺继续完成他的调查。直到 9 月，两人才再次见面。西门华原计划在成都待两个月，没想到待了整整一年。[4]

华西协合大学是 1910 年美国、英国和加拿大三国的五个基督教教会创建的，位居成都南面城墙外一片平原上，占地 150 英亩，[5]四周是稻田。校园的建筑非常美丽，道路两边种植着柳树和楠木。[6]1940 年，华西协合大学成立了中国文化研究所，所长是中文系的主任闻宥。闻宥是民族语言学家，并通晓数种语言。他对学者之间的交流很重视，曾聘请过不少国内外知名学者到华西做研究，如傅吾康、陈寅恪和李方桂。该所出版的《汉学研究》（*Studia Serica*）等书刊，当时在国际上很有影响力。

闻宥一家住在华西协合大学一栋独门独户的房子里。西门华在成都期间的信都是寄到他家——成都南门外，小天竺街 16 号。西方汉学家有一个"经验之谈"，即"要学习好汉语，最好住在中国人家里"。石泰安和傅吾康都在闻宥家里住过。闻宥的邻居曾回忆说："闻伯家住外国人，来来往往尽是大师、名教授。"[7]西门华在给家人的信里说："闻宥的妻子是位非常迷人、善良、十分传统的中国人。遗憾的是她几乎不会国语，口音很重，以至于不知道她在说什么，但是我们相处得非常好。闻宥有两个同样迷人的儿子，很像伦敦那位中文教授的儿

---

4 Simon, H. F., 1949a，第 2 页。

5 150 英亩，约 60.7 公顷。

6 莫尔斯，2018，第 109 页。

7 谭楷，2018，第 286、295 页。

子。[8] 一个 19 岁，一个大约 12 岁，两人都特别有礼貌，看样子也很聪明。小儿子在桥牌上的天分超乎了他的年龄。他有一个小女朋友，住在隔壁，挺漂亮的。她常常把头伸到我的窗口（当然，我装作没看见），想看看大鼻子的外国人在干吗。"西门华的大鼻子一定引起过不少关注，他在信里调侃道："我认为，从原则上来说，今后选择的汉学家一定不能是大鼻子。一个普通的欧洲鼻子已经足以吓坏中国人，更何况是我和 ×× 这等尺寸的。再加上绿眼睛，情形就更糟。"[9]

在西门华的遗物中，有不少保存了七十多年、与成都有关的宝贵资料。其中有十七张留有闻宥墨宝的便签，有用毛笔书写的，也有用钢笔写的。

在十七张便签上，共抄有三十来首词。五张便签有"华西协合大学中国文学系用签"的字样，一张有"华西协合大学中国文化研究所用签"的字样，其余的是大小不一的宣纸。从便签上可以推测二人当时上课的方法：师生面对面地端坐着，闻宥预先或当场把要学的宋词用漂亮的书法写下来，然后一首一首地讲解。有一张没有抄录诗词的便签特别能表现闻宥讲课时的情形，这张纸从上、下、左、右不同的方向写着闻宥要补充的内容。马悦然也向闻宥学过宋词，他和西门华是否一起听课不是很清楚。马悦然曾高度评价过闻宥的诗词课："他

---

8 笔者曾向西门卡萝求证此处提到的中文教授是谁，卡萝笑着说这是西门华在和父亲调侃。西门华德这位中文教授刚好也有两个迷人的儿子。

9 Simon, H. F., 1949a, 第 2 页。 西门华寄到伦敦的家书都由其母精心保存下来了，他的侄女儿 Susannah Simon 在父亲西门彼得逝世后，把满满一大盒信件寄还卡萝。西门华的手书很难辨认，卡萝找出来的六封是打印的。在信中，西门华写了他在成都和香港的经历。

在诗词方面的造诣以及他
那种引导朋友和学生领略
学术之美的能力，给我留
下了最深刻的印象……正
是这位老朋友的引领，我
才真正领略到中国古汉语
音韵和古典诗歌之美。"[10]

1950 年，西门华在华
西协和大学的《汉学研究》
第一卷第六期上发表了 24
首词的英译。他在文章的
注解前写道："非常感谢
闻宥教授无倦的帮助，从
词的翻译，到注释材料的
提供。而其中错误之处，
我个人负完全责任。"

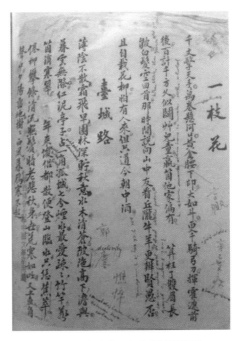

图7.2　闻宥为西门华所抄写的词

西门华翻译的 24 首词，有两首出现在前面提到的课堂笔记里。
除了每首词做了英文翻译外，还有不少注释，内容包括所采用的版本、
某个词语在不同版本中的用字以及他个人的选择等。如在第一首无名
氏所作《天仙子》的注里，西门华写道："这首词原出自在敦煌发现
的《云谣集杂曲子》，这本集子现藏于大英博物馆。朱祖谋的《彊邨

---

10 谭楷，2018，第 287 页。

丛书》也收有此词。"又如，冯延巳《鹊踏枝》里的"独立小桥风满袖"中的"桥"，有"桥""楼"两说，西门华选择了"桥"。[11]

马悦然有关峨眉山方言声调的文章也同时在《汉学研究》上发表，而且和西门华文章的页码是相连的。西门华的在第72—88页，马悦然的从第89页开始。不知道这纯粹是巧合，还是冥冥中的一种暗示。不管怎样，他们的友谊从成都开始一直延续了半个多世纪，两位好友还竟然在同一年仙逝。西门华辞世三个多月后，马悦然也悄然随去，二人"现在同一块云头上摆龙门阵"。[12]当然，这是后话。马悦然当年送了一本抽印本给西门华，扉页上写着："Harry in remembrance of a happy time in 可庄 Göran"（给 Harry，纪念可庄的快乐时光，悦然）。这本发黄的抽印本至今还在。[13]

西门华的生日是9月13日，生日前他收到了母亲的生日祝福。在9月7日的回信里，西门华告诉母亲，第二天将和闻宥的大儿子以及两个美国学生乘船去看乐山大佛以及附近的石窟，然后上峨眉山去看马悦然。[14]9月23日，马悦然完成了田野调查，从峨眉山回到成都（他俩是否同路回成都不太清楚）。马悦然借住在华西协合大学一位讲师的宿舍里，住了一段时间以后，便和西门华合计两人一起租房子

---

11 Simon，H. F.，1950a，第71页，注1；第73页，注13。

12 马悦然的第二任夫人陈文芬女士语，引自她于2020年2月8日发给笔者的电子邮件。西门华逝世于2019年7月7日，马悦然逝世于2019年10月17日。陈女士说："悦然一生跟西门先生有缘，最后都在同一年先后仙去，用悦然的语言，现在同一块云头上摆龙门阵。"

13 Malmqvist，1950.

14 Simon，H. F，1949b，第1页。

住。马悦然回忆道："有一天在华西大学医院工作的三个加拿大护士请我们吃饭。她们也请了一位刚从英国回来的二十几岁的而且很漂亮的姑娘。那姑娘听说西门华先生和我正在找房子住，就告诉我们她父亲的花园里有一所空房子可以让我们租。好！过了几天我们就搬进去了。"[15]

说到这位漂亮的姑娘，还有这么一个故事。一天晚上，西门华和马悦然受邀参加一个舞会。舞会的第一个环节是挑选舞伴。姑娘和小伙子们被安排在两个不同的房间里，中间有扇门，不同颜色的丝线从钥匙孔里穿过。小伙子们依次挑选其中一根，也就挑上了拿着丝线另一端的姑娘。这大约就是所谓的"姻缘一线牵"吧。马悦然挑的丝线连着的就是上面所说的那位英国归来的姑娘。她穿着绿色的丝绸连衣裙，妆化得很完美，说着一口流利的英语。遗憾的是，马悦然在报国寺跟和尚一起生活了几个月，面对这样的女孩，有点不自在。正尴尬之际，西门华走了过来，开始了对她的追求。马悦然松了一口气，便去陪伴西门华挑到的一位加拿大护士。

西门华和马悦然租到的房子在华西协合大学的后面，叫"可庄"。可庄内有两座相邻的房子，一座洋房，一座在一个大花园中的平房。洋房里住着一家六口以及用人。男主人是西南师范学院化学系教授陈行可，女主人是四川省立女中刚卸任的校长刘克庄。夫妇二人有四个孩子——三个女儿、一个儿子。大女儿陈京祖就是舞会上那位漂亮的姑娘。二女儿陈宁祖当时 18 岁，高中刚毕业，陈家原想请西门华替

她补习英文，可西门华的心思在大女儿上，于是这档差事便落到了马悦然肩上。[16]

西门华和马悦然租了可庄的平房，月租为十块大洋。二人合请了一个叫廖梓岱的厨子。这位厨子有一位害羞的妻子，为两位年轻人做些家务。[17]有一天，西门华提及想吃英国式的早餐，比如煎鸡蛋。廖梓岱表示自己不会做，大约是担心西方人的做法和成都的不一样，西门华就示范了一次。第二天早上，廖梓岱把早餐端上来时，西门华大吃一惊。因为那个煎鸡蛋做得太漂亮了。蛋黄在正中央，蛋白形成了一个完美的圆。原来廖梓岱在锅里放了一个"神器"——一个大小适中的金属环。

可庄有三条狗，它们很快和两位年轻人混熟了。拖泥（Tony）是条勇敢的、受过训练的大白狗，可它曾经爱上过一条最丑的野狗。那条野狗在外面一叫，拖泥就叼着自己的晚餐，去送给情人，并和那些胆敢抢它心仪者口中粮的狗强盗们英勇搏斗。月色芬（Josephine）是一条可爱的牧羊犬，曾经吃下过西门华和马悦然的半包骆驼牌香烟和半磅黄油。而棒客（Bandit）是一只胆小的猎犬，它的英文名字却是"土匪"的意思，显然名不副实。[18]西门华最疼爱的是月色芬，常

---

16 Malmqvist，2014，第 67—69 页。

17 Malmqvist，2014，第 68 页。

18 三条狗名的译音采用了马悦然所用的。他在《另一种乡愁》里有"四条腿的老朋友们"一章，对可庄的这三条狗有十分生动的描写。参见马悦然，2015，第 122—123 页。2011 年的某一天，西门卡萝给马悦然打电话的时候，二人聊起了可庄的狗。不久，马悦然写给西门华的一封信里回忆了可庄的三条狗以及他们离开成都回国路上的趣事。书中描写的依据便是马悦然的那封信，参见 Malmqvist，2011b。

常在晚餐时，把自己碗里的肉分给它吃。每当他这样做时，厨师都不太高兴。可能觉得怎么能把那么好的肉给狗吃。

1949 年正逢中国新旧交替之际，马悦然在 11 月 22 日的日记里写道："城头开始起防寨，红军已经打到了重庆，过不了多久会到成都。人人都希望他们快来，免得土匪利用机会捣乱。陈行可教授、华西大学的一些老师和学生、西门华跟我每天晚上出去在大学周围巡逻。"[19]

12 月 13 日半夜，马悦然、西门华以及陈家的人都被枪声惊醒。因担心有事，他们把 200 块银元放进一个提包，埋在花园的粪坑里。

尽管日子不安宁，随着圣诞节的到来，西门华和马悦然还是决定庆祝。他们用铁丝把三棵歪歪斜斜的小雪松绑成了圣诞树，用西门华一个月积攒的香烟锡箔做成星星装饰圣诞树，还在树上挂了蜡烛。圣诞前夜，西门华和马悦然请了陈家六口，还有画家吴一峰夫妇，一起享用圣诞晚餐。

至于他们的圣诞晚餐吃的是什么，马悦然在他用中文写的《另一种乡愁》和其外文版传记中的记录不一样。中文版写的是"鹅、圣诞节布丁、绍兴酒及水果等"，外文版写的是"温好的放有杏仁和葡萄干的甜米酒、姜饼、厨子廖梓岱根据我母亲菜谱制作的甜面卷、红甘蓝炖火腿"。[20] 不知是不是两次都只记录了其中的部分菜肴。晚餐后，西门华和马悦然以及吴一峰夫妇到大学内的教堂做礼拜。吴一峰夫妇家住在城西门外，出于安全考虑，两位年轻人邀请夫妇俩做完礼拜后在可庄留宿。

19　马悦然，2015，第 38 页。

20　马悦然，2015，第 40 页；Malmqvist，2014，第 8—9 页。

西门华摄于1949年12月30日。

图7.3　解放军进驻成都

第二天早上，马悦然送吴一峰夫妇回家，发现一路看到的军人都戴着有红五星的军帽，成都和平解放了。见证了成都解放的一位加拿大传教士有如下描述："在这里，被大家公认的政权更迭的确切日期是圣诞节当天；我相信，自那天起国民党军队就撤离了，新政府的代表随即进驻了这座城市（虽然军队并未正式进驻）。人民解放军实际进驻的日子是12月30日。""解放军正式进城那天就如同是个盛大的节日一般，如此阳光明媚、壮观的大晴天在我们四川的冬季里是相当罕见的。"[21]

西门华在12月30日那天拍摄的照片，有二十多张保留下来了。从照片上看，解放军进城时，成都人山人海，街道两旁挤满了人，大楼的窗口也满是人头，连"环城百货"大门顶上的露台都有观景的群众。进城时的解放军，有徒步背背包的，有骑马或牵着马的，有坐大卡车的，有坐吉普车的。西门华还摄下一些照片，上面有毛泽东和朱

21　微雨书细，张维本，2018，第79—80页。

德的巨幅画像、"毛主席万岁""朱德总司令万岁""欢迎解放军进城"的标语、"四川省公路运务工会筹备会欢迎人民解放军""军校学生自治会行政班同学联谊会欢迎人民解放军"的横幅等。有一张照片拍摄的是四位跳舞的姑娘，她们穿着带有羊毛镶边的大襟衣，头上包着三角围巾。

　　时局安定一点以后，西门华和马悦然把所藏的银元挖了出来。银元已经变色了，西门华花了一天的时间，用块湿抹布蘸点羊毛烧成的灰，把银元一块一块擦亮。马悦然认为银元亮不亮跟它的价值毫无关系，动听的声音还在就行了。[22]

　　成都解放后，军管会对当地的外国人进行登记。登记的地点在成都一所学校的体育馆。

　　一位年轻的军人首先问马悦然为什么在成都。

　　"我是专门研究四川方言的。"

　　"是真的吗？"

　　"我是高本汉的学生。"

　　"他是谁？"

　　"他是世界上最著名的汉学家。"[23]

　　马悦然在外文版的自传里对这段经历有比较详细的描写，有军管会的提问以及他的答复。如他的家庭背景，在瑞典选举选的是哪个政党，来成都的目的是什么，诸如此类，非常有趣。想必他们也问了西门华类似的问题，可惜没能找到记录。这里我们引用马悦然提到西门

22　Malmqvist，2014，第 9 页。

23　马悦然，2015，第 42—43 页。

华的部分：

> 我到成都来是调查方言，不是美国间谍。你们想知道我
> 过去的几个月结识了些什么人？我住在华西协合大学校园的
> 后面，认识了不少在校内工作的人，跟他们谈不上有很多来往，
> 他们比我年长很多。有些和我年纪相仿的外国人，不在大学
> 工作的，如来自康奈尔的人类学家 Bill Skinner（施坚雅），
> 历史学家 David Gidman（基德曼）…… 当然，还有 Harry
> Simon（西门华），我们住在一起，他研究的是元曲。[24]

施坚雅去成都时 24 岁，是博士研究生。他于 1949 年 9 月 16 日
抵达华西协合大学，在大学待的时间不是很长，大部分时间在乡下
做调查。不过圣诞节期间他也在成都，经历了成都解放，经历了外
国人受调查一幕。他和西门华、马悦然都有来往。[25] 他从 1949 年到
1950 年，在成都做社会调查时做的笔记已整理出版，该书为《1949—
1950，革命前夕的中国农村——四川田野考察笔记》。[26] 在著作里，
施坚雅提到了当时在华西协合大学的不少中外学者，可惜没提到我们
关心的两位。

成都解放后的一天，西门华请陈京祖去看电影，散场后，两个年

---

24 Malmqvist, 2014，第 42 页。这段引文里的中文名字，除了西门华以外，都是笔者
加上去的。施坚雅全名为 G. William Skinner。

25 Malmqvist, 2014，第 72 页。

26 Skinner, 2017.

轻人仍沉浸在剧情中，聊得分外开心，完全忘记了解放军进城后实行的宵禁。聊着聊着，迎面碰上了一队巡逻的士兵。

"站住！"

一名士兵的枪口一下对准了西门华的胸膛，接着把他推到一堵墙边，命令他面壁而立。西门华虽说经历过战争，但从未被人用枪口指着。那一刻，他首先想到的是，可否给一点时间，让他告诉母亲，他没事，可以从容地面对死亡；可否给一点时间，让他能在万里之遥和亲人们道个别，说声爱他们。

士兵们盘问过陈京祖后，先把她给放了，继续审问西门华。因为他是个外国人，士兵们一时不知如何处置。一个戴眼镜的建议当场枪毙，有人觉得不妥，说对外国人处理不得当的话，可能会有大麻烦。遗憾的是，我们不知道对西门华的审讯是如何开头、如何结尾的，只知道西门华觉得戴眼镜的看上去是个受过教育的人，就用流利的汉语向他解释自己来成都的目的，说起正在翻译的宋词。西门华还真没有看走眼，那个士兵确实是个读书人，碰巧也钟爱宋词。西门华正在翻译的词里，也有他熟悉的。

不知道是词的意境拓展了他们的胸怀，还是古人优美的诗句拨动了他们心中最柔软的那根弦，总而言之，慢慢地，气氛缓和了，敌意消失了。从主张就地处决西门华到和他畅聊宋词，这中间的跌宕起伏、峰回路转，一定十分精彩且富有戏剧性，可惜没有被记载下来。

一名士兵送西门华到家时，月色芬正在焦急等待它深夜未归的主人。看见带枪的人，它飞快地冲上去，一边汪汪直叫，一边企图咬士兵的脚踝。

　　"宋词救过我的命。"西门华给女儿卡萝讲这个故事时，是这样
开头的。

　　西门华虽然在圣诞节前离开了闻宥的家，搬到了可庄，但和闻宥
的联系如常。1950年5月21日，西门华在可庄给他父亲的信里写道：
"我坐在可庄我的小天堂里，环绕着我的是月月怒放的月季。我将和
闻教授一起度过十分有价值的几个小时，说是讨论《汉宫秋》——我
准备在论文里分析的元杂剧，实际上是什么都谈，聊古文等一些我回
伦敦后会特别想念的话题。"在信里，西门华还总结了自己一年的成
绩，说自己把很多时间都用在了这种交谈上，这种交谈提高了他的听
力。他觉得自己的口语提高不多，但听力却大大提高了。"星期天闻
教授做了一个有关汉碑的讲座，我听懂了百分之九十九。我甚至用英
文为一个中国人翻译了闻教授讲座中的一个词组。"西门华在信里还
告诉父亲，闻宥送了他一整套《汉学研究》，里面有很多重要文章。[27]

　　有一天，闻宥无意提起他的《藏文文法》一书丢了。这本叶斯开
的经典曾由西门华德和弗兰克在1929年增订出版，市面上已经很难
买到了。西门华便向父亲求援。当父亲告诉他书已买到时，西门华第
一时间告诉闻宥，结果得知自己误会了。闻宥自己的《藏文文法》并
没丢，是华西协和大学图书馆的丢了。知道西门父子这么费力地为自
己找书，闻宥很感动。当时西门华正在计划离开中国前去一趟北京，
闻宥便告诉他在北京的一位法国学者可能很需要这本书。西门华便写
信建议父亲先把书寄到香港，如果他能去北京，就把书给这位学者带

---

　　27 Simon, H. F., 1950b，第1—2页。西门华后来把全套《汉学研究》转送给了亚
非学院。

去。西门华在信里说："我一时想不起这位学者的名字，但您一定认识。他的名字听上去有点像俄国人，是个了不起人，他的蒙古语不成问题，而汉语近乎完美。"[28]

在成都期间，西门华和闻宥合编了一本汉语教材。他们参照亚非学院的教学大纲，选收了《水浒传》和《儒林外史》中的章节，外加三十多首白话诗歌及其英语译文等。书稿完成后，西门华请教父亲是否已有类似的书存在，没有的话，他就请闻宥付梓。他在给父亲的信里写道："我想你一定会为我高兴的。"[29]

通过闻宥的介绍，西门华和马悦然认识了当时在华西协和大学任教授的杨啸谷——著名学者及鉴赏家。他的一个儿子，比西门华和马悦然长几岁的杨秀异，是学陶瓷釉彩的，当时在家待业。杨秀异答应教马悦然和西门华中文，他们一起读了《孔雀东南飞》等不少古典作品。[30]

1950 年 6 月，就在美国总统宣布派出第七舰队的时候，刚好有英国和澳大利亚的一场板球比赛。两个好朋友就到底听什么广播发生了争执：西门华想听赛事评论，而马悦然更想听朝鲜战事。西门华对

---

28 Simon，H. F.，1950b，第 2 页。经考证得知，这位学者是在法国出生的俄裔语言学家李嘉乐（Alexis Rygaloff）。李嘉乐于 20 世纪 40 年代末到 50 年代初，在中国待过八年，不但能说一口流利的中文，还懂蒙古语和日语。他于 1960 年创建了法国社会科学高等研究院，当了 15 年的院长，直到语言学家贝罗贝（Alain Peyraube）接替他的职位。虽说西门华在 1950 年没能去北京，没能见到李嘉乐，但据贝罗贝回忆，他第一次见到西门华就是和李嘉乐一起。有关李嘉乐的个人资料，均来自贝罗贝。

29 Wen & Simon，1950；Simon，H. F.，1950d。闻宥和西门华编写的教材最终是否出版，尚未查到记录。

30 Malmqvist，2014，第 68—69 页。其中杨啸谷的名字误作 Yang Xiugu。

球赛一直十分关注。他在 1949 年 8 月 19 日给彼得的信里谢了弟弟为他提供的有关板球赛事的资料，并希望有可能的话，凡是与经济以及运动有关的资料多给他寄。还说香港报纸对球赛的报道很多，而成都的报纸根本没有报道英澳最后几场比赛的消息，他们大约也不会报道西门华关心的国际橄榄球赛（Rugby Internationals）以及国际男子网球赛（Davis Cup）。提到网球赛，西门华告诉弟弟，他在华西协和大学打了一场网球，球场很糟糕，球网更不用提，球员技术也不高。然后，他打趣道："如果组织的是一场锦标赛，以后再回到这里时，就可以宣布我曾是华西大 1949 年的网球冠军。" [31]

　　随着朝鲜战事的发展，西门华担心外国人会被拘留。他和马悦然就开始计划如何离开中国。他很想在离开中国之前去北京看看，然后经天津或者尼泊尔回国。马悦然比他乐观，主张在成都多待一段时间。没等他俩统一意见，成都军管会就通知马悦然和另外十来位外国人在两星期内必须离境。西门华没有得到此通知，便去找朋友打听。这位朋友和西门华以及马悦然都很要好，和管理外国人的负责人也是好朋友。西门华提出自己还得回大学授课，希望能和马悦然同行。

　　两天以后，朋友回复说有关部门不认为他有留下来的必要，他可以离开了。接下来的几天里，西门华忙极了。他得把闻宥的课听完，得把和闻宥合作的书稿中他负责的部分完成。[32] 他和马悦然还得找一个担保人，担保负责偿还他们有可能落下的债务。廖梓岱很仗义地担

31 Simon，H. F.，1949a。

32 同上，1950d；1950e 第 3 页。

图7.4 杨啸谷赠给西门华的画作（局部）

任此责，尽管主管此事的人极力劝告他不要担此风险。[33] 而离别之前，最艰难的一件事是与朋友道别。

　　离开成都的头一天，朋友们聚在可庄给两位远道而来的西方青年饯行。西门华收到了许多礼物：陈京祖父母送的一幅国画，画轴上写着"柳燕　陈行可　刘克庄赠　一九五〇"；吴一峰于1948年画的一

幅国画，画轴上写着"窦圌飞渡　吴一峰画并签"；[34] 杨啸谷画的一幅蜡梅图，上题"西门华先生惠存"。这三幅画，至今仍为西门家人珍藏。

要离开生活了一年的成都，西门华恋恋不舍。他告诉父亲，成都是他从一个男孩成长为一个男人的地方。在成都的一年，是他生命中最快乐的时光之一。[35]

---

34 吴一峰的画中，被命名为"窦圌飞渡"的不止一幅，他本人有"吴窦圌"之称。
35 Simon, H. F., 1950e，第 3 页。

第 八 章

汉瓷讲座巧为媒

1950-1960

汉学家父子西门华德和西门华

　　前一章提到，在成都的一次舞会中，西门华和马悦然通过五彩丝线牵出了自己的舞伴。遗憾的是，她们并非各自的心仪者。那么，五彩丝线那一头，究竟有谁能让这两位年轻人怦然心动呢？

　　西门华和马悦然要离开成都了。除了离别的惆怅外，马悦然还为情所困。在教英文的过程中，他爱上了宁祖，可他到中国前已经和一位高中同学订了婚，无权向宁祖表达爱意。

　　"西门华和我准备离开成都的前一天，陈家请我们吃晚饭。吃完晚饭以后，宁祖弹钢琴，唱中国民歌。我最爱听的是'在那遥远的地方，有个好姑娘……'。""第二天清早宁祖和她父母、姐姐、弟弟、妹妹都送西门华和我到车站。"[1] 根据西门华的记载，送行的朋友共十人，全是中国人。西门华在给家人的信里说："这是我从未经历过的，最艰难的一次别离。因为我知道，很有可能是永别。"[2] 虽说陈京祖也在送行人之中，但她和西门华最终没能抓住五彩丝线的两端。

　　1950 年 7 月 16 日，西门华和马悦然乘邮车去重庆，然后从重庆坐船到汉口，从汉口坐火车经广州抵达香港，历时两个星期。从成都到重庆不到 500 公里，他们的邮车走了四天三夜，一路上颇为辛苦。有一段路是土匪出没频繁的地段，邮车需要镖队保护，还好没出什么意外。

　　西门华和马悦然轮流坐在驾驶室和车棚上。七月中旬的成都，气

---

　　1 马悦然，2015，第 143 页。

　　2 Simon, H. F., 1950e, 第 3 页。西门华于 1950 年 8 月 24 日写给父亲的五页长信里比较详细地记载了他从成都到香港，以及初到香港的经过。下面有关旅途的记载，如无特别说明，均来自这封信。

温不算很高，但驾驶室里很闷热。车棚上凉爽一些，不过要特别小心低垂的电线以及山洞口，弄不好会把脑袋削掉。最烦人的是哨卡，沿途每 30 公里有一个，全程共有 17 个。对中国人一般是查人查证件，对外国人则重点查物件，看到照相机一律没收。好在他们离开成都前已接受过一次检查，照相机已经封存了。

有关检查，马悦然还曾提到过一个细节。每逢过哨卡，他和西门华的行李必受检查，让大家很烦。后来，押车的邮差索性把他们的行李混在邮包里，并对守关卡的人说，新中国的邮车是不能误时的。就这样，避开了后面的关卡。[3]

沿途的客栈特别肮脏。因为怕臭虫，西门华和马悦然都不敢在床上睡，就睡在桌子上。尽管旅途艰苦，西门华却非常喜欢这段旅程，他和司机以及押车的邮差成了好朋友，一路聊得十分畅快。

在重庆时，他们原本得等两个星期才有去汉口的船，据说当时有四五千人在等船。算他们走运，到重庆的第三天，接到通知，有人临时退票，他们若能在当晚九点赶上船的话，就可以走。西门华和三位北上开会的干部同舱，在给父亲的信里，他写道："他们是我最早结识的共产党干部，我们成了很好的朋友，对一些政治问题进行了激烈的争论。"西门华和他们也讨论了文学，其中一位干部还把自己读过的王国维的一本书，一个很难得的版本送给西门华。这本书此人读得十分仔细，几乎每页都有记号。西门华回赠了他的宋词翻译抽印本。

马悦然也回忆过他们的行程，不过侧重点和西门华不同。他介绍

---

3 Malmqvist，2014，第 75 页。

了在武汉遇到的西方人以及他们的同行者。在介绍了这些旅伴后，马悦然发议论道："伴侣中唯一比较正常的人是西门华，有名的汉学家西门华德（Walter Simon）的儿子，他到中国去的目的是研究元曲。"[4]

7月30日星期天下午，西门华和马悦然抵达香港，沃德少校的朋友格林（Withers Green）非常热情地接待了他们，把他们安排到香港大学的马礼逊堂（Morrison Hall），每人一个舒适的单间。格林当时是马礼逊堂的主管，1949年刚上任。

马悦然到香港的第一件事是给他在美国的未婚妻写信。两年没有见面了，在通信中，马悦然已经感到了生疏，意识到二人原有的感情可能只是友情而已。回信很快来了，他的女朋友也有同感，两位昔日的恋人友好地分手了。这一刻，马悦然感到十分幸福。他终于可以向宁祖表达爱意，终于可以告诉宁祖，他的生活里不能没有她了。马悦然一刻也没有耽误，立即打电报给宁祖的父母，请求把女儿许配给他。不巧的是，收到回电是个星期六的晚上，电报大楼不营业，没人可给他解读电报上的数码，接电话的人又只会说粤语。好不容易熬到星期一的清晨，马悦然终于等到了他想要的四个字——"宁祖愿意"。[5]

西门华到香港以后，马上打电报给家人报平安，然后写信向父亲请教。他说六大件行李还在广东，他大约要在香港待三个星期。他想知道父亲以及亚非学院是否需要他做什么。接着，他和马悦然及沃德一起去格林夫妇休假的地方住了一个星期，好好地放松了一下。格林太太是在那里疗养，西门华告诉家人，那确实是个疗养的好地方，那

---

4 马悦然，2015，第51页。
5 Malmqvist，2014，第80页。

几天过得很惬意。早餐以后游泳，上午看侦探小说，下午茶后又游泳，晚餐后在走廊里悠闲地聊天。晚上 10：15 左右解散，各自回房休息。西门华还从没有享受过如此有规律的闲散生活。原计划在那里开始写东西，可是头疼了两天，接着又被太阳灼伤了，便放弃了写作计划，专心休息。[6]

8 月 10 日，香港大学校长赖廉士（Lindsay Tasman Ride）接见了西门华。他对其中国之行十分感兴趣，记了满满的三页笔记。在香港，西门华还见到了病理学家侯宝璋。侯宝璋和西门华德认识，他的儿子侯健存是西门华在成都时的好朋友。[7] 侯宝璋于 1926 年曾在柏林大学求学，1947 年曾到英国讲学，1948 年任香港大学病理学主任教授。西门华德何时何地与其相识，不是很清楚。

自从马悦然接到"宁祖愿意"的电报后，就开始期盼二人的相见。9 月初，他每天清早坐火车到罗湖去等宁祖，常常是空着肚子等上一整天。9 月 20 日那天，终于等到了宁祖以及陪同她的姐姐京祖。9 月 24 日，这对有情人在香港道风山的教堂举行了婚礼。作为伴郎的西门华十分尽职地张罗此事，认真安排每个客人的交通事宜，以保证他们能按时抵达教堂。遗憾的是，忙中有错，他居然把最重要的人物——新娘新郎的交通问题给忘了，以至于马悦然得临时借一辆吉普车，和陈宁祖一起赶到教堂。婚礼进行得很顺利，气氛热烈温馨。参加婚礼的还有德威男孩白芝，他去中国休学术假途经香港。[8]

---

6 Simon，H. F.，1950c.

7 Simon，H. F.，1950d. 赖廉士于 1949—1964 年任香港大学校长。

8 马悦然，2015，第 146 页；Malmqvist，2014，第 84 页。

西门华、陈京祖[9]在马悦然和陈宁祖的婚礼上，西门华身后穿白西服的是马悦然。
1951年9月24日摄于香港。

图8.1　西门华在马悦然和陈宁祖的婚礼上

西门华没能和马悦然成为连襟，也没能和马悦然一样，娶到一位美丽的中国姑娘，但他的姻缘也与中国有关。

1952年冬天的一个下午，西门华授课完毕正准备去壁球俱乐部打球，在走廊上遇上了父亲。西门华德告诉他，待会儿有一个很好的讲座，是有关中国瓷器的，作报告者是系里请来的著名学者，作为青年教师，他应该去听讲座。遵照父命，西门华和西蒙兹（E. H. S.

<hr />

9　照片上的姑娘经马悦然第二任夫人陈文芬辨认，确定为陈京祖。

Simmonds）一起去了。西蒙兹是 1948 年进的亚非学院，研究东南亚，尤其是泰国的语言和文化，和西门华是很好的朋友。

西门华和西蒙兹迟到了，溜进大厅时，瓷器讲座已经开始。大厅的灯转暗，演讲者正在放幻灯片，他们悄悄地在后排就坐。刚坐下，西门华便注意到前排的幻灯机旁边坐着一位非常有吸引力的优雅美丽的女子，他的心顿时怦怦直跳。因为女子坐在幻灯机旁边，西门华误认为她是演讲者的女儿，所以积极参加讨论，希望能被介绍。讲座完了以后，他又帮助演讲者收拾幻灯片，想借机认识那位漂亮的女子。遗憾的是，一不留神，女子不见了。

那位美丽的女子叫鲁蒂曼（Margaret Ruttiman），1924 年 3 月 2 日出生于多伦多，父亲来自瑞士有德国血统的工程师世家。鲁蒂曼从 1937 年到 1944 年就读于安大略的圣米尔德里德学校（St. Mildred College）。毕业以后，她想上大学，想上多伦多大学的艺术系和考古系。可在 20 世纪 40 年代的加拿大，读大学的女孩子凤毛麟角。虽说家境很好，又是家中唯一的孩子，但父亲却认为女儿应该自食其力，在经济上独立。他反对鲁蒂曼读大学，更反对她学艺术和考古，认为那不过是在周末饭桌上的谈资，不能糊口。父亲要她学文秘之类的课程，以后当秘书；或者继续学习外语，这样以后可以当老师。可是，鲁蒂曼却坚持了自己的选择，于 1945 年获得艺术和考古的荣誉学位。[10]

大学毕业后，鲁蒂曼在皇家安大略考古博物馆（Royal Ontario Museum of Archaeology）工作，先是担任近东馆馆长助理，后来到

---

10 西门玛果（即玛格丽特·鲁蒂曼）的故事，除来自西门卡萝自己的口述以外，还参见其为母亲写的悼文，见 Simon，C.，2010。

了远东部。40 年代末
的一天，多伦多的报纸
上发表了一篇文章，为
加拿大的一个画展做广
告。文章的标题是"或
许为多伦多美女的原
型"，[11] 标题下面有一张
鲁蒂曼的侧面头像，她
站在古埃及女神哈托尔
（Hathor）画像前，女神
的侧面轮廓和鲁蒂曼的
惊人相似。照片题为"玛
格丽特·鲁蒂曼和埃及

MARGARET RUTTIMAN AND EGYPTIAN HIEROGLYPHICS
On the wall, a prototype of the modern woman

图8.2 20世纪40年代末报纸上的西门玛果

象形文字——墙上挂的是现代女性的原型"。作者指出，这张四千年
前画的古埃及女神没准是今天备受欣赏和关注的多伦多妇女的原型，
例如，在皇家安大略考古博物馆工作的馆员、多伦多出生的瑞士人玛
格丽特·鲁蒂曼。

在博物馆工作的同时，鲁蒂曼开始攻读硕士学位，论文题目为"从
新石器时代到早期王朝瓷器的转变"。要完成硕士学位，她还需要中
文的学分，因此于 1952 年 9 月到了伦敦大学利陶德艺术学院（The
Courtauld Institute of Art）的中国考古系学习，导师是中国艺术与考

---

11 Macdonald，发表时间不详。

古专家韩斯福（S. Howard Hansford）。遇见西门华的那天下午，鲁蒂曼刚听完课，正准备和她的加拿大女友去商店买东西，却被韩斯福叫去听有关中国瓷器的讲座了。

不见鲁蒂曼，西门华心急火燎地拉着西蒙兹四处寻找。还好，鲁蒂曼在演讲大厅外和别人聊天。怎样搭上话呢？西门华决定先把车开过来再说，天寒地冻，一位姑娘一定不会拒绝有专车送回家。

1952年初冬的伦敦，比往年的同一时间气温低很多。因为忘了放防冻液，水箱冻住了，车发动不起来，西门华和西蒙兹提着桶子跑上跑下找热水。西门华每次都会绕到鲁蒂曼面前，有意无意地看她一眼，以至让鲁蒂曼注意到了他，注意到他不一般的眼神。"这人真有意思，怎么不说句什么呢？"鲁蒂曼心想。终于，车弄好了，西门华第三次出现在鲁蒂曼眼前，主动上前搭话。他介绍完自己以后，自告奋勇开车送鲁蒂曼和她的女友回家。

四个人上了车，开着开着，西门华在黑暗中突然停了下来，仿佛是迷失了方向。他惊呼道："哎哟，真巧，怎么开到我们俱乐部了。"然后，就顺势邀请鲁蒂曼和她的朋友共进晚餐。其实，那天晚上，他已经约了西蒙兹和他的女朋友西蒙帕（Patricia Simmonds）在俱乐部用餐。他们抵达时，西蒙帕已经在那里等候了。看到走到前面的男朋友和一位漂亮的姑娘，西蒙帕有些不快。好在误会很快消除，大家相谈甚欢。

用餐时鲁蒂曼点了松子酒，西门华帮她改成了啤酒。以他当时的工资水平，松子酒太贵。

因为太兴奋，西门华居然没有记住姑娘的名字。第二天找到鲁蒂曼的女朋友问时，被告知叫"Marge"。

"Marge？"西门华被这个名字惊到了，因为"marge"是伦敦英语里"margarine"的缩语，而"margarine"是二战中一种极其难吃的黄油替代品。

因为不确定姑娘到底叫什么名字，再次见到鲁蒂曼的时候，他干脆叫她玛果（Margo），鲁蒂曼接受了这个名字。

卡萝回忆说，父母讲述的罗曼史比电视中的爱情大片更吸引家人。这个提问，那个打岔，满屋的欢声笑语。而其中一些细节，如西门华和西蒙兹如何提着桶子跑上跑下找热水等，非得她父母的参与才能叙述完整。

就这样，西门华德和韩斯福两位长辈无意的敦促、中国瓷器讲座的红丝线，把两个年轻人牵到了一起，他们甜蜜的恋爱开始了。

12月4日到9日，伦敦上空受反气旋的影响，工厂生产和居民用煤产生的废气让雾都更加名副其实，著名的"伦敦烟雾事件"就发生在西门华和鲁蒂曼热恋的时候。随着圣诞节临近，鲁蒂曼不得不把得去瑞士的事儿告诉西门华。她得去姨妈在克洛斯特斯（Klosters）的"小木屋"（Chalet）度假，和家人团聚。

"我们得有几个星期不能见面。"鲁蒂曼不无惆怅地对西门华说。

"那我们马上结婚！去瑞士度蜜月！"西门华想都没想就求婚了。

西门卡萝说，这就是她的父亲，富有激情，遇事果断。换作祖父的话，可能会仔细考虑一下，比如查查银行的钱够不够办婚礼等。在此之前，鲁蒂曼已经把她和西门华的恋情写信告诉了父母，但一直没有收到回音。西门华求婚后，她马上发了封电报，上写："请求祝福。"

图8.3 西门华和西门玛果的结婚照

父母复电说："祝福你，但为什么事呢？"原来当时正赶上加拿大邮政罢工，父母一直没能收到她的信。就这样，一对恋人认识不到两个月就于当年 12 月 27 日在伦敦喜结连理。

英国的结婚证书很有意思，第一栏是结婚时间；第二栏是姓名，男方在上，女方在下；第三栏是年龄而不是出生年月；第四栏是婚姻状况；第五栏是职业；第六栏是家庭住址；第七栏是双方父亲的名字；最后一栏是双方父亲的职业。

因为结婚不久就怀孕了，西门玛果没能读完硕士。结婚以后，她曾去听过西门华的几节汉语课。那时候，西门华不到三十，和他的从军队来的学生年龄相仿，有些甚至比他大。有一次玛果去听课时，不记得是学生们没有预习还是什么别的原因，西门华大为光火，拂袖而去，还把门狠狠地摔了一下。一位学生正想说什么，玛果连忙说："不知你们是否知道，我是他的妻子。"那位学生便把话咽下去了。西门华和他的学生们都经历过二战，情同手足，在他们面前西门华从不掩饰自己的真实感受。西门卡萝说，父母亲曾多次说过他们很怀念在亚非学院的生活，丰富多彩，充满了生气。

玛果喜欢写诗。有一次，西门华的一位同事请夫妇二人吃饭。席间，这位同事为玛果温柔婉转的声音而打动，不禁感叹地说："听您说话，就像听诗人朗读诗篇，太美了。"西门华不无自豪地说："她是诗人，常常写诗呢。" 西门卡萝说，她母亲不但常常写诗，而且每首诗都会经过反复修改。

《无题》一诗于 2005 年最后完成修改，收录在西门卡萝为母亲写的悼念文章里。玛果在加拿大的时候，每逢放假，就会去多伦多的雀湖（Sparrow Lake）边度假，那里有她家的农场。玛果喜爱丛林山庄，喜爱大自然。这首小诗是雀湖留给她的青春记忆和感悟。

无题

长长的小舟载着我，
湖岸悄然擦过。
在狭窄的摇篮里，
躺在湖里逐浪随波。

遥望那深沉漆黑的夜幕，

过往的村庄如星光闪烁。

"明天又是一天"，

人们常这样漫不经心地说。

而我感到何等地幸运，

能看到又一个日落。

西门华和玛果结婚后，租了伦敦大学一位外出教授的房子。这位教授的家在泰晤士河边的邱区（Kew），家里有两只猫，一只叫子鹰（Zing），一只叫迪克里（Dickory）。照顾猫的任务也一并交给了西门夫妇。迪克里是只非常霸道的猫，患有严重的支气管炎，玛果天天都要打扫它咳到木制排水管里以及厨房里的秽物。玛果很不习惯伦敦多雾多霾的阴沉天气，也患上了支气管炎。小诗《大黑猫迪克里的传奇》是玛果在 1953 年 2 月写的。她逝世前曾修改过，修改完后请一位邻居帮她打字定稿。这首小诗记录的是玛果新婚后的一段经历，她自己很是喜欢。其中的一句"陛下贵体未现"，成了她和孩子们的一句戏言。当西门华不在家或不在眼前时，她们会说"陛下贵体未现"，意味着她们可以为所欲为，任意做西门华在时不方便做的事情。

大黑猫迪克里的传奇

迪克里一旦出巡，

耗子老鼠乐翻天。

橘黄色的猫咪子鹰，

得以端坐在炉火前。

他的喵喵之声像是美妙的合唱，

我们在音乐声中轻松交谈。

而此情此景的前提是，

迪克里陛下贵体未现。

陛下一旦回朝，

一如既往大呼小叫奔向火炉边。

可怜的子鹰，

顿时踪影不见。

迪克里丝毫不顾及，

我们被中止的聊天。

即使他在小寐，

仍摆出陛下的威严。

兽医说迪克里患有支气管炎，

我何尝不是如此，和他同病相怜。

在邱区的那几个月里，

生活是灰色的容颜。

终于有一天，

太阳露出了笑脸。

迪克里和我，

一同感叹无言。

喵呜，喵呜，

他第一次向我发出召唤。

我俩同坐在一条长凳上，

在阳光中，

在泰晤士河边。

　　尽管西门华很喜欢住在泰晤士河边，但医生建议他们住到伦敦的郊区去，那里的空气对玛果的病有好处。当时伦敦大学对在职人员家居的距离有要求，离学校的距离好像是不超过 30 英里。[12] 非常幸运，西门夫妇找到了在伦敦西南面 28 英里之处一个叫阿什泰德（Ashtead）丛林的地方，租住的房子叫橡树小屋（The Oaks）。这栋屋子的历史很有意思，冥冥之中，总和西门华将要去的澳大利亚有关。最早的屋主在 1905 年移民去了澳大利亚。而 1953 年到 1958 年西门华一家租住在那儿的时候，最后一位屋主是澳大利亚人、著名作家耶尔德姆（Peter Yeldham）。耶尔德姆于 1956 年去的伦敦，1976 年才回到澳大利亚。

　　橡树小屋后面就是丛林。夏天的时候，丛林里满是黑莓。树林里有不少可以做圣诞树的小杉树。玛果也种了一棵，卡萝常和母亲一起去浇水。可是圣诞节来临的时候，那些有小杉树的地方都变成了一个

---

12 30 英里，约 48 公里；后文 28 英里，约 45 公里。

马悦然20世纪50年代初摄于伦敦。

图8.4　西门华和陈宁祖

个方坑，杉树都被挖走了。

邻居夫妇对他们一家很友好，两口子没有孩子，很喜欢西门华夫妇，还常带着卡萝玩。那个时候，刚结婚不久的玛果不太擅长烹饪，不管什么客人来，都只能拿同样的意大利肉末面招待。西门父子的很多朋友都到过橡树小屋，蓝克实、马悦然、沃德、西蒙兹等，都在那里尝过玛果的意大利肉末面。

1953年，马悦然应聘到亚非学院工作了三年，两位好朋友成了同事。闲暇之时，两家人会一起度过。马悦然的大儿子出世以后，西门华成了他的教父；西门华的大女儿卡萝出世后，马悦然和沃德当上了她的教父。

西门华1954年摄于伦敦。

图8.5　西门玛果和马悦然一家

　　同在 1953 年，西门华的好朋友西蒙兹和西蒙帕在伦敦喜结良缘。西蒙帕是演员、钢琴家，也会画画，西门华的小女儿珍妮（Jenny Simon）至今还珍藏着西蒙帕的两幅画。西蒙兹是珍妮的教父。

　　从 1952 年西门华和西蒙兹在伦敦大学的汉瓷讲座上偶遇玛果，随后三人和西蒙帕一起在俱乐部共进晚餐开始，他们的友谊延续了一生。四人最后一次见面是 1991 年在牛津大学。当卡萝看着四个长者坐在一起，亲密地聊起往事时，仿佛看到了他们年轻时的模样，那一瞬间深深镌刻在她心里了。

　　1958 年，西门华休学术假，在台北待了 15 个月，在那里的学术活动将在后面介绍。这里只简述他在台北的生活点滴。

　　西门华于 1958 年 10 月 9 日只身抵达台北时，他的朋友雷纳

（Peter Rayner）迎接了他，把他安顿在英国一家茶叶公司的单身宿舍里，带他四处熟悉环境。雷纳作为皇家空军军人曾被派到亚非学院学习，是赖宝勤的学生。当时雷纳在香港工作，常常往来于香港和台北之间。12 月 12 日，玛果带着女儿到了台北，雷纳在圣诞节时为西门一家举行了欢迎宴会。

到台北不久，西门华便得知白芝拟离开亚非学院去美国任教，很是沮丧。韩礼德已经于 1947 年离开了亚非学院，现在白芝又即将离开，如此一来，他们四个德威男孩只剩下他和秦乃瑞了。西门华和白芝特别合得来，他实在不愿意和这个相处了十多年的朋友分开。

白芝在亚非学院非常活跃，每年庆祝圣诞的晚会上，弹钢琴的总是他；每年的哑剧表演，也都是他组织的。[13] 西门华在给父亲的信里对白芝的离开表示深深的遗憾，说："白芝的离开对我个人来说是个很大的损失，对系里来说也一样。""没有了白芝的亚非学院将不会是原来的亚非学院了。"[14]

在台北，西门玛果意外地怀孕了。在 1959 年 2 月 4 日的信里，西门华提到："爸爸，您可能又要再当一次祖父，预产期是八月，这完全不在我们的计划之中。"[15] 9 月 4 日，西门华在给父母写的报喜信里叙述了小女儿出生的过程以及为人父母的辛劳。玛果在医院里住了六天，许多中国朋友都去看她和孩子，送去鲜花和盆景。"她的病

---

13 Arnold & Shackle，2003，第 169 页；Clay，Baker & Tripp，2007，第 30—31 页。

14 Simon，H. F.，1959b，第 3 页；1959e，第 2 页。

15 Simon，H. F.，1959a. 这封信上写的日期是 1958 年 2 月 4 日，但从珍妮的出生日期来看，是笔误，应为 1959 年 2 月 4 日。

房就像个小植物园。"回到家后，朋友们又送来了各种汤水帮助玛果发奶，还送了各种礼物。这让西门夫妇很感动，也让西门华想起自己在成都时受到过的厚待。不过，小卡萝有些伤心，因为礼物都是给妹妹的，她没有。同时，她也为妈妈在中国而没能生一个中国娃娃感到失望和不解。

小女儿西门珍妮的中文名字为箴钰。珍妮出生时，正值台风季节，时不时狂风大作、电闪雷鸣。大雨磅礴之时，孩子撕心裂肺地哭，全家没有一个人能睡好。玛果要全力照顾新生儿，有那么一个星期，西门华既要当父亲也要当母亲，照顾着卡萝。[16]

西门卡萝到台北时只有五岁，但留下了不少美好的记忆。在那里，她就读"再兴幼儿园"大班。卡萝珍藏的中文习字簿的封面上，有很漂亮的正楷字"大乙 西门恺儒"。她不清楚是谁给她取的这个中文名字，但记得这个名字曾刻在一个小木块上，放在她的小课桌上。到幼儿园接送她的，常常是父亲，有时候是父亲和他到台北新认识的朋友张在贤。张在贤的女儿也在那所幼儿园。

给西门卡萝留下深刻印象的还有吃饺子，张在贤请他们全家吃过好几次。她特别喜欢看张在贤做饺子的过程：从一个大面团到一个一个小球球，再到一张一张饺子皮，最后变成一个一个饺子。这对她来说，简直像在看魔术。卡萝也特别喜欢吃饺子。离开台北时，再兴幼儿园特别设了个饺子宴欢送她。

1959 年 6 月 6 日，西门华给父亲寄了一张西门卡萝和音韵学家

---

16 Simon，H. F.，1959a；1959f，第 2 页。

1959年6月摄于台北。
图8.6　西门卡萝和董同龢

董同龢坐在小轿车里的合影。她依偎在董同龢身旁，两个人都笑得很灿烂。信里说："给您寄上一张卡萝的照片做礼物。这张照片是董同龢的大儿子上个星期拍的，当时我们两家正启程出去玩。"[17]

玛果到了台北以后，语言不通是个问题，另一个难题是记不住家里来来往往的汉学家的名字，比如说一下就认识了三个姓张的教授。为了区分，一位被她称为"蒙古张"（Mongol Zhang），因他在蒙古族地区待过；一位被她称为"哲学张"（Philosophy Zhang），因为这位学者是研究哲学的；一个被她叫作"茶巾张"（Tea Towel Zhang），因为其夫人听玛果说买不到擦碗的茶巾，就送了一条漂亮的给她。

"蒙古张"是张在贤，教育学家和语言学家；"哲学张"是张起钧，是研究老子的专家；"茶巾张"是张砚田，台湾大学农学院院长。张砚田的夫人吴莉莉，原名吴光伟，曾有"延安第一美女"之称。那个时候，台湾很流行开所谓的"花园聚会"，玛果印象最深的是在张砚田家。他家的建筑是日本式样的，家具以及屋内屋外的装饰都很得体，显示出主人，主要是女主人的审美情趣。聚会时，树上会挂着大红灯笼。

　　在离开台北前，西门华去了一趟日本（10 月 7 日—11 月 11 日），采购了一些书。[18] 1959 年 12 月 31 日，西门华一家四口离开台北，经新加坡回伦敦。

---

18 Simon，H. F.，1959d；1959c，第 1 页。

第九章

中文博士班

1947-1960

汉学家父子西门华德和西门华

　　前面提到过，20世纪20年代末期老舍笔下的伦敦大学东方学院，是一个类似语言学校的教学单位。可是到了50年代初期，却有了博士，还开设了中文博士班。短短的二十余年变化如此之大，其间还经历了六年战争，一定有多种原因，一定是许多人倾情奉献的结果。由于资料的限制，我们无法对爱德华兹和西门华德带领的亚非学院远东系中文部的发展进程，以及所取得的成绩做全面、系统的描述，只能通过一些片段介绍来管窥那一方洞天。

　　1916年，伦敦大学亚非学院（原名为伦敦大学东方学院）成立后，一直处于举步维艰的地步。1938年，亚非学院处于"半饥饿"状态。[1]一直到第二次世界大战结束，亚洲研究的重要性才广为人知。1947年，英国外交部发表了一项名为"斯卡布勒"（Scarborough）的报告。[2]这一报告对英国教育的现状进行了调查和分析，对今后的发展提出了建议。在报告里，"远东研究"和伦敦大学的"亚非学院"被多次提及。报告指出，在二战前的十年里，剑桥大学只有四个学生学中文，曼切斯特大学只有五个，亚非学院的学生相对较多，但主要是学习语言。在战争中，亚非学院对大批在职学生的培训，使对中文和日文了解的人数增多，给以年轻学者为核心，通过他们去开发新的学术领域的举措提供了基础。报告指出了当时大学教育的六项不足：发展缺乏系统性，缺乏语言以外的科目，缺乏与国外的联系，缺少研究成果，图书馆不完善，缺乏就读学位的学生。这一报告还提出了非常具体的目标，例如，在未来几年里，政府等有关部门各需多少中文人才等——作战

　　1　参见 Phillips，1967，第 15 页。

　　2　Great Britain Foreign Office，1947.

部在未来的两年里，需要 80 人学中文，这些人除了学语言外，还要学习现代历史、地理和经济；航空部每年要有 6 人学中文（4 人学国语，1 人学粤语，1 人学客家话）。[3]

这一报告发表以后，政府对大学的支持加强了，拨给的资金也增加了。亚非学院迅速扩展，教师人数从 1946 年的 63 名增加到 1957 年的 256 名。[4] 我们手头有两张亚非学院教师的合影，一张摄于 1953 年6 月，共 121 人，其中女性 10 名；一张摄于 1957 年 6 月，共 126 人，女性 13 名。西门父子都在其中。

爱德华兹和西门华德以及他们的团队，在贯彻"斯卡布勒"的精神方面起了很大作用。鲁惟一提到过西门华德出任系负责人后的两大贡献：其一，参加了挑选、指导和培训汉学研究生的全过程；其二，培养了一批致力于推广中国历史、艺术和考古等多个学科的大学教师。他以这样的方式为未来的研究奠定了基础，拓宽了中国研究的范畴，展示了对中华文明的研究必须有众多学科的支持。

鲁惟一还指出传统的中文教授方法，是从书面语入手，主要学习古典文献，所以早期的汉学家一般是不会说中文的。但西门华德建立的教学模式是把现代汉语的口语和书面形式，既作为生活语言又作为学术学科的一部分来教授，从而在汉语教学中留下了永久性的烙印。西门华德坚持认为，现代汉语的知识是学者必不可少的一部分，是中国传统延续性中不可或缺的一环。他乘着"斯卡布勒"的东风，极力

3 Great Britain Foreign Office，1947，第 13、21—22、103、105 页。
4 Arnold & Shackle，2003，第 34—35 页。

推行对中国西藏，以及周边韩国、蒙古的研究。[5]

亚非学院第三任院长菲利普特别赞扬过贯彻"斯卡布勒"表现突出的四位教授，其中包括西门华德和爱德华兹，说他们为贯彻此计划承受的压力是无可计量的。他们在保证院系正常的教学和行政管理的同时，招聘和训练年轻人，开拓新的领域。而付出的代价是他们自己的研究以及身体健康。[6] 此话不虚，1957 年，退休还不到两年的爱德华兹就因病逝世了。西门华德为他的老领导写了悼念文章。他回忆了爱德华兹从 1913 年第一次去中国，一直到 1955 年她最后一次去东方的经历；回忆了她几十年来对汉学的贡献，对亚非学院的贡献；与此同时，高度赞扬了她的人品："罕见的善良和坚定使她赢得了校方的尊重和钦佩，对教职工和学生福利方面的关怀让她赢得了无数朋友。"[7]

1936 年，西门华德初到亚非学院时，亚非学院只有三十来个教师，教中文的才三个——爱德华兹、庄士敦和蒋彝；1939 年，萧乾开始担任老师时，中文老师有五个——爱德华兹、西门华德、于道泉、赖宝勤和萧乾自己。从 1936 年到 1960 年西门华德退休前，亚非学院中文教师一共有过多少个，未能有机会查到记录。从目前所能找到的材料来看，包括西门父子在内，至少有 24 名能找到全名和任教时间，其中华裔学者 8 名。这些教师的名字大多数在前面的章节中已出现过，尚未谋面的有杜希德（Denis Twitchett）、葛瑞汉（Angus Charles

---

5 Loewe，1982，第 45 页。

6 Bawden，1981，第 470—471 页。

7 Simon，W.，1958，第 221 页。

Graham）、韩南（Patrick Hanan）、刘殿爵、[8]刘若愚、李椒、莱德敖（John Kennedy Rideout）和斯普伦克（Otto Van der Sprenkel）。这 24 位教师在亚非学院的工作年限和主要学术领域小结如下：

姓名	在亚非学院工作的年限	主要学术领域
爱德华兹	1921—1955	文学
庄士敦	1932—1937	历史
蒋彝	1934—1938	艺术
西门华德	1936—1960	语言学
于道泉	1938—1949	藏学
萧乾	1939—1942	文学
赖宝勤	1941—1979	语言学
莱德敖	1941—1948	古代汉语
李椒	20 世纪 40 年代初—60 年代末	历史
西门华	1945—1960	语言学
韩礼德	1945—1947	语言学
白芝	1945—1960	文学
秦乃瑞	1945—1964	文学
蓝克实	1945—1951	文学
蒲立本	1946—1951	语言学
刘程荫	1949—1981	文学
葛瑞汉	1950—1984	哲学

---

8 刘殿爵是英国第一位获得汉学讲座教授资格的中国人（黄海涛，2010，第 305 页）。他申请去香港大学时，西门华德给他写了一封推荐信，除对其语言能力、学术贡献、在师生中受欢迎的程度等方面给予高度评价外，还特别指出自己对刘殿爵的人品十分崇敬（Simon，W.，1964b）。刘殿爵和西门父子两家的关系都非常好，他们称他为 Lau，玛果曾夸他是位"真正的绅士"。

续表

姓名	在亚非学院工作的年限	主要学术领域
刘殿爵	1950—1978	哲学
斯普伦克	1950—1955	历史
马悦然	1953—1956	语言学
刘若愚	1953—1966	文学
韩南	1954—1963	文学
杜希德	1954—1956	历史
鲁惟一	1956—1962	历史

　　还有一个人虽然没有列在上述教师名单里，但必须介绍，那就是韦利。之所以没列在名单上，是因为他不曾正式受聘于亚非学院。作为多产的中文和日文翻译家，韦利声名显赫。"斯卡布勒"报告在"远东研究"部分提到英国的八个国际知名汉学家，第一个就是韦利。[9]韦利的第一部翻译作品部分发表在《亚非学院专刊》上，这是第一任亚非学院院长罗斯特别引以为傲的事情。罗斯几次邀请韦利到亚非学院当中文教授，他都婉辞了。[10]不过韦利和亚非学院关系很深，担任过亚非学院的荣誉讲师和荣誉学者，给学生做过有关中国诗词的讲座。1959年，韦利七十大寿时，《泰东》（Vol. Ⅶ）为其出了纪念专刊。专刊共有21篇文章，西门华德及其亚非学院的同事葛瑞汉、蒲立本、

　　9　Great Britain Foreign Office，1947，第9页。有关韦利的资料，还可参考熊文华，2007，第116—126页。

　　10　Ross，1943，第264—265页。

图9.1　西门华和朋友

杜希德以及赖宝勤各贡献了一篇学术论文。[11]

　　西门华德与韦利是非常要好的朋友，他们什么时候认识的不很清楚，有可能是西门华德于 1930 年在英国的图书馆进修时。有一段时间，每周星期六下午一点半，他俩都一起吃中饭。时间是韦利建议的，说定这个时间，他就能有一整个上午的时间工作。[12] 他俩常一起给同

---

11 Simon，W.，1959.

12 Simon，W.，（1970）1972，第 94 页。

仁和学生以帮助，例如，1967 年，柳存仁发表了一部颇有影响力的著作《伦敦所见中国小说的书目提要》，韦利为此书作了序。柳存仁在其著作的英文前言里提到，1957 年，西门华德和韦利率先建议对此课题进行研究，并推荐他做这项工作。在中文前记里，柳存仁郑重地对这两位学者的支持和帮助表达了谢意。[13]

1966 年 6 月 28 日，韦利逝世的第二天，《纽约时报》发表了悼念长文，高度赞扬了这位把中日文化介绍给英语世界的先行者。文中称韦利一个从未到过亚洲的汉学家，一个博学多才却从未在大学任职的学者，一个致力于为他人翻译诗歌的诗人，一个不曾经过专业学习而通晓艰深的中日文古典文献的语言学家，一个深谙英语散文和诗歌之韵律的大师。[14] 西门华德也给韦利写了一篇长达四页的悼文，介绍了他的生平、学术成就以及对亚非学院的贡献，赞扬韦利的翻译作品高雅、明快、清新、富于魅力。西门华德指出，东方学者们、学生们，包括他自己这样有幸认识韦利的人，都受过其帮助和鼓励。[15]

韦利逝世后，亚非学院博士毕业生莫里斯（Ivan Morris）计划为韦利编一本纪念文集，他本人是受韦利影响而走上日语研究道路的。西门华德以及韦利的朋友、家人都极力帮着促成此事。1967 年 1 月 26 日，韦利的妻子写信给西门华德，附上了两页她在 1943 年写的一篇散文，里面提到她和韦利去过的一个有猫头鹰石雕的公园，问西门华德是否知道这个石雕在什么时候挪到哪里去了，并同意西门华德见

13　Liu，1967，Preface（IX）、Foreword（XI），第 7、187 页。

14　*New York Times*，1966.

15　Simon，W.，1967.

面详聊有关莫里斯编写的纪念文集一事的建议。1969 年 6 月 19 日，韦利的妻子给西门华德写了一封短信，其中提到："星期三晚上我病得太厉害，没能和你说上话。为我接电话的朋友说你很有魅力，善解人意。"[16]

在大家的努力下，韦利的纪念文集于 1970 年出版。全书分两个部分：第一部分是韦利的亲朋好友的回忆文章，包括西门华德的一篇短文；第二部分是韦利的作品选。韦利的弟弟在纪念长兄的文章里提到他在纳粹政权下如何为受害者提供帮助，令人印象最深的是韦利计划为死在德国集中营的马伯乐教授发表其未曾完成的著作。[17]实际上，在纳粹政权下得到过韦利帮助的何止马伯乐？夏伦得以逃出德国，到剑桥大学工作，是韦利推荐的。而西门华德在 1936 年之所以能到伦敦大学任教，除了有韦利在内的著名汉学家们的鼎力推荐，关键是得到过一笔匿名的捐款。据西门玛果告诉卡萝，这位匿名的捐款者便是韦利，他自掏腰包，为西门华德付了两年的薪水。

一批杰出的老师，一个优秀的团队，对远东系的先后领头人爱德华兹和西门华德来说，无异于如虎添翼。虽说从 1952 年开始，由于经济危机，大学经费锐减，亚非学院的专款被迫中止，但是系里采取了种种措施，如扩大教学范围，把政治、经济等社会学科也纳入学习范围，使得学生人数从 1957—1958 学年的 31 名增加到 1961—1962

---

16 Waley, A., 1967, 1969. 韦利的妻子是诗人、作家，她出版了一本有关她和韦利的传记，猫头鹰石雕公园的散文便收在其中，参见 Waley, A.,〔1982〕1983，第 47—49 页。

17 Morris,〔1970〕1972，第 128 页。

学年的 137 名。[18]

亚非学院中文部哪年有第一个博士生不是很清楚，但在中文博士班之前，已经有学生获得过博士学位，我们所知道的就有西门华德的博士生蒲立本。在《古汉语语法纲要》的英文序言里，蒲立本简述了高本汉以及他的老师西门华德等人对古汉语研究的贡献。而在同一书的中文序言里，他介绍自己说："……二战结束后于 1946 年远渡重洋，在英国伦敦大学亚非学院学习中文和中国历史，1951 年获博士学位。在此期间曾受教于著名汉学家西门华德（Walter Simon）……"[19] 1963 年，在庆祝西门华德七十岁寿辰的论文集里，有蒲立本的一篇讨论古汉语以及缅甸语之元音系统的文章。他在文章里说："我曾经的老师西门华德是这个领域的先驱，希望他觉得我的论文能为他的 70 岁生日增添光彩。"[20]

1950 年，白芝和韩南成为中文博士班的第一期学员。第一期一共多少学生，博士班共办了几期，共培养了多少博士生，暂时都没能找到资料。

从白芝和韩南的经历可以看出，"博士班"是为有意攻读中文博士的人所开设的预备课程，学生的中文程度不等。白芝于 1942 年开始学中文，1954 年获得博士学位；韩南于 1950 年开始学中文，1960 年获得博士学位。韩南是新西兰人，1948 年到伦敦大学研究英国中古历史传奇小说，并计划以此作为博士论文主题。可是，就在修

18　张西平、李雪涛，〔2011〕2018，第 257 页。

19　Pulleyblank，1995，Preface；蒲立本，2006，序。

20　蒲立本，1963，第 201 页。

完课程，将要动笔写博士论文的时候，他读到了一些中国文学的译作。那些充满异国情调的作品，引起了他极大的兴趣，以至让他做出了一个重大决定：重新上大学，从头学习中国古代文学。从 1950 年到 1953 年，他在亚非学院读中文，在读学士学位的同时，修了博士班的课程。毕业后，他一边教书，一边撰写博士论文。

韩南逝世的时候，白芝在哈佛燕京学社编辑的《追思韩南：1927—2014》里发表了一篇纪念文章，回忆了他俩在博士班的情况。其中提到，西门华德不但是本科荣誉学位的负责人，也是博士班的设计者。在读荣誉学士学位时，为了让学生们对汉语历史的进程有清楚的认识，考试会包括三篇论文：一篇有关《论语》和《孟子》，一篇有关《西厢记》和《红楼梦》，还有一篇是关于胡适二十世纪的杂文。考试时间每次三小时。西门华德的教学最令白芝和韩南着迷的是，"他对汉语发展演变进程，从上古单音节词源的丰富性，到中古新兴的语言形式，一直到今天的书面语和口语的浓厚兴趣和深刻的理解。"

到了考虑博士论文的选题时，白芝想选冯梦龙的作品。而西门华德建议他研究《金瓶梅》，因为这本著作的满文版刚刚问世，白芝可以趁机学习满文，以后还可以做比较研究。但白芝觉得自己的日语还没学好，再学一门亚洲语言压力太大，没有采纳西门华德的建议。西门华德显然对他委婉的拒绝是失望的，但并没有表现出来。白芝于1954 年获得博士学位，论文是《古今小说考评》。几年后，轮到韩南选择博士论文题目了。他原拟的题目是有关《史记》的，韩南想从文学的角度对这部历史巨著进行研究。但西门华德认为研究《史记》的人太多了，他再次提到《金瓶梅》。韦利也认为《金瓶梅》很值得研究，他自己对这部小说也很感兴趣。韩南听从了两位导师的意见，于是以"金瓶梅词话"为题，还特意去北京收集资料，得到了当时的文化部长郑振铎和古典文学专家吴晓玲的帮助。白芝认为韩南明智地接受西门华德和韦利的建议得到了很好的回报。[21]

20 世纪 50 年代除了办博士班，西门华德还负责亚非学院代办的皇家空军中国语言学训练班（Royal Air Force Chinese Linguistics）的课程安排。

皇家空军中国语言学训练班是为培养军队自己的中文教官而开设的，第一期于 1951 年开始，最后一期于 1960 年结束，共办了 11 期。之所以选择亚非学院，是因为他们"有成功地教授实用语言的历史"。当时皇家空军驻军在离伦敦三十来公里的艾克斯桥（Uxbridge），学员们每天换上便装，早上坐地铁去上课，晚上回营地。

训练班"由后来成为伦敦大学中文教授的西门华德负责，教师有他的儿子，后来成为墨尔本大学中文系主任并任职多年的西门华，以及亚非学院其他在职的教师，其中包括著名的汉学家白芝、马悦然、刘若愚、道尔、秦乃瑞、葛瑞汉、韩南、刘殿爵以及刘程荫女士（其得到很多届中文学生的高度评价）和她的妹妹曼宁太太"。[22]

从一些回忆文章来看，50 年代的亚非学院是一个有浓厚学术氛围，很温暖，很有人情味的地方。老师们深受学生爱戴，老师与老师之间也相互欣赏。

---

21 上面两段均来自白芝写的悼念文章，参见 Harvard-Yenching Institute，2014。

22 Hunt, Russell & Scott，2008，第 32—33 页。没能找到有关道尔（Gordon Downer）的资料，曼宁（Manning）太太的中文名字是程乔。参见傅吾康，2013，第 321 页。

马悦然在伦敦大学的一次采访中回忆过他在亚非学院任教的经历。他说，50年代的欧洲，中国语言和文化的学习仍在象牙塔里，只有很少的大学有中文机构，而亚非学院是其中的一个。那是一个不同的世界，有着无与伦比的学术环境，有着最好的汉学家葛瑞汉、刘殿爵等。在亚非学院的日子里，马悦然对西门华德的善良和知识的全面很是欣赏。[23]

一位1954年进校、1961年获得博士学位的学生回忆他在亚非学院的生活时曾提到："我对当时的同学和老师都有着美好的记忆。"[24]

鲁惟一在他的一次中文采访中，谈到过自己在亚非学院的生活。他回忆说："进入伦敦大学学习时，我是作为特殊学生入校的，仍然是外交部公务人员。学习期间，学校对我没有上课的硬性要求，因此，我与任课老师的交往不多。记得当时我与蒲立本（E. G. Pulley-blank）老师见过一两面。给我真正上过课的有莱德敖（J. K. Rideout）老师，可惜他英年早逝，令人惋惜。另一位老师是西门华德（Walter Simon）教授。20世纪30年代，作为德裔学者的华德老师为躲避纳粹迫害而移居英国。自40年代开始，他在伦敦大学亚非学院积极推动汉语教学。从他那儿我了解到了中国古典文化及相关书目，他对我进入汉学研究有着十分积极的影响。"

鲁惟一还说："当时同在亚非学院任教的师资队伍可谓阵容强大……他们的教学与研究领域涉及中国语言、文学、历史、哲学、艺术、

---

23 这段采访见于亚非学院官方网站，SOAS，2019；Malmqvist，2011a，第299页，注释24。

24 Clay，Baker & Tripp，2007，第30页。

考古等……20 世纪 50—60 年代，伦敦大学的汉语教学团队不断扩大，研究发展势头也日益向好。"[25]

1958 年进入远东系学中文的一位学生曾撰文说："亚非学院院长曾说过他有八个系主任，个个'无与伦比'，但我心目中的'巨擘'是西门华德。"这位学生在一年级时，上过西门华德的"汉学"以及"目录学"课程。西门华德能读中文、满文、日文和藏文，让他很敬佩。这位学生认为这种类型的学者的水平，是很少有人能企及的。他曾把自己的感受告诉西门华，西门华告诉他这么一个故事：有一天，他看见父亲在看一本匈牙利语的书，就问父亲，欧洲语言他能阅读的有多少。父亲想了一下，轻描淡写地说："嗯，我想是所有的。"

西门华讲这个故事时满怀敬意，不仅是他，系里的任何一个人提到西门华德时都是如此。[26] 西门华德所开的"目录学"课程，是为那些打算从事研究的人准备的，他经常向他的学生们展示应该如何使用书籍。有个研究员记得他曾经到图书馆的地下室，登上梯子为学生寻找所推荐的版本。[27]

除了大学的工作，西门华德在学术论坛上也很活跃。1948 年 1 月，首届"欧洲青年中国学家会议"在剑桥召开，与会者来自莱顿大学、斯德哥尔摩大学、巴黎大学、伦敦大学、剑桥大学、牛津大学等六所大学。会议上仅有四篇正式论文，分别由西门华德、夏伦、韦利、德效骞（Homer H. Dubs）四位资深学者发表。

---

25 孙继成，2020。

26 Arnold & Shackle，2003，第 167 页。

27 Loewe，1982，第 46 页。

从 1946 年到 1960 年，不算前面已提到的教材，西门华德发表的出版物共有 24 种，其中有 9 种是关于汉藏语的。值得注意的是，从 1952 年到 1954 年，他的 6 种出版物中，就有 4 种是对虚词"而"在古汉语中的种种含义和用法的深入研究。据说他那几年因为总和同事学生谈"而"，以至得了"而王"（Erl-King）的雅号。[28] 他对"而"的研究最迟是 1950 年开始的。西门华在 1950 年 5 月 21 日给父亲的信里提到此事。西门华说："我知道您现在一定是忙疯了。但是 10 号到来，朋友们在一起（为你庆祝生日）的时候，'而'至少能放一放，您至少能在家放松一天。"[29]

1960 年底，西门华德退休。1961 年，西门华赴墨尔本大学上任，父子俩相继离开了亚非学院。不过，他们和亚非学院的故事并没有结束，我们将会在墨尔本大学东方研究系以及东亚图书馆里看到亚非学院的理念，会与某些曾执教或就学于亚非学院的西门父子的同事、朋友和学生们再次相遇。

---

28 Gosling，2000，第 4 页。

29 Simon，H. F.，1950b，第 1 页。

第 十 章

穷尽一生

1961—1981

雾尽一生

汉学家父子西门华德和西门华

1961 年新年伊始，西门家双喜临门：西门华收到墨尔本大学东方研究系任教授兼系主任的聘书，即将上任；西门华德则收到了一份极为贵重的新年礼物，一枚大英帝国勋章（CBE）。自 1890 年以来，每年 1 月 1 日，皇室都会颁发新年大奖，奖励那些对国家有重大贡献的人。

授奖仪式于 2 月 28 日晚上在白金汉宫的宴会厅（The Ballroom）举行，每个获奖人可以邀请两位

摄于1961年2月28日。
图10.1　西门华德夫妇和西门卡萝在白金汉宫前

客人同往。当时西门华已离开伦敦走马上任，[1] 西门卡萝作为西门华德的长孙，有幸和祖父母一起参加了这次盛会。虽说那年她才七岁，可是当晚的许多情景仍历历在目。

进入白金汉宫后，祖孙三人便被分开。西门华德和其他获奖人在一旁排列成行，就地等待；西门卡萝和祖母被带进一个大厅，小卡萝印象最深的是红色——红色的地毯，红色的沙发。后来，她在网上找

---

[1] 西门华离开伦敦的时间不详，他去澳大利亚途中曾绕道美国和加拿大，其在美国的签证日期是 1961 年 1 月 18 日。

到了 2019 年在宴会厅举行典礼的照片，里面的摆设和她当年的记忆一样。站在颁奖台上，可以看到左右两边靠墙处，各有几排长沙发，应该是贵宾的席位。中间是过道，过道两旁是一排排椅子。大概因为小卡萝是孩子，她和祖母被安排在右边贵宾席最后一排，她坐在靠走道的位置上。不久，接受颁奖的人鱼贯步入大厅，坐在大厅前几排的座位上。

当晚的颁奖者是伊丽莎白王太后。当时的王太后不仅是王室最受欢迎的人，也被老百姓称为"大众祖母"。她满脸慈祥，极具亲和力。颁奖仪式开始后，受奖人依次被请上台，接受王太后的颁奖。轮到西门华德上前领奖时，主持人向王太后介绍说他是中文教授。王太后便问："你用了多长时间学中文？"西门华德恭敬地答道："回太后，穷尽一生。"

颁奖典礼完毕，王太后退场时经过卡萝所站的地方，停了下来。祖母轻声对卡萝耳语道："行屈膝礼。"小卡萝从未学过屈膝礼，但赶快做了个动作致意，王太后慈祥地笑了。

3 月 4 日星期天，伦敦的地方报上发表了一篇题为"教授接受王太后授勋"的文章，并刊登了西门华德夫妇及卡萝在白金汉宫前面的大幅照片。短讯的全文为："照片摄于星期二，白金汉宫门前，西门华德教授以及夫人、孙女接受王太后授予的大英帝国勋章后。家住特威克纳姆区里斯本大道的西门华德教授，1936 年起在伦敦大学教中文，去年退休。他在新年大奖中获得荣誉。" [2]

---

2 *Richmond & Twickenham Times*，1961.

穷尽一生
汉学家父子西门华德和西门华

　　这是西门华德夫妇第一次受王太后接见，但不是唯一的一次。有一次，王太后还说他俩看上去很面熟。凯泽和她那个时代的妇女一样，结婚后就相夫教子，没有参加工作。不过，她做了 25 年的"妇女志愿者"，在医院推小车为病人送书。凯泽是个很随和的人，从来都是以丈夫和儿孙为重。但如果有什么和这份志愿者的工作相冲突，却从来不肯通融，从不肯为家事而耽误工作。她得到过"妇女志愿者25 周年纪念勋章"，给她授奖的也是王太后。除大英帝国勋章外，西门华德还先后获得过许多荣誉，早在 1956 年就已获得英国科学院院士（FBA）的头衔，1976 年到 1981 年担任过英国皇家亚洲学会荣誉会长，1977 年获得皇家亚洲学会金奖。

　　这里需要补充的是，西门华德的孙女，在伦敦政府部门工作的西门苏珊娜（Susannah Simon），在 61 年以后，也就是 2022 年，也荣获了大英帝国勋章；而他的儿子西门华及其夫人曾作为墨尔本大学的代表见过王太后。

　　那是 1980 年 6 月 9 日，西门华德生日的前一天，他收到英国王室办公室的一封信。信封上写着：西门华德教授转

1980年7月17日摄于白金汉宫花园。
图10.2　西门华夫妇参加王太后八十大庆

西门华夫人。里面有一封邀请信，内容是：特邀西门华教授及夫人参加 1980 年 7 月 17 日下午四点到六点在白金汉宫花园举行的庆典，庆祝王太后八十大寿。下面还有一行小字注明服装要求：日礼服、制服或休闲服。[3] 届时,西门华刚刚结束中国香港和内地之行抵达英国伦敦，准备为父亲庆祝生日，并访问牛津大学。他和玛果愉快地参加了王太后的生日聚会，并在花园一个僻静的角落留下了夫妻二人相视而笑的合影。当天西门华穿的是衣尾长到膝盖的黑色日礼服，玛果穿的是湖蓝色的套裙。

西门华德夫妇的孙辈有四人，西门华有两个女儿——西门卡萝和西门珍妮；西门彼得有一儿一女，西门尼古拉斯（Nicholas Simon）和西门苏珊娜。卡萝是长孙，他们的第二个孙儿六年以后才有，因此，卡萝跟祖父母的感情特别深。

西门华德的家仍在里斯本 13 号。早在 1947 年，西门华就建议父母换一套房子，他已经帮他们看上了紧靠泰晤士河边的一套。但西门华德却很坚决地拒绝了，他说："这栋房子在战争中保护了我们，保护了我的书籍。"就这样，西门华德夫妇在那里住了近半个世纪，直到 20 世纪 80 年代初期，夫妻俩辞世后才卖掉。

里斯本 13 号是一栋两层的尖顶小屋，红砖红瓦，前面有一个小小的花园，后面有个比较大的院子，常作为家人团聚的场所。楼下是客厅、起居室和厨房；楼上有三个房间，两大一小。大的是卧室和书房，书房里摆的全是书。书房是西门华德的圣地，不经邀请，别人

---

3 Lord Chamberlain，1980.

西门华德夫妇居住了半个世纪的伦敦里
斯本大街，摄于1984年。
图10.3 伦敦里斯本大街

不可以随便进去。虽说书房里有一部电视机，但很少开，西门华德吃完晚饭往往又回到书桌前工作。西门卡萝于70年代曾几次住在祖父母家，最长的一次住了几个月，被邀请进书房印象最深的有两次，一次是她想看一场重要的网球赛，另一次是祖父有话要对她说。

那是1978年，在她即将离开伦敦回墨尔本的时候，祖父把她请进书房，指着好几本书对她说："我已经嘱咐过了，这几本以后是留给你的。"西门卡萝回忆说："那一刻，我心里充满了神圣和庄严。我记起了祖母提到祖父的著作时说过的一句话：那些书都是爱和自我牺牲的结晶。"确实，如果没有发自内心的爱，对国家、对民族、对一种古老文明和文化的爱，谁会在敌机的轰炸下奋笔疾书；如果没有爱，谁会在饥寒交迫的夜晚挑灯夜读；如果没有爱，谁会忍辱负重，笔耕不辍。一本本著作，都是牺牲自己的休息时间，牺牲和家人欢聚的时光，牺牲自己健康铸就的呕心沥血之作。

西门卡萝从小到大，收到过祖父送的不少书。祖父每次寄书，都是用牛皮纸包得方方正正的，用小麻绳仔细地捆好。西门卡萝说：

"祖父无论做什么事，都像他做学问一样，一丝不苟。"

西门华德退休后，如果不外出，绝大多数时间待在书房里，生活很有规律。每天上午九点，准时下楼吃早餐。西门卡萝曾听祖母说，一天中她最喜欢的是早餐。原本没在意，也没有深究。可70年代住在祖父母家，体会到了祖母这句话的含义。早餐是祖父母待在一起时间最长的一顿饭，席间充满着浓郁的家庭气氛和夫妻之爱。吃饭的时候，祖父有时候都会把手伸出来，握住祖母的手。卡萝回忆在祖父母家的日子时说："我对祖父最深刻的印象，就是他坐在早餐桌前的神态。"

"祖母是家庭的女王，家里的日常事务都是她安排。而家里的餐厅中，那个圆形的餐桌，则是家里的魂。吃饭时，祖父坐在北边的位置上，祖母坐在他的右手边。没有客人的时候，我坐在祖父的左手边，有客人的时候，我就坐在祖父的对面。我的堂弟曾发议论：小小的餐厅，不大的圆桌，怎么我们一大家子在一起时，每人都能找到空间呢？早餐时，餐桌上放着黑麦面包和各种奶酪，那是从德国带过来的传统。祖父喜欢吃黑麦面包，喜欢喝茶，家里有很多给茶壶保温的罩子，大多数来自中国内地或中国香港，有买的，也有朋友送的。祖母还特意为我买了花生酱以及我小时候喜欢吃的一种叫'Primuls'的奶酪。"

"收音机里播送着新闻，祖母会把煮好的鸡蛋递给祖父两个，自己吃一个。烤面包机就放在祖母的旁边，她负责给大家烤面包。早餐吃完，祖母收拾碗碟，邮差一般就在那时送信送报纸来。祖父会在回书房之前，翻翻报纸，浏览一天的新闻。有信时，他会很优雅地用裁纸刀把信封打开。"

一天，有卡萝的信，她三下两下随手把信封撕开。西门华德看了她一眼，没说什么。这样的事发生第二次以后，再有卡萝的信时，西门华德会自己用裁纸刀打开，然后才把信递给她。

写到这里，我们不禁想起前面介绍过的《汉语句子系列Ⅱ》中的一段课文，标题是"先生接到一封信"：

> 先生正在教室里讲书（教书）呢。（忽然）有人敲门。先生说"请进"。一个听差的（下人）打开了门，走进来。他手里拿着一封信。他对先生说："先生，这儿有您一封信。"说完了，他把信递给先生。先生把信接（拿）过来，又由口袋里拿出来他的小刀儿（拿出他的小刀儿来）。他用小刀儿把信拆开（打开），因为他不喜欢用手撕开他的信……[4]

看来，作为学者的西门华德确实不喜欢随意用手撕信封。

西门华德家的正餐在中午，吃热餐，主食一般是面包，不过他们更喜欢米饭或土豆；晚餐是冷盘，水果、面包什么的。

"我那时只喝咖啡，祖母每天会为我煮上一壶，等我 11 点喝。而祖父 11 点会准时下来，和我们一起享用咖啡。届时祖母已经把早餐的桌布拿到院子里抖干净喂鸟，铺上了干净的桌布，开始做午餐的准备。我习惯晚上吃热餐，祖母就会把中午剩下的热给我吃。后来祖父的晚餐也就有了选择，有热餐也有冷餐，而祖父常常是冷的热的都

---

4 Simon，W.，（1944a）1956，第 11—12 页。括号及其里面的文字是原文有的。

吃。祖母不喜欢他这样放纵自己，会叫一声'瓦尔蒂'（Walti）——祖父的昵称，以示责备，不过，也从不见祖母真正干涉。"

"祖母从不按菜谱做菜，她喜欢用柠檬，什么都洒点柠檬汁。祖母很会做鸡，她做的开胃品鸡汤特别好喝（我最近才知道这是犹太人的传统菜）。还曾见她用一种白色的调料和一种不知什么搅成的糊状物裹着鸡，用慢火炖上好几个小时，吃时配上米饭，特别入味。祖母还很会做甜品，常常为自己周日可以做出三道甜点而开心。这三道甜点是德国式的苹果蛋糕、柠檬布丁以及父亲最喜欢吃的一种新鲜浆果调制的果子羹。"

周末是家人朋友相聚的日子。星期六中午，西门华德的弟弟彼得一家会来，而星期日中午常常是接待远亲或朋友。

"在周末，中午通常吃烤肉或牛舌，有时还有小火炖出来的

西门华德家客厅一角，墙上挂着的是齐白石画的螃蟹。摄于1984年。

图10.4 西门华德家客厅一角

奶油蘑菇汤，饭后常有时令水果以及'和路雪'（Wall's）冰激凌。我和祖母喜欢吃半融化的冰激凌，而祖父则喜欢把刚拿出的冰激凌切成整齐的小片来吃。"

"下午五点以前，大家一起享用传统的英式下午茶（High Tea），点心有甜的也有咸的。家里有个专门存放点心的柜子，客人们离开时，祖母总会让他们带上一些甜点。"

每逢西门卡萝和祖母出门逛街时，西门华德都会送她们出门。祖孙俩回家时，常会看见西门华德在汽车站等。他总是说："我想你们这个时候该到家了。"

西门华德退休后，先后去过美国、加拿大、日本、法国和澳大利亚等国访问，其中澳大利亚去过三次。

1961 年和 1962 年，西门华德在夫人的陪同下，两次外出，作为访问学者去了多伦多大学和澳大利亚国立大学。1963 年，他迎来了自己的 70 岁生日。

中西学术界都有这样的传统：某个领域里卓有成就的学者，在其达到一定年龄时，学术界的同仁朋友会出论文集以示庆贺。"中央研究院"最早的纪念册可以追溯到 1933 年，为庆贺蔡元培 65 岁生日出的论文集。一般来说，祝寿论文集的作者都是被邀请的。如在前言里所提到的，西门华德的论文先后出现在胡适、赵元任和李方桂的纪念论文集里。有意思的是，如果把这三本论文集的作者名做一个排列，我们会发现，对三本论文集均贡献了论文的只有六人，如姚从吾、杨联陞等，而西门华德是唯一一个西方学者。

西门华德的老朋友申德勒主办的杂志也有这样的传统。1963 年，

《泰东》为西门华德出了两册七十寿辰纪念专辑。第一册的扉页上是斯通曼于 1957 年给他拍摄的那张照片，紧接在扉页后面的是一张对折的附页，附页左边是用拉丁语写的祝辞，右边是祝寿者的名单。[5]

名单分两组：第一组是《泰东》的 11 名编委，有申德勒和韦利等；第二组是西门华德的朋友、同事、学生和同仁，共计 53 人，如高本汉、赵元任以及四个德威男孩。从名单可以看出，他与居住或旅居在美国、法国、德国、丹麦、捷克斯洛伐克、意大利、匈牙利等国的学者，都有联系，而且所涉及的专业领域很广。有汉学的各个领域，如藏学、日本学、韩国研究等。

纪念专辑的第一册有 117 页，收了申德勒为西门华德所录的 1920—1962 年的论著目录共 80 种，还刊有四篇论文、五篇新书介绍，以及待评论的著作一览。

纪念专辑的第二册有 318 页，扉页上是当时在亚非学院任教的华裔学者李棪用漂亮的书法为西门华德作的祝寿诗。李棪的书法是有家学渊源的，他的祖父是清朝翰林、书法家李文田。李棪亦工旧体诗，被称为"棪斋体"，其著有《棪斋诗稿》。纪念专辑的第二册收了七篇论文和三篇书评，论文作者有刘殿爵和鲁惟一等。

就在上述论文集问世的第二年，申德勒突发疾病，于 1964 年 7 月 29 日去世。他的逝去震惊了学术界。1965 年 2 月 9 日，西门华德在给同仁的信里说："我已经写信告诉过你申德勒逝世的消息，现在我已经把《泰东》的编辑任务接了过来，至少是暂时的。下一集出纪

---

5 Schindler, 1963. 附页不见于"中央研究院"网站上传的纪念专辑，可能是技术上的原因。

念申德勒的专刊，我已经答应写篇悼文。"[6] 结果，西门华德不但写了悼文，还为申德勒的 49 种出版物编写了清单，其中有前面介绍过的两人合作的《西班牙语结构练习》。在悼文里，西门华德论述了申德勒不平凡的一生，对其所编辑的《泰东》进行了全面的介绍。西门华德说："申德勒不但得到每天和他一起工作的同事的尊敬和爱戴，在国内外出版界享有盛誉，还受到了世界各地学者的敬重。和作者一样，有些人把他当成父亲般的朋友。他集学者、出版人以及编辑三重身份于一身，把其拥有的无与伦比的人性、具有批评眼光的判断力，以及人格魅力，化作无限热情投入到无休止的工作之中了。"西门华德表示："把杂志办下去是对创始人永远的回忆。"[7]

西门华德接手《泰东》，一直到 1975 年该杂志第二次因故停刊。西门华德很早就有担任杂志编辑的经历，早在 20 世纪 30 年代初期，他就曾担任过德国《东方文献报》中国部门合作出版人，曾向傅吾康约过稿。[8] 从 1951 年到退休，他都是《伦敦大学亚非学院专刊》的编委之一。

给西门华德祝寿的学者，只是他学术圈同仁的一部分。西门华德有个旧式的锡制钱匣，里面除了装着他的两枚勋章以及他夫人的勋章外，就是邮票。他还有一个专门用来称信的老式铜制天平和一本邮寄指南，寄信前会查查指南，称一称重量，贴上所要求的邮票，这样他不用常跑邮局。西门华德甚至有印有自己地址的短笺，在他的遗物里，

---

6 Simon，W.，1965a，第 2 页。从西门华德给同仁的这封信来看，申德勒的纪念专刊实际应该是 1965 年出版的，而不是集刊上注的 1964 年。

7 Simon，W.，1964a，第 95 页。

8 傅吾康，2013，第 54 页。

西门华德在书房。1973年八十大寿之际，请专业摄影师拍摄。

图10.5　八十岁的西门华德

有他 1968 年用这种信笺给鲍登写的信。

　　西门华德和同仁们的通信内容各种各样，其中以学术讨论为多。有时为了一个问题，双方可以频繁地通信，甚至一天两封。除此以外，他还得回复各种请求帮忙的信件，帮着写推荐信，帮着审阅论文，等等。在澳大利亚国立大学认识的一个学者想到美国去深造，西门华德便写信请赵元任帮忙介绍导师。[9] 一位日本学者曾把两篇文章寄给西门华德审阅，说其中一篇是根据他的建议写的。在信中，这位学者请求道："如果能麻烦您通读一遍，修订我的英语和内容，交给《泰东》

---

9 Chao，1969.

或英国其他杂志出版就太好了。"[10] 帮人买书更是常事。一位教授来函请求代购一本书，西门华德为此特意跑了书店，书店缺货，他又写信给在美国的出版商，直至买到书。[11]

除了和同行朋友通信，西门华德还会收到读者的来信。1944 年，他与一位读者通过两封信。这位读者对他当时尚未正式出版的《中文结构练习》中的某些地方提出质疑，西门华德对他提出的问题一一进行了解答。[12]

西门华德和同仁们的来往，还可以从出版物中找到一些线索。例如，韩斯福在他由伦敦中国社团（Chinese Society）出版的《汉英美术考古辞典》序言里说："我从我在中国出版委员会（Chinese Publication Committee）的同事西门华德教授和陈源教授那里得到了很有价值的建议。"[13]

1970 年，西门华德夫妇先去了日本，然后去澳大利亚访问。澳大利亚国立大学的校报上曾报道过他在校园的信息：欧洲汉学界的领军人物之一西门华德教授和夫人在我校进行为期两周的访问，将在中文系、南亚和佛教研究系做学术讲座。报纸上还刊登了一张 4 月 17 日星期五，大学为西门华德召开欢迎会的照片。[14] 访问完毕，西门华德由悉尼转机回伦敦。西门华不放心年迈的父母在悉尼待一晚，便要卡萝送他们。

---

10 Nakano，1970.

11 Simon，W.，1965a，1965b.

12 Simon，W.，1944e，1944f.

13 Hansford，1954，第Ⅶ页。

14 ANU Reporter，1970.

照片由西门华在1972年摄于伊斯特本。

图10.6 西门华德夫妇与两个孙女

　　五月的一个星期六的早晨，卡萝到达堪培拉机场时，发现竟然有二三十人在机场欢送祖父母，分别的场面十分感人。到了悉尼以后，西门华德才发现，自己居然把风衣落在堪培拉机场了。五月初的伦敦还是很凉的，没有风衣肯定不行。时值周末，机场值班人员不多，卡萝四处找人相助。没想到第二天在他们登机之前，风衣被送回来了。

　　1972年，西门华休学术假，在中国台湾待了几个月后，带着全家回了一趟英国伦敦，在伦敦待了五个月。任务之一是为父亲于1973年即将来临的八十大寿专辑撰写论文。在此期间，玛果曾去瑞士探亲，西门华带着父母和两个女儿到伦敦南部伊斯特本（Eastbourne）度了一个星期假。伊斯特本是旅游胜地，那里由白垩岩组成的海岸悬岩尤为著名，西门一家住在一个海边旧式的旅馆里，进进出出的多为退休老人。看到两个活泼可爱的小姑娘，他们很是开心。一位老人在上电梯时，对西门华德说："你们真幸福。"

这一年，正逢父母金婚。西门华在一家餐馆请了亲朋好友，为父母庆祝，席间他发表了感人的祝辞。西门卡萝回忆说，祖父母是她这一生中所认识的所有人里最恩爱、最幸福的一对夫妻。只要二人在一起，祖父总是爱抚地把手搭在祖母的肩头，或挽着她的手，或把手轻轻地放在祖母的手上。

西门华德满 80 岁时，亚非学院于 6 月 23 日为他开了一个庆祝酒会，马悦然等从国外赶去参加。《伦敦大学亚非学院专刊》为西门华德出了一本特刊，封面上有几个中文字"庆祝西门华德教授八十岁论文集"，收有鲍登、白芝、韩南、刘殿爵、李方桂、蒲立本、石泰安以及西门华等人的文章 24 篇、书评 45 篇、启事 11 篇。

第一篇文章是鲍登写的。他在那篇短文里简略地介绍了西门华德的个人经历和学术贡献。他特别指出，西门华德为系里、为汉学研究所做的，固然可以在校历、在年度报告里读到，但在那字里行间读到的只是一个学者，而不是一个人。如果不揭示一个人的特质，那么这样的学术记录是不全面的。在西门华德那个年龄，面对突如其来的灾难和不应该有的流放，需要怎样过人的勇气？他提到，认识西门华德的人，都很欣赏他那始终不渝的善良和礼貌且真诚的严格。[15]

西门华德最早发表的出版物是 1920 年他的博士论文；最晚发表

---

15 Bawden，1973，第 223 页。

的是于 1980 年，他逝世前一年，研究的是某些藏语词的词源问题。这六十年来，据不完全统计，西门华德发表的出版物超过 100 种。申德勒列出了他在 1920—1962 年的 80 种出版物，鲁惟一列出了他在 1965—1980 年的 16 种出版物。[16] 希尔（Nathan W. Hill）在其发表的论文中指出，鲁惟一的清单不全面，不但没有列出西门华德的所有书评，还漏掉了四篇重要的文章。希尔找到的这四篇文章全是关于藏语的，分别发表于英国伦敦、中国台湾、日本和法国巴黎。[17] 希尔的批评没有错，这两份清单还需要完善，例如笔者找到的给袁同礼的悼词（1968）以及《巴黎满语编目》（1979），便不见于这两个目录。

阅读西门华德的著作清单，我们可以看出他的研究领域很广，比较集中的贡献有六个方面：第二章里介绍的古音构拟；第三章中提到的北京、伦敦、巴黎三本满文编目；第七章中所介绍的汉语教材和参考资料的编写；第九章中所介绍的古汉语虚词研究；第十八章中将要介绍的对国语罗马字的介绍和推广；以及下面即将要介绍的汉藏古音的构拟、汉藏词源的比较以及藏学的研究。汉藏语和藏语的研究应该是他工作的重点所在，尤其在他退休以后。

在西门华德的著作里，有三分之一是有关汉藏语或藏语的。他的第一篇与藏语有关的论文发表于 1926 年，是书评，评论的是德国学者沃勒瑟（Max Walleser）当年发表的一部关于梵文和藏文的著作。沃勒瑟曾是原海德堡佛教研究所的教授，也是该研究所的创始人。

在西门华德有关汉藏语的著作中，人们讨论得最多的还是前面提

---

16 Schindler, 1963, 第 1—8 页；Loewe, 1982, 第 47 页。

17 Hill, 2017, 第 101—102 页。

到过的《汉藏同源词初探》（1929）。直到今天，他的这部经典还被人提及。冯蒸在西门华德此作发表六十周年之际推出对该作的评析。冯指出："这部著作的贡献在于：1.它是系统地、大规模地进行藏汉两语词汇比较的第一部著作。2.的确找到了一批相当可靠的汉藏同源词。3.对汉藏两语的声韵系统对应关系勾划出了一个大致的轮廓。4.对藏语语音史和原始藏语的拟构提出了若干新见。5.对上古汉语语音以及形态和语义的研究极有启发。6.在对汉藏两语进行比较的方法方面有自己一套独特的方式，在方法论上有一定的影响。"[18]

全广镇（Kwang Jin Geon）在《汉藏语同源词综探》（1996）第二章里，分别介绍了八名学者在不同时段对汉藏语同源词的研究，其中就有西门华德 1929 年的研究。全广镇指出："汉藏语同源词的研究到西门华德才走向正轨，'因为他的研究是进行系统比较研究的首次尝试'（Gong，1980：456）。""他的这篇文章先后受到很多学者的批评，如马伯乐 1930，高本汉 1931，李方桂 1951，辛勉师 1978，冯蒸 1988 等。他的研究，引起不少学者注意到汉藏语比较研究。"[19]

登伍德（Philipe Denwood）于 1999 年在《藏语》一书的前言中说"没有我的老师们的帮助，这本书是无法写出来的"，里面就提到"已故的西门华德"，并引用了西门华德在 1940—1970 年间的十余篇相关著作。[20]

杜冠明（Graham Thurgood）和罗仁地（Randy J. LaPolla）于

18　冯蒸，1988，第 44 页。

19　全广镇，1996，第 17 页。文中的"Gong"指龚煌城；"辛勉师"指"辛勉"（Mien Hsin），一位中国台湾学者。

20　Denwood，1999，序言、第 344 页。

2003 年出版的《汉藏语》一书的第二章，参考了西门华德的四篇文章。[21]

希尔于 2011 年发表了一篇名为"藏语语音法则一览"的文章。他指出，印欧学者有用第一位发现某种语音对应规律的研究者的名字来命名这种音变的传统，事实也证明这种方法有其便利性。推而广之，在藏缅语的研究上也可以运用。希尔在他的文章里用 13 位语言学家的名字命名了四种规律（rules）和十种法则（laws），并从共时和历时的角度对这些规律和法则进行了探讨。其中两个法则是以李方桂的名字命名的，一个法则是以西门华德的名字命名的。[22] 这两位自 1929 年就相识的挚友的情谊，以这种方式永远地留在了语言学史上。

希尔还在 2017 年为《中国语言和语言学百科全书》写了"西门华德"的条目。他指出，西门华德既是汉学家也是藏学家，他对藏语中有语法作用的词缀以及语素在语族中的变化做了大量的研究。希尔再次提到"西门法则"，并指出在西门的时代，索绪尔（Ferdinand de Saussure）的理论[23] 还不为人所注意的，西门的研究会有混淆共时和历时的区别之处，不过，即使他对语音演变的假设今天看来有些奇怪，有的站不住脚，但这个假设还是值得研究，是有见地的。西门华德"在中文和藏文语言学方面的贡献，是其他汉学家很难达到的"。[24]

21 Thurgood & Lapolla，2003，第 41 页。

22 Hill，2011，第 446—449 页。

23 索绪尔的理论，主要是指他有关共时和历时的理论。索绪尔强调，在研究历时的同时要注重共时，研究书面语的同时要研究口语。

24 Hill，2017，第 101 页；李雪涛，2009，第 92 页。

第十一章

西门华的人生转折

1961—1965

汉学家父子西门华德和西门华

如果说西门华德在 1936 年 43 岁时，被迫离开柏林赴伦敦，是悲剧性的；那么，他的儿子西门华在 1961 年 38 岁时，从伦敦赴墨尔本，则富有喜剧色彩。

1960 年底，当西门华把接到墨尔本大学正式邀请、不日即将上任的消息告诉母亲时，她的第一个反应是，媳妇玛果做家务有帮手了。原来，两年前，大约是因为马悦然去了澳大利亚，西门华曾和母亲开玩笑，说澳大利亚的袋鼠经过训练后，可以帮人做家务，她老人家信以为真了。在那个年代，对英国人来说，澳大利亚是个遥远而陌生、颇具神奇色彩的国度。

澳大利亚维多利亚州（简称"维州"）的首府墨尔本，一百多年前还只是一个"茅屋、帐篷和泥泞地堆成的东倒西歪的小村庄"。1851 年，离墨尔本一百多公里的金矿在维州发现，才使得它迅速发展成为一个城市。"石头建筑、豪华宾馆、大马路、瓦斯灯等和郊区铁路像雨后春笋般冒出来，比比皆是。"在城市的迅速发展中，维州的教育事业也得以蓬勃发展。墨尔本市以及它附近的城镇，既有了公立学校，也有了教会学校和私立学校，包括莫理循（George Ernest Morrison）的父亲在 1858 年创办的季隆学院（Geelong College）。[1]1961 年的墨尔本，已经是个很美丽的都市了。今天的市中心，虽然增加了很多高楼，但 20 世纪 60 年代的大格局还在。[2]

---

1 珀尔，2003，第 4 页。莫理循是著名的记者，在中国住了二十多年，当过袁世凯的顾问，出版过《一个在中国的澳大利亚人》（*An Australian in China*，1895）。

2 有关 20 世纪 60 年代的墨尔本，可参见 Macheras，2022。这本画册里收录了该城市从 1856 年到 1996 年这 140 年来的富有代表性的街道和建筑物的摄影作品。

1841 年，澳大利亚的华人人数为零。到 1881 年，墨尔本有了 1057 名华人；1891 年，增至 2143 人。到了 1901 年，华人有 2200 人，并拥有了以小伯克路（Little Bourke Street）为中心的唐人街。[3] 而就在这一年，澳大利亚实行反对亚洲移民的白澳政策。墨尔本的华人社团对此政策多次表示反对，为争取自己的权益做了种种努力，但政府只是做了很小的让步。[4] 至于澳大利亚普通老百姓对华人的看法，著名作家劳森（Henry Lawson）于 1912 年发表的作品《阿松，一个华裔澳大利亚人的故事》可以反映当时相当一部分澳大利亚人的心态。作为一个整体，作为白种人，他们支持白澳政策；作为个体，他们能看到这种政策的不公。劳森讲的是他所认识的一个善良菜农的故事。作者说：“不知道一个有关中国人的故事是否受欢迎，当下是否可以为人接受，不管怎样，我不在乎。从澳大利亚人的立场，我也反对中国人。我自己是个白种人。”[5]

虽说华人在 19 世纪后期就到了维州，可是华文教育到 20 世纪初才开始。1909 年 3 月，清政府在澳建立了总领事馆，第一任总领事梁澜勋在墨尔本冈州会馆的一次讲话中，强调创办华文学校的重要意义，并鼓励澳大利亚华人着手教授华文。

我们可以查到的办学记录有：1909—1914 年伍洪南、刘月池以及黄右公等人办的“汉人半夜学堂”，1925—1928 年维州国民党支

---

3 Huck，1968，第 1 页；杨进发，1988，第 6—7 页。

4 有关白澳政策的执行以及华人为自己权益的奋斗，可参见杨进发，1988，第 15—44 页。

5 Lawson，1912.

部办的华侨夜校，1931 年中国驻墨尔本领事馆开办的中文学校。这些学校的办学时间都不长，白澳政策的推行是其中最重要的原因。1947 年，全澳的华侨人数从 1901 年的 29627 人下降到 9144 人。当时从国外来澳大利亚学习的学生也很少。以 1949 年为例，在墨尔本大学九千多名学生中，只有 136 名亚洲学生，其中 41 名来自马来西亚，20 名来自新加坡。[6]

随着 30 年代的经济萧条和二战的爆发，维州的华人教育趋于停顿。

1958 年，墨尔本的私立男校——坎伯威尔文法中学（Camberwell Grammar School）在弗兰士（Glynn France）的提议下开设了中文课，成为维州最早拥有汉语课程的中学。弗兰士是英国人，曾在伦敦政治经济学院学过中文，当时在坎伯威尔文法中学担任初中部的负责人。在白澳政策的高压下，他勇敢地提出：“开设亚洲语言、历史和文学的教学，不是对我们丰富的欧洲文化和当地遗产的憎恶表现，而是寻求一种相互理解的机会，是非常值得的。”弗兰士的理念得到了校长廷普森（Tom Timpson）的支持，他们给五年级的 20 个男孩开设了中文课。1960 年，弗兰士请该校高年级一名 17 岁的香港学生每周义务教授两节中文课，这名学生叫李桢显。[7] 1961 年，李桢显被破格聘为该校的中文教师，成了维州第一个在中学教汉语的华裔教师，接手教

6　杨进发，1988，第 287—289 页；孙浩良，2007，第 26—28 页；有关那个阶段海外学生的情况，可参见 Larkins，2018，第 2 页。在本书附录“中外人名对照”里，梁澜勋、伍洪南、刘月池以及黄右公四人的英文名字来自杨进发一书的附录，其中伍洪南的姓不知道是不是印刷错误，“伍”在粤语里一般拼作 Ng。

7　见李桢显于 2018 年 9 月 7 日在纪念坎伯威尔文法中学中文教学六十周年开幕式上的讲话（未曾发表，承蒙作者提供）；另见 Jillett，1971。

七年级的中文。同年，李桢显进入墨尔本大学就读学士学位，1962年起在东方研究系选修中文，成为该系第一批本科毕业生。

西门华于1961年抵达墨尔本时，全澳华人总人数为23 568人，维州有5 789人，92%来自广东。[8]

60年代初期，"澳洲正处于一个积极建设的时期，人才不敷应用，利用客卿，是普通的现象。英人占绝对的优先，紧跟着的是美国和加拿大。""在澳洲各大学培育出来的人才，总还要到英美去镀一镀金，才能受人重视，而自己也觉得光荣。"[9]那时维州的高校刚有教中文的机构，西门华在1963年的一篇文章里提到当时澳大利亚高校的华文教育现状。他说："亚洲研究在澳洲大学已经有了良好的开端，虽说开始得有点迟。国立大学和悉尼大学已经有了中文、日文以及印尼文的课程；墨尔本大学也有了中文和印尼文，梵文和日文也将在1964年到1965年开设；莫纳什大学已经有了印尼文，正准备增加一两个亚洲语种。可是，目前如果不算俄国和中东，整个澳大利亚只有六个系主任是从事亚洲研究的，其中四个由中国研究专家担任，两个由印度尼西亚研究专家担任。而美国一所大学就可能有五个或更多的从事亚洲研究的系主任，且其所涉及的研究领域比澳大利亚的广得多。伦敦大学从事亚洲研究的系主任不少于十四个。"[10]

西门华所指的担任系主任的四位中国专家分别为：国立大学的费子智（C. P. Fitzgerald）和马悦然，悉尼大学的戴维斯（A. R. Da-

---

8 Huck，1968，第81、84页。

9 袁中明，1965，第174页。

10 Simon, H. F., 1963f，第1—2页。

vis），以及墨尔本大学的西门华自己。

费子智有"澳大利亚第一位汉学家"之称。他15岁时读了莫理循的两篇文章后，对中国产生了兴趣。可是他发现，居然找不到好的英文版的中国历史书，于是便读了12卷法文版的。1923年，21岁的费子智去上海，开始了对中国的探索。1930年，他拿到伦敦大学东方学院的大专文凭后又去了中国。1950年接受了给新成立的澳大利亚国立大学建立东方研究生系（Postgraduate Department of Oriental Studies）的重任，从1953到1967年担任远东历史教授。[11]

马悦然于1958年被聘为国立大学高级讲师，又于1962年接替了1952年上任的汉学教授和东方研究院院长毕汉思（Hans H. A. Bielenstein）的职位，直至1964年离任。毕汉思是东汉史研究专家，于1945—1953年在斯德哥尔摩大学学习，是最早从高本汉那里获得博士学位的学者，和马悦然是师兄弟。

戴维斯于1948年从剑桥大学毕业，1949年起在那里任教。1955年，35岁的他离开剑桥，到悉尼大学任东方研究系主任，推荐人之一是韦利。戴维斯被称为澳大利亚"最老亚洲研究系里最年轻的教授"，他是澳大利亚东方社团（Oriental Society of Australia，1956）和澳大利亚东方社团杂志（Journal of the Oriental Society of Australia，1960）的创建（办）者。[12]

墨尔本大学于1959年开始为学生教授印尼语，成为维州最早有东方研究学位的单位。1964年，墨尔本的《时代报》曾对维州的亚

11　*The Age*，1992.

12　Penny，2014.

1961年摄于墨尔本大学。
图11.1 初到墨尔本的西门华

洲研究进行过反省,文章指出:"自从第二次世界大战以后,澳大利亚和亚洲的关系越来越紧密。那么,问题得提出来:为什么维州大学的学生要等到1959年才有攻读亚洲语言学位的机会呢?从根本上说是缺乏经费。"[13] 墨尔本大学之所以能成为维州第一所、澳大利亚第三所设有中日文专业的大学,西门华之所以能成为澳大利亚第四位中文教授,"迈雅基金会"(Myer Foundation)在资金上的支持功不可没。东方研究系早期的课程介绍里,都会提及迈雅基金会对东方研究系建系的贡献。

1958年,肯·迈雅(Kenneth Myer)——澳大利亚著名的迈雅百货公司创始人西德尼·迈雅(Sidney Myer)的长子,访问了中国。一个月的访问使他意识到亚洲对澳大利亚的重要性。回到澳大利亚以后,肯·迈雅便马上开始了行动,利用自己的社会影响力,在各种场合宣传自己的东方见闻。1959年6月,他在回复墨尔本大学校长的信里说:"如果大学能建立一个东方研究系,我会相当地有成就感……

---

13 Rolf,1964.

我觉得我们应该增进对中国和日本悠久历史的了解，了解他们的语言，了解他们当前的目标和愿望。而此举对澳大利亚的重要性几乎不需要强调。"[14] 可是，校长告诉肯·迈雅，要聘请一个新的系主任，是根本不可能的，因为没有资金来源。在这种情况下，肯·迈雅便决定和弟弟一起共同创立迈雅基金会，资助墨尔本大学建立东方语言系，分八年提供 64 000 澳镑。后来，由于墨尔本大学校舍拥挤，没有地方再挤进一个系，迈雅集团又在第一年里另拨 40 000 澳镑作为教学场地费用，买下了离学校不远的一栋小洋楼给东方研究系当临时校舍。[15]

资金有了，接下来最重要的任务是找到一个有能力创建东方研究系的"火炬手"，一个懂行的、能传播中国语言文化的"播种者"。汉学本就是幽兰专业，曲高和寡，在实行白澳政策的澳大利亚找这样一个火炬手，这样一个播种者，谈何容易？

认识西门华的人，恐怕都听过这样的传说：墨尔本大学当时拟请的东方研究系主任是他父亲西门华德，可误把位置给了他，事实并非如此。

早在 1939 年，墨尔本大学就因为有建立东方研究系的意愿，联系过伦敦大学亚非学院。可是，由于资金缺乏等原因没了下文。1960年的一天，西门华收到墨尔本大学的一封公函，告知该校正在招聘东方研究系主任。事实上，此招聘消息西门父子都已经从报纸上得知，不过谁也没有放在心上。西门华接到公函以后，和同事们议论一番后

14　Ebury，2008，第 290、570 页注 1。

15　Ebury，2008，第 292 页。64 000 澳镑分八年支付应是最早的预算；从 1961 年 4 月 27 日墨尔本大学校长写给西门华的信来看（Paton，1961a），后改成分五年支付，每年 16 500 澳镑。澳大利亚曾沿用英国的货币单位镑、先令和便士，到 1966 年 2 月 14 日才改为现在的澳元系统。

回了一封信，直截了当地说："如果你们是想邀请我去当系主任，我想我是会接受的。"三个星期以后，西门华收到电报，被告知墨尔本大学邀请他上任，担任东方研究系主任。[16]

据记载，迈雅集团之所以看中西门华，不排除他父亲在汉学界的名望。但他们更看重的是，西门华是当时为数不多的到过新中国的汉学家。除 1949—1950 年在成都进修一年以外，他还曾作为翻译，于 1954 年（11 月 17 日—12 月 11 日）、1955 年（3 月 27 日—4 月 18 日）、1957 年（7 月 21 日—8 月 9 日）多次去过中国，最后一次是跟随英国著名出版商——《企鹅》出版社的创始人莱恩（Allen Lane）去北京。[17] 此外，中国香港某报在甲午（1954）10 月 18 日第四版上刊登过一张照片，年轻的西门华站在一个有十多人的代表团左端，右手拿着一束鲜花，照片右端写着"英商访华贸易团抵港"。这一次和同年 11 月 17 日进入内地是同一趟行程还是另外的行程，尚不清楚。[18]

墨尔本大学成立于 1853 年，第一任校董（Chancellor）是巴里（Redmond Barry），第一任校长（Vice Chancellor）是柴尔德斯（Hugh Childers）。[19] 巴里从建校起一直任职到 1880 年去世。巴里本是大法

---

16 Ebury，2008，第 291 和 293 页。

17 Simon，H. F.，1988b，第 6 页。西门华出入境时间均来自他护照上的资料，他有四本护照由西门卡萝珍藏。第一本护照的时间跨度是 1954—1955 年，第二本是 1955—1957 年，第三本是 1958—1968 年，第四本是 1979—1984 年。1954 年和 1955 年入境签证姓名一栏里填写的是 Simon 的音译"塞芒"，1957 年入境签证姓名用的是"西门华"。1954 年的签证里还注明西门华是英国工商界贸易访问团助理秘书。

18 西门卡萝保存了这张照片的剪报。不过上面没有报刊的名字，且人影已经模糊。这一次访问以及西门华去成都的记录均未能找见，想必在已经遗失的前一本护照上。

19 校董（Chancellor）是大学董事会（非执行机构）的主席，最高行政长官；校长（Vice Chancellor）是英联邦大学的最高执行长官。

官，对公众事业十分重视，他说服州政府将钱花在公共事业，尤其是在教育上。皇家墨尔本医院（1848）、墨尔本大学（1853）和维州州立图书馆（1854）的创建都有他的一份功劳。在他的努力下，墨尔本大学有了市中心以北两公里处的 106 英亩[20] 土地和政府赠款。1855 年4 月 13 日大学开学，全校只有 4 位从英国招募来的教授和 16 名学生。[21]

　　1961 年西门华上任时，墨尔本大学教师人数不清楚，学生人数已经达到 11 475 人。[22] 西门华即将创建的东方研究系虽隶属文学院，但在建系初期，西门华都是直接与校长佩顿（G. W. Paton）联系的。卡萝说，西门华曾说过，佩顿给他以父亲的感觉。

　　西门华任职时期的部分档案被保存了下来，有财政收支报告、给迈雅集团的年终汇报、教师会议记录、西门华与上级以及访问学者们的通信来往等。虽说资料零散不全，且因为年代久远，不少打字稿已经模糊，却是研究该系历史的珍贵材料。[23] 需要说明的是，该系从创建起，因在不同的时段所包括的语言的不同而多次改名。仅在西门华时代，就有如下名称：东方研究系（1961—1970），东亚、东南亚研究系（1971—1975，The Department of East and Southeast Asian Studies ），东亚研究系（East Asian Studies，1976—1988 ）。[24] 该系所教语言除中文以外，还有日文、印尼文和

20　106 英亩，约 42.9 公顷。

21　Blainey，1957，第 1 页。

22　The University of Melbourne，1961，第 3 页。

23　这些档案分存于墨尔本大学档案馆和维州巴拉瑞特新金山中文图书馆。两处的档案资料均未整理和编目，因而在提及时只能注明文件或信件的日期和名称。

24　为阅读方便，本书只采用"东方研究系"这一名称，只介绍与中文有关的部分。东方研究系现名为亚洲研究院（Asia Institute）。

阿拉伯文等。

1961 年 1 月，西门华正式上任。去墨尔本之前，他在美国和加拿大待了六个星期，走访了十来所大学，考察了多个东亚研究中心以及东亚图书馆的资金来源、行政体制等有关情况，并拜会了李方桂等学者。2 月 25 日，西门华在西雅图给妻子玛果写了一封信，祝玛果生日快乐。他说："结婚以来，这是第一次在你的生日时给你写信。没有鲜花，只能让这紫色的信笺带去我的爱和祝福。"写了对玛果的思念以后，西门华介绍了自己在西雅图华盛顿大学的情形：听了几场讲座，那里的讲座定期举行；参加了一个聚会，交了新朋友。聚会上李方桂吹笛子，李夫人载歌载舞，给他留下了很深的印象。[25]

在当年 7 月 14 日给伦敦一位友人的信里，西门华说，他到了"哈佛、耶鲁、哥伦比亚、密歇根、多伦多、温哥华、西雅图、伯克利、斯坦福、加州大学洛杉矶分校以及檀香山大学，考察了他们的东方研究"。"可以肯定地说，我们在很多方面要向他们学习。而我已经学到的，要马上付诸实际运用。"接着，西门华用德文写了歌德的一句话调侃自己："他们自己还没有学会，就立即去教别人。上帝啊，人类的消化功能竟是如此之好。"[26]

1961 年 3 月 16 日，[27] 西门华抵达澳大利亚，经悉尼转机到墨尔本。

---

25 Simon，H. F，1961a，第 1—2 页。

26 Simon，H. F，1961f，第 1 页。歌德的引文承蒙悉尼大学德文教授吕一旭翻译。

27 有关西门华抵达澳大利亚的时间，有记载说他一家于 3 月抵达墨尔本（Ebury，2008，第 293—294 页）；也有记载说他 4 月抵达墨尔本（Poynter & Rasmussen，1996，第 210 页）。根据西门卡萝保存的护照显示，西门华抵达澳大利亚悉尼机场的时间是 3 月 16 日，而他家人抵达的墨尔本码头的时间是 4 月 28 日。

在机场接他的是他和父亲在亚非学院时所教过的学生格雷戈里（John S. Gregory）。[28]墨尔本大学当时有两位研究中国问题的学者，一位就是格雷戈里，他是澳大利亚人中第一个获得中国历史博士学位的学者；另一位是在政治系研究中国政治的哈克（Arthur Huck）。

西门华到墨尔本后做的第一件事情，就是拜会迈雅集团以及大学的有关人员，着手他的创建工作。一天，肯·迈雅和夫人请西门华夫妇到家晚宴。肯·迈雅应该看过西门华的基本材料，可与西门华见面时却吃了一惊，他没想到西门华"看上去像个年轻的运动员……外向……与我想象的中文教授正好相反"。[29]西门华当然不是专业运动员，但他确实是个运动爱好者，跑步、游泳、划船，在伦敦大学时还是业余壁球手。重要的是，西门华确实有运动员的潜质：过人的精力、爆发力以及永不服输的精神。这几点，我们在后面将会看到。此番来墨尔本大学，他希望建立东方研究系，开中文和日文课；建立东亚研究中心，开设东亚研究课；按照亚非学院的模式，建立一个东亚图书馆。他希望培养一批"高质量的、充满激情的中学老师、学者，以及在各大公司和政府部门有所作为的中国专家"。[30]西门华自拟的三大计划的具体实施，将在第十二章和第十三章里介绍。

4月28日，玛果带着两个年幼的女儿风尘仆仆地抵达墨尔本。小女儿西门珍妮当时才一岁多，几个月没见，她已经不认识父亲了，这让西门华难过了好一阵。直到第三天，突然，西门华看见珍妮一步

28　同事们称格雷戈里为 Jack。

29　Ebury，2008，第 294 页。省略号是原文中有的。

30　Ebury，2008，第 295 页。

一步地向他爬来，那一刻，她一定是记起父亲来了。西门华非常激动，赶快把女儿抱了起来。西门华一家借居在当时外出的法律系教授德勒姆（David Derham）[31]家里，隔壁是历史系教授克劳福德（Max Crawford）。克劳福德一家对新到墨尔本的西门华一家非常友好，对小珍妮十分宠爱。

从伦敦到墨尔本，一家人都有个适应的过程，尤其是玛果。在伦敦，男人多在俱乐部和他的同事朋友见面。但在墨尔本，她似乎得习惯丈夫把同事朋友带到家中。这对玛果来说是个挑战，她得适应女主人的身份，承担接待任务。

西门华在当年6月5日的信中告诉父母，马悦然上个星期来了一趟；斯普伦克前两天来了，下周还会再来；傅路德（Luther C. Goodrich）再下个星期会来。他在9月7日的信里说："玛果开始喜欢这里的生活，上个星期在家招待了八个人，有一半的人过了一点才离开。甜点是我做的巴伐利亚蛋糕。"[32]

后来，玛果病了，而且病得比较厉害，时间也拖得比较长。西门华得请一位阿姨来照顾家里。10月24日，在给去日本访问的友人的信里，西门华提到玛果一直在医院，因而他原定去日本等地采购书籍的计划得推迟。妻子生病，两个女儿尚年幼，自己还得全身心地投入建系的工作，当时的艰难是可想而知的。玛果生病时，他就得像珍

---

31 德勒姆于1968—1982年任墨尔本大学校长。

32 Simon, H. F, 1961e，第1—2页；1961i，第2页。傅路德是美国汉学家。巴伐利亚蛋糕（coffee Bavarian cream），原文写作Bavarian coffee cream，是一种加了咖啡粉和奶油的、十分松软的蛋糕。据西门卡萝说，这是西门华在和他父母开玩笑，他很少进厨房，更不曾做过蛋糕。

妮刚出生时一样，又当爹又当妈。他称自己为"逗人开心的妈咪"
（funny mother）。玛果不在时，他会对孩子们说："别担心，逗人
开心的妈咪在这里。"

1962 年 5 月，西门华德夫妇来到墨尔本，凯泽把阿姨的家务全
接了过去，让玛果能够静心调养，西门华后来在给友人的一封回信里
说："我是否已经告诉过你玛果生病的事？她已经好多了。第一次挑
起全部家务的重任。我想她自己并不很享受这项工作，可是我们很
享受。"[33]

1962 年 3 月，东方研究系迎来了建系后的第一批新生，学中文
的学生 20 名，学东亚研究课的学生 22 名（东亚研究课是中文学生的
必修课，因而全系新生实为 22 名）。系里的教学走上正轨后，西门
华马不停蹄，开始四处宣传东方研究系，争取让更多人知道这个系的
存在，让更多人支持汉学研究。仅在 1963 年，西门华就做了多场报
告。他到澳大利亚成人教育中心、维州国家艺术馆等单位做了"中国
的外交政策""中国的皮影戏"等报告；在"第二十五届莫理循讲座"
（The 25th George Ernest Morrison Lecture）上做了演讲。1963 年 4
月 2 日，"墨尔本大学中国同学会"（The University of Melbourne
Chinese Students' Association）在东方研究系的支持下成立，西门
华在 6 月 11 日给这个同学会做了题为"语言、风格以及当代中国作
家面临的问题"的报告。[34] 8 月 16 日到 18 日，西门华带领东方研究
系的学生，参加了由澳大利亚国立大学东方研究学会举办的第一届东

---

33 Simon, H.F., 1961l; 1963a.

34 Simon, H.F., 1963e, 第 6 页; 1963g。

方研讨会（Oriental Studies Convention），与会者来自国立大学、墨尔本大学和悉尼大学。

早在当年一月底，西门华就到了国立大学，作为会议执行委员会的成员之一参加了大会的筹备工作。从研讨会的总结来看，与会总人数为 80 人，而墨尔本大学东方研究系的学生就占了 10 人。作为一、二年级的本科生集体参加这样的学术活动，不管是当时还是现在都不多见。西门华的鼓励和组织肯定起了作用。

8 月 16 日下午两点，第一届东方研讨会开幕，曾和西门华在亚非学院共过事的斯普伦克致开幕词，他于 1956 年就离开伦敦到了澳大利亚。接着，费子智做了有关慈禧太后研究的演讲。在这次大会上宣读的与中国有关的发言还有："杜甫研究"，由戴维斯演讲；"中国画研究"，由陈之迈演讲。大会还举办了中文、日文和印度文的书籍展览，举办了电影和音乐晚会，并达成了组织全国东方研究联合会（National Oriental Studies Faculty Association）的协议。[35]

但凡创业，没有一帆风顺的。1964 年，墨尔本大学的财政出现赤字，这个经济危机导致日语系的开课时间推迟了一年，拟开的二年级东亚研究课的计划也没能如愿。这一年修读中文的新生只有 12 人，修读东亚研究课程的只有 17 人，而 1962 年入校学中文的 20 名学生有一半没有坚持下来。西门华面临严峻的考验。

作为系主任，西门华得负责系里的经济预算。在 1961 年 9 月 8 日

---

35 系档案里保留了当年的会议议程以及一份总结报告，报告末尾留有东方研究系十位参加会议的学生名单，其中六位是女生。参见 ANU，Oriental Studies Society，1963；Simon，H. F.，1963d。

的报告里，西门华上报了 1962 年的预算：请海外访问学者一人，教授第三个学期的东亚研究课（当时每个学年有三个学期），计划付 960 澳镑作为补助；国内访问学者每节课付十个先令作为旅行和住宿补助；校内教师为东亚研究课义务讲授，没有另外的报酬。此外，西门华指出，政治系和历史系的系主任都表示，他们系不可能长期义务教学。[36]

在系里的档案中，西门华的很多封信都和申请资金有关。而每笔资金的开支，都要经过上级单位的批准，大到请人上一个学期的课，小到请人做一两个小时讲座。资金缺乏时，还得采取"换工"的形式。1962 年 9 月，东方研究院的一位老师到国立大学东方研究院上了三个星期的中文课，这样，当年请国立大学的教授来给东亚研究中心上课的薪金就可以抵消一部分；1977 年 3 月 9 日，一位学者写信邀请西门华去他所在的大学做两节有关中国语言和文学的讲座，他说，他尚无经费聘请客座讲师，因此只能采取"换工"的方式，以他将在东方研究系教授的七节课以及一些翻译工作作为回报。[37]

除了系里的预算，西门华也参与了文学院的经费申请工作。1964 年的大学年度报告里有这么一段："文学院 1964 年有 19 个系，3 800 多学生，可是教学场地非常有限。在西门教授的领导下，我们上呈了一份文学院需要一栋新教学大楼的报告以帮助大学意识到学院的情况。文学院非常感谢西门教授为准备此报告付出的时间和精力，以及他在此报告中显示的竞争力和说服力。"[38] 这份报告长达 20 页，

36　Simon，H. F.，1961j.

37　Gregory，1977.

38　The University of Melbourne，1964，第 4—5 页。

其中 16 页是表格，有办公室、教室以及公共占地面积的明细表，还有到 1969 年师生人数增加后所需面积的明细表。[39]

这一年 8 月 20 日，墨尔本《时代报》发表了一篇文章，提出要重视亚洲语言的学习，要在中学开设中文等亚洲语言，要"打破语言的障碍"。其在"为什么要学亚洲语言"的小标题之下指出："墨尔本大学东方研究系的教授西门华是推广亚洲语言热情的拥护者。西门华说过：澳大利亚有着欧洲的历史，但在地理上接近亚洲，所以应该给澳大利亚人提供学习这两个地域语言的机会。学欧洲语言，是学他们自己的文学、历史以及思维模式；而学亚洲语言，从商业的角度，澳大利亚和日本的贸易让两国关系接近，而从另一个角度来说，我们得增进对自己邻居的了解。"[40]

1965 年，西门华给迈雅基金会的报告中汇报了上任五年来的成绩："第一届东方研究系的本科和荣誉学位学生毕业。这一届坚持读了三年以上的只有三名学生，其中一名将继续读研究生。1965 年学中文的新生只有八名，但有四名报的是荣誉学位。东亚研究中心的课程进展不错，到 1965 年共有 70 名学生。日语专业于 1965 年顺利开学。东亚图书馆已有了 12 000 册书。"[41]

西门华赴墨尔本大学给自己设定的三大目标——建立东方研究系，开设中文、日文课程；建立东亚研究中心，开设东亚研究课；建立东亚图书馆，都已初见成效。

---

39 Simon，H. F.，1965a.

40 Rolf，1964.

41 Simon，H. F.，1965b. 据 1965 年入校的学生回忆，那年最终学中文的学生为六名，上东亚研究课的为 30 名左右。

第十二章

创建维州首个汉学基地

1961—1988

汉学家父子西门华德和西门华

从 1961 年起，西门华就为创建维州首个汉学基地，拉着建立东方研究系、东亚研究中心和东亚图书馆三驾车，和他的团队一起，义无反顾地前行。

西门华的教学团队不大，迈雅集团资金所支持的编制为教授一名、高级讲师两名、讲师两名、秘书一名。[1] 这套编制一直到西门华退休都改变不大，所增加的多是半职或按时计酬的教师。从 1962 年到 1965 年把第一批中文学生带到四年级的教师是：教授西门华，高级讲师蓝克实，讲师金承艺、袁中明和居浩然。[2] 在西门华任职期间，包括他自己在内，共有 11 位老师先后得到过讲师或以上的全职职位。除了上述几位，还有张在贤、廖伊丽斯（Christine Liao）、康丹（Daniel Kane）、贺大卫（David Holm）、孟华玲（Diane Manwaring）、陈杨国生（原名杨国生）。1961 年，西门华上任时，澳大利亚有中文背景的移民不多。从 1928 年到 1961 年这三十余年间，华人总移民人数只有 1 062 人，而能胜任高校中文教学的，更是凤毛麟角。所以从建系一开始，西门华就重视培养自己的教师，廖伊丽斯、康丹和孟华玲三位便毕业于东方研究系。[3] 下面是这 11 位教师的任职年限以及研究领域。

---

1 Paton，1961a.

2 金承艺最初是西门华的研究助理，后来才转成教学人员，尽管他一上任就担任了教学工作。袁中明 1962 年 2 月上任，1963 年底辞职；接替他职位的是居浩然。

3 数据统计参见 Huck，1968，第 85 页。廖伊丽斯在东亚研究系一直读到博士毕业，1967 年起就担任助教，1975 年转为讲师；康丹在该系获得荣誉学位，在国立大学获得博士学位；孟华玲在该系获得荣誉学士学位和硕士学位，从 1972 年起在系里兼职，1980 年转为半职，1987 年转为全职讲师。

姓名	在墨尔本大学东方研究系工作年限及职称	主要学术领域
西门华	1961—1988 年　教授	语言学
蓝克实	1962—1965 年　高级讲师	宗教、哲学
金承艺	1962—1991 年研究员、讲师、高级讲师	历史
袁中明	1962—1963 年　讲师	不详
居浩然	1964—1975 年　讲师、高级讲师	社会学
张在贤	1966—1984 年　高级讲师	教育学、语言学
廖伊丽斯	1975—1981 年　讲师	现代文学
康丹	1981—1987 年、1989—1994 年讲师、高级讲师	女真文、契丹文
贺大卫	1986—1989 年、1995—2010 年高级讲师、教授	人类学
孟华玲	1987—2007 年　讲师	现代文学　汉语教学
陈杨国生	1988—1990 年　讲师	汉语教学　教育学

　　西门华的团队深受学生的欢迎。西门华虽然是系主任，但也肩负着教学任务。有研究生以后，他还指导论文。他负责的课程有低年级的语法以及高年级的语言学、目录学、中国诗歌等，还负责批改和讲解汉译英作业。据 1981 年的课程安排表显示，那一年他每周上 4～5 节课。1987 年进校的学生回忆说，西门华给他们上过语法课。

　　西门卡萝说她父亲从不畏惧工作的繁重，而且非常享受教学工作。每个周末，他都会带一大沓文件及学生作业和论文回家，在走廊上把它们铺开，一件一件地处理，伏案到深夜是常事。她在 1971 年给祖父母的信里说："这个星期，我们第一次上诗歌课，是爸爸上的，很有意思。在课堂上，原来觉得很讨厌的汉字都变得有意义了。"[4] 一位学生回忆说，初次见到西门华时有些敬畏。他目光炯炯，有鹰般的威慑力。听了他的课，才知道他其实不难相处。西门华对教学极其热情，恨不得一股脑儿地把自己所知道的都教给学生。另一位学生回忆当年西门华指导他的论文时，对他大加鼓励，论文通过以后，还鼓励他进行修改后投稿，并亲自帮他润饰。[5]

图12.1　西门华20世纪70年代的单人照

　　学中文的学生和学别的语言（如法语和德语）的学生的区别是，后者已在中学学了六年外语，大学一年级起就可以开始阅读该语言的古今名著，而学中文的却是白纸一张。按大学的要求，学中文的学生第二年起就要开始学习古今名著作品。由此可见，东方研究系的学生所承受的压力比学欧洲语言的大得多。用学生自己的话来说，如果不是真有兴趣，绝对不会选择学中文。

　　西门华参照伦敦大学亚非学院的教学模式，设置课程和准备教材。第一年重在语言强化训练，接下来的三年学现代、近代、古代经典，兼修当代作品以及中国大陆的报纸杂志，现代和古代并学，口语和书

4　Simon，C.，1971，第 1 页。

5　参见 2019 年 12 月 17 日和 2020 年 1 月 7 日的采访记录。

面语兼教。资料显示，从 1962 年东方研究系第一届本科学生入校，到 1988 年西门华退休，这 27 年的课程设置和教材大体可以分成两个阶段。第一阶段为 1962—1978 年。中文专业开设了本科和荣誉学位课程，课程设置和教材经过前四年的摸索逐步完善和稳定，除了些许改革以外，变化不大。教材为西方学者（包括在西方的华裔学者）所选编，采用国语罗马字注音，使用繁体字。第二阶段为 1979—1988 年。中文专业增加了为华侨学生开设的本科和荣誉学位课程，开始选用大陆作者编写的词典和教材，改用汉语拼音，繁体和简体字兼学，20 世纪后的作品增加，文言文以及近代汉语的经典减少。

西门华退休以后，随着世界格局的变化、语言学习重要性的凸显、语言教学与研究新成果的出现，新的教学理念、新的课程、新的教材教法逐步替代了原来的。不过，回顾 1962—1988 年西门华任职期间的课程设置和教材，对我们了解海外一所大学汉语教学的起步和发展仍是非常必要的。西门华和他的团队在汉语教学中所取得的经验和成就、遗憾和教训也值得我们借鉴和研究。下面简单介绍一下这两个阶段的课程设置和教材。

第一阶段的课程设置和教材：这一阶段以 1966 年东方研究系为本科生和荣誉学位学生开设的课程和所使用的教材作为代表加以介绍。[6] 本科生每周六节课，荣誉学位在本科的基础上另外加课。

---

6 Faculty of Arts，The University of Melbourne，1962—1988，1966，第 151—155 页。在西门华时代，文学院每年都会出一本有好几百页的手册，里面收有各个系的教师配备、课程设置、教材以及参考资料等。手册里只有书名、作者名以及出版信息，其余信息为笔者所补充。对少数印刷错误，也做了订正。此外，西门卡萝、孟华玲以及 1987 年入校的学生 Andrew Beale 提供了不少当时使用过的教材和相关资料。

本科一年级

图12.2　金承艺和西门华合编的《中文初学读本》

教学内容：北京话的语音和语法结构，汉英互译，书法以及中国诗歌的介绍。要求掌握约500个汉字和1 000个词语。

教材：金承艺和西门华《中文初学读本》[7]

这是一年级的主要教材，共有21课，每课分为三个部分：

第一部分：汉字，每课包括繁体汉字三十个，每个汉字下面都列有该字的笔顺。

第二部分：课文（汉字书写），前十五课为对话，十六课起为记叙文。

第三部分：新词语的国语罗马字注音、部首代码、英语解释，语法点，用国语罗马字转写的课文以及语法要点。汉字部分全部为金承艺手书。[8]

---

[7] King & Simon，1970，1980. 这本教材以讲义的形式从建系起开始使用，到20世纪70年代初期才正式装订成册。

[8] 金承艺的书法非常漂亮，受过胡适的赞扬。早期的汉语教材、考试卷子等都是他手书的，直到张在贤任职后，才分担了这一工作。张在贤的书法也很好。

西门华德《汉语结构练习》（1945）

罗旭龢（R. M. Kotewall）和史美（Norman Lockhart Smith）《中国诗歌》（1962）[9]

推荐词典：西门华德《初级中英国语词典》（1947）

参考读物：王方宇《画儿上的美人》（1957）、[10]李抱枕《漫谈中国》（1953）、[11]西门华德《中英对照国语会话读本》（1943）

本科二年级

教学内容：文言文、现代文学、近代文学经典的英译本。

教材：刘程荫《五十个中国故事》（1960）

《五十个中国故事》是二年级的主要教材之一。书中收录了50篇古文，多为战国到西汉时期带有文学性故事性的作品。如《淮南子·塞翁失马》《烈女传·魏节乳母》等。课文内容包括文言文原文、白话翻译、国语罗马字注音以及日文注音。

巴金《家》（第十五章）（1933）

---

9 Kotewall, R. M., Smith, N. L., （tr）, A. R. Davis（ed.）. 1962. *The Penguin Book of Chinese Verse*. Harmondsworth: Penguin Books. 1966 年之前采用的是韦利的《170 首诗歌》，参见 Waley，Authur. 1962. *170 Chinese Poems*. London: Constable。

10 Wang，Fang-yu.（1957）1983. *The Lady in the Painting*. Far Eastern Publication. New Haven and London: Yale University Press. 这本教材是用 300 个常用字写成的一个民间故事。

11 Lee，Pao-Chen. 1953. *Read about China*. New Haven，Connecticut: Far Eastern Publications，Yale University. 这本教材是用 300 个常用字写成的 20 篇有关中国的简介。

鲁迅《故乡》（1921）

胡适《新思潮的意义》（1919）

毛泽东《在延安文艺座谈会上的讲话》（1943）

赛珍珠（Pearl S. Buck）英译《水浒传》（1937）[12]

王际真英译《红楼梦》（1958）[13]

推荐词典：马守真（Robert Henry Mathews）《汉英辞典》（1931）、[14] 梁实秋《新实用英汉词典》（1963）[15]

参考读物：谢迪克（Harold Shadick）英译《老残游记》（1952）、[16] 邓罗（C. H. Brewitt-Taylor）英译《三国演义》（1925）[17]

要求读这些名著译本的目的之一是为阅读原著打基础。

本科三年级

学习内容：继续二年级的模式，外加目录学。

教材：刘程荫《五十个中国故事》、茅盾《春蚕》（1932）、

---

12 Buck，Pearl. 1937. *All Men are Brothers*. New York：The John Day Company.

13 Wang，Chi-Chen. 1958. *Dream of the Red Chamber*. New York：Doubleday. 王际真节译的《红楼梦》在杨宪益、戴乃迭 1978 年的译著发表前广为流行。

14 Mathews, R. H.（1931）1943. *Chinese-English Dictionary*. China Inland Mission Press. 在西门华办学初期，这是澳大利亚唯一能买到的汉英词典。

15 Liang，Shih-Chiou. 1963. *A New Practical English-Chinese Dictionary*. Taipei：The Far East Book Company.

16 Shadick，Harold. 1952. *The Travels of Lao Ts'an*. New York：Cornell University Press.

17 Charles Henry Brewitt-Taylor. 1925. *Romance of the Three Kingdoms*. Shanghai：Kelly & Waish.

鲁迅《范爱农》（1926）、老舍《略谈人物描写》（1941）、郑振铎《中国俗文学史》（1938）节选、刘大杰《中国文学发展史》（1948）第二十二章、《元代的散曲与诗词》

推荐词典：《辞海》（1936）、梁实秋《新实用英汉词典》（1963）

参考读物：邓嗣禹和毕乃德（Knight Biggerstaff）《精选中文参考文献注释书目》（1950）[18]

荣誉学位一年级

读荣誉学位的学生在本科生的基础上另外加课，添加教材。本科一年级课程 + 每周一节语言学理论。

添加教材：弗雷斯特（R. A. D. Forrest）《中国语言》（1948）[19]

荣誉学位二年级

本科二年级课程 + 每周三节近代文学和文学史。

添加教材：施耐庵《水浒传》（原文节选）、欧文（Richard

---

18 Teng，Ssu-yü & Knight Biggerstaff. 1950. *An Annotated Bibliography of Selected Chinese Reference Works*. Cambridge：Harvard University Press.

19 弗雷斯特写这本书时在亚非学院教藏缅语言学。这本书按章排列的参考书目里有西门华德从 1927 年到 1944 年的多篇论文，参见 Forrest, 1948，第 34、46、57、79、103、125、146、193 页。

Gregg Irwin）《中国小说的演进：〈水浒传〉》（1953）、[20]
海陶玮（James，R. Hightower）《中国文学专题：纲要与书目》
（1953）[21]

荣誉学位三年级

本科三年级课程＋每周三节近代文学作品。

添加教材：施耐庵《水浒传》（原文节选）、曹雪芹《红
楼梦》（原文节选）

荣誉学位四年级

每周六节课，深入学习古代和近代经典作品，写学位论文。

添加教材：司马迁《史记·李广》（原文）、曹雪芹《红
楼梦》第三十一章和三十四章（原文）、马致远《汉宫秋》第
二折（原文）

从 1962 年到 1978 年，课程设置和教材几乎每年都有些许变动，

20　Irwin，Richard Gregg. 1953. *The Evolution of a Chinese Novel: Shui-Hu-Zhuan*. Cambridge：Harvard University Press.

21　Hightower，James Robert. 1953. Topics in Chinese Literature：Outlines and Bibliographies. *Harvard-Yenching Institute Series*，*Volume* Ⅲ. Cambridge：Harvard University Press. 该书按时间顺序，以文体为纲介绍中国诗歌。每种文体下都介绍了代表作、各个专题的必读文献、知名作家名作翻译的出处等。

但总的原则、大的框架没变。课程设置根据文学院的要求作了一些调整，如针对学生负担过重的问题，把原来六个小时的科目分成了一个半科目，并给与了不同的名称；过时的词典为新出版的词典所替代，如 1974 年添加了林语堂 1972 年出版的《林语堂当代汉英词典》；[22] 新的研究成果代替了旧的教材或参考资料，如 1976 年时把王际中 1929 年英译的《红楼梦》改成霍克思（David Hawkes）1973 年出版的英译本《石头记》。[23]

从上面的教材和教学安排可以看出，一年级和二年级之间的跨度非常大。为了解决这个问题，有好几年，系里在一年级结束后的暑假开办为期两周的学习班，用的教材是用很简单的中文写的《中国历史纲要》。[24] 可是，这样做也有问题。参加学习班是自愿的，参加了的和没参加的学生一起进入二年级，老师很不好掌握进度。

从教材中还可以看出，古典文学的分量比较重。据学生反映，他们在学习的时候提过意见，要求减少古文分量，多学些现代的。可是毕业以后，他们发现学的古文很有用。一个读完四年级后去中国台湾的学生，发现报纸上、公文里都有古文的句式，甚至在年长一辈的口语中，也保留着古汉语的句式，她很庆幸自己学了古文。

第二阶段的课程设置和教材：在《文学院手册》里，自 1979 年以后，课程设置的介绍越来越详细，教科书的介绍却越来越不完整。1988 年，

22 林语堂，1972，《林语堂当代汉英词典》，香港：香港大学出版社。

23 Hawkes，David. 1973. *The Story of the Stone*. Harmondsworth: Penguin. 全套书共五册，出版时间为 1973—1986 年。前 80 回（三册）是霍克思翻译的。

24 Fenn，Henry C. 1952. *A Sketch of Chinese History*. The Institute of Far Eastern Languages，Yale University，New Haven，Conn.

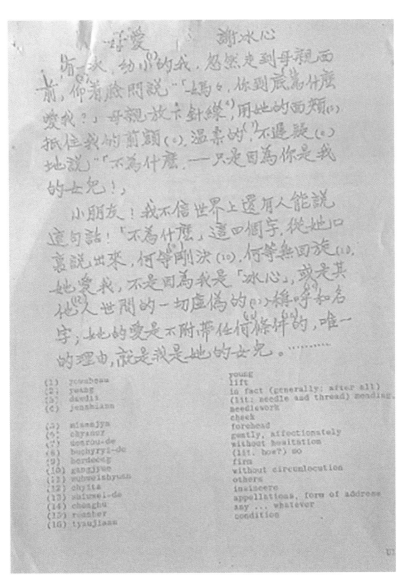

图12.3 采用繁体字和国语罗马字注音的教材

東方研究系的课程设置介绍占近九页，而教科书只占半页的篇幅，只介绍了两门课程的几本教材。[25] 据说是因为手册内容过多，教材部分交给系里负责。遗憾的是，我们没能找到相关的资料，因而对第二阶段的情况，只能做简略的介绍。

1961 年建系时，东方研究系的课程是为母语不是中文的本地学生设置的。1973 年，白澳政策废除以后，陆续有从中国香港、台湾等地区和新加坡、马来西亚、文莱等国来的华人进入墨尔本大学选学中文。[26] 这些学生的中文水平相差很大，学习目的以及要求也千差万别。在 20 世纪 70 年代后期，为解决这个矛盾，系里为华侨学生专门设计了一门课，但上报后，没有通过财政预算，回复说为这么少的学生单独开课在经济上不合算。在 1977 年 6 月 12 日的例会上，西门华再次请老师们认真讨论这门课程。他告诉大家，解决方案恐怕只有两个：一是告诉学生，因财政原因，没有办法收他们；二是在人手本来已经很紧的情况下给自己增加负担，到华人社区"讨乞化缘"，专门给这样的学生开课。幸运的是，在西门华和老师们的不懈努力下，文学院批准于 1979 年起给华侨学生设置本科和荣誉学位课程。

以一年级学生为例，1979 年进入东方研究系就读的学生有了如下的选择：完全没有学过中文的进入"中文一年级"（Chinese 1）；在中学学过中文或通过大学入学中文科目考试的，进入"中文研究一年级"（Chinese studies 1）；能说某种方言，但不会说普通话（国语），

---

25 Faculty of Arts，The University of Melbourne，1988，第 119—127 页、485 页。

26 在西门华的时代，还没有什么大陆留学生。

穷尽一生
汉学家父子西门华德和西门华

也不会写汉字的华侨学生进入"华侨班一年级"（Chinese 1N[27]）；已经会说普通话的华侨学生从华侨班二年级（或以上）学起。如果这些学生想把中文作为主科，一年级时得选文学院其他系相关的课程。

从 1979 年到 1988 年这些年里，在课程设置上，东方研究系除增加了华侨班的课程外，还有一个重大的改变，就是和有关院系联系，鼓励就读中文专业的学生，尤其是华侨学生，选择其他系与中国相关的课程。因而，东亚系的课程设置变得很复杂，既有本系和东亚研究中心的课，又有历史等其他院系的课；既有全科目，也有半科目。开学前一个星期的"报到周"里，老师们都要负责接待学生，帮助学生选适合自己的课程。而对华侨学生而言，还有面试，以测试其汉语水平。

早在 1971 年，系里便开设了报刊阅读课，这使得 1971 年或以后进校的学生有了接触简体中文的机会。1982 年，汉语拼音教材——亚非学院两位教师编的《汉语口语》和商务印书馆出版的《汉英词典》被列入教材名单。[28] 1983 年，《实用汉语课本》（1981，北京语言学院）被列入教材名单，东方研究系开始教授汉语拼音。1984 年起，所有的国语罗马字教材不再使用。[29]

从用国语罗马字到用汉语拼音，从用繁体到用简体，这两个大的改变让原来的教材，尤其是低年级的教材，都不适用了，系里的老师

---

27 字母 "N" 为 "native" 的缩写，这里指母语是中文。

28 T'ung, P. C., D. E. Pollard. 1982. *Colloquial Chinese*. London, Boston, Melbourne and Henley: Routledge and Kegan Paul；吴景荣，1979，《汉英词典》，北京：商务印书馆。

29 *Faculty of Arts*, The University of Melbourne, 1962—1988, 1983, 第 518 页；1984, 第 470 页。

们都承担起编写新教材的任务。金承艺和西门华在 1980 年改编了《中文初学读本》，张在贤和孟华玲编了《二十世纪现代文学选读》，康丹为话剧剧本《假如我是真的》[30]加上了注释和生词，用作三年级的课本。

　　毕业于东方研究系的一位教授在 2019 年的一次采访中曾回忆过他的学习生活。"在墨尔本大学，我们的课程非常注重文学教育，我们学习了两千多年以来最优秀的中国文学作品。课程第二年，我们就得阅读胡适的文章，其中有一篇叫《新思潮的意义》。我们还读了巴金的《月夜》，还有鲁迅的作品，例如《故乡》。除此之外，还读了《水浒传》和《红楼梦》这样的经典作品。第三年，我们继续读《红楼梦》和唐诗。第四年，我们开始读宋词。我的同学们都很喜欢阅读这类文学的东西。""我们并没有学习如何说中文，因为那个时候，没人能到中国去，学说中文并没有实际用途。当你去大学开放日时，一般来说，学日语的人会告诉你他们日后想经商或者去日本找份工作，但你如果问学中文的学生，他们的想法都特别不切实际。有人可能是佛教徒，有人可能对功夫感兴趣。我记得有一个退休的女士，她的志向是阅读《红楼梦》，她压根都没想学说中文。"[31]

　　另一位曾在大学任教的毕业生回忆说："我喜欢大部分课程的内容，其中一些像欧洲语言课程中教授的所谓经典，对于母语不是中文的人来说，要学这种基于方块字的经典，是一个挑战。尽管面临挑战，但我还是很喜欢老师所教的胡适、鲁迅、巴金和毛泽东等作家原文。

30　《假如我是真的》是沙叶新、李守城、姚明德于 1979 年撰写的一部讽刺喜剧。
31　任璐曼，2019。

与目前学习删节且带注释文本的学生不同，我们学习的是原始文本，没有提供任何注释。我们还学习了《水浒传》和《红楼梦》的节选，从谢迪克的《文言文入门》中的文选，过渡到原文文本。[32] 我们还学习了古代汉语，后来我才意识到这为我阅读学术著作打下了坚实的基础。"

学生们对教学也存在一些意见。如，有位学生提到："首次学习简体字文章时，因为没有提供词汇注释，所以在阅览室查词典上浪费了很多时间。不少以为是生字的，其实是已经学过的汉字的简化形式。读荣誉学位学《汉宫秋》，觉得非常难，以至于觉得只不过是一次记忆练习。"有位学生批评系里对口语重视不够，说："读一年级的时候，以学汉字为主，没学多少口语。学'知道'一词时，老师顺便介绍了'道教'。我学了一年多后去中国时，却发现自己虽然知道'道教'，却不会说：'请问，厕所在哪里？'"据说不少学生都有这种看法，都希望增加口语练习。[33]

西门华的悼文里这样评价东方研究系的教学："并不是每个人对东方研究系的汉语教学方法都表示赞赏，该方法是从第一年的口语教学转向随后几年的沉浸于上古汉语、中古汉语和早期白话的文本中。那些急于一夜之间能说流利中文的人很快就感到失望。但是，这些年来坚持不懈，最终在语言上达到一定水平并在此基础上发展事业的人，

32　Shadick & Ch'iao，（1968）1992. 此书有三册，第一册主要是文选，第二册主要是词语讲解，第三册主要是语法讲解。在序言中，作者感谢了赵元任在各方面对他的帮助，并指出：在这项工作的早期，和西门华德等人之间的交谈，特别有用。

33　参见 2020 年 6 月 15 日的采访记录以及 2020 年 10 月 5 日的电子邮件记录。

十分珍惜他们在该系获得的扎实、全面的基础。如今，在澳大利亚的任何地方都很难复制这种教育。"[34]

---

34 Endrey，2019；Endrey，Nailer & Simon，C.，2020.

第十三章

『面包黄油』课程

1961–1988

窍尽一望

汉学家父子西门华德和西门华

按照东方研究系的规定，凡是选学中文的都必须选修东亚研究课。西门华戏称这门课为"面包黄油"课程。[1] 历年来读这个科目的学生比读中文的多，从经济的角度来看，确实是维持东方研究系生计的面包和黄油。从另一个角度来说，对于任何一个想了解东方的人，这是一门必修的基础课，是一个人知识结构里的面包与黄油。西门华一贯的观点是：一个学语言的人，若没有该语言的文化和历史做支撑，是学不深的。大学的中文教育不但应该包括语言和文学，也要包括历史、政治、社会多方面的知识。[2] 应该说，上过这门课的学生是非常幸运的，教材是著名学者们编写的，而授课的老师都是国内外的知名学者，他们都在某个领域有着深入的研究。

创建东亚研究中心，开东亚研究课，并不在迈雅集团的计划中，而是西门华根据对伦敦大学以及美国、加拿大的多所大学调研后得到的启示。1961 年 3 月 16 日抵达墨尔本大学后，西门华和政治系、历史系的学者逐个交谈，达成了共识，大家都表示支持建立一个共同平台的构想。四月初，西门华到了堪培拉国立大学，和那里的汉学家们取得了联系。[3]

西门华在 5 月 10 日给校长佩顿的信里陈述了自己的看法，认为成立这个中心的作用有两个：一是为其他系对东方感兴趣的研究生和研究人员搭建一个共同的平台；二是吸引对中国和日本政治、历史感兴趣，却没有学过，也不打算学这两种语言的学生。在 1947 年以前，

---

1 Simon，H. F.，1961j，第 2 页。

2 Endrey，Nailer & Simon，C.，2020.

3 Simon，H. F.，1961d，第 1 页。

澳大利亚的中学只教英国的历史，1947 年才增加了一门课"澳大利亚和太平洋的历史"，第一次关注了它的亚洲邻居，用的教材是《我们自己和太平洋》。这本教材是墨尔本大学历史系教授克劳福德所编写的，书中包括了中国简史。[4] 因此，在 20 世纪 60 年代进入大学的学生，对中国多多少少有些了解。

7 月 18 日，西门华写了一个详细的提案，介绍了国内外类似机构的情况，指出了构建这个平台的重要性。他特别介绍了伦敦大学亚非学院的模式。7 月 21 日，校长批准了西门华创建东亚研究中心的提议。9 月 1 日，西门华又就研究中心的课程设置、学生来源、教师聘用和经费预算等问题给校长写了报告，提出自己的意见。9 月 8 日，佩顿回了信，信中说："谢谢你 9 月 1 日的信，我对你呈交的有关东方研究的材料十分感兴趣。我们一般都不会为学术上的事麻烦校董，但你们这是一个全新的发展计划，我想如果你能寄给他一份材料，他会十分感兴趣的。"此外，西门华还向校长建议除了学生的课程外，在假期为公众，尤其是为中学老师和商务人士提供短期课程，这样比单纯的学术课程更有助于增加亚洲的影响力。[5]

按照西门华的构想，东亚研究中心可以开一门为期两年的课。1962 年和 1963 年开一年级的课，1964 年以后增开第二年的课程，每周三个课时。因为种种原因，第二年的课程一直没有增开。1986 年，

---

4 Simon, H. F., 1961b, 第 1 页；Finnane, 2006, 第 297 页；Crawford, Reymond Maxwell. 1941. *Ourselves and the Pacific*. Melbourne: Melbourne University Press. 据孟华玲回忆，她 20 世纪 60 年代初在中学学过一个学期的中国历史，内容是从孙中山到毛泽东时期的。

5 Simon, H. F., 1961g, 1961h, 1961j；Paton, 1961b, 1961c. 当时的校董是迪恩（Author Dean）。

文学院设立了"亚洲研究学校"（School of Asian Studies），开始招收以"亚洲研究"为主科的学生。亚洲研究学校开有东亚、东南亚的历史、政治、文化、人类学、艺术（拟于 1987 年开始）、经济、地理等方面的课程。东亚研究课终于有了两年的课程，课程名分别为"中国和日本概述""中国历史概述""日本社会概述"，第一门课上一年，后两门课各上半年。

东亚研究课的教师来源有两种：一是由政治系、历史系、东方研究系已有的教师义务兼任，居浩然和贺大卫都曾承担过东亚研究的教学任务；二是请国内外学者来担任。[6] 1962 年，历史系的格雷戈里和政治系的哈克率先登场，为第一届东方研究系的学生各上了 20 节课，剩下的 12 节由访问学者门德尔（Douglas Mendel）承担。每周的一节讨论课，由一位半职助教米尔斯顿（B. Gwenda Milstom）负责。除此之外，那一年还有西门华德、斯普伦克以及罗依果（Igor de Rachewiltz）等学者给这门课做了讲座。[7]

由于东亚研究课每年的老师是不固定的，为了保证授课质量，西门华得花大量时间与学者们沟通。有时为了请一位学者，双方得就讲学时间、内容、考试题目等问题多次通信。课后，西门华还会写信核实上课的酬金是否收到，并对学者的辛劳表示感谢。

1967 年 2 月到 9 月，西门华将去伦敦等地休学术假，仅在 1 月 18 日这一天，就分别给费子智等七位学者去信，询问他们能否给东

---

6 Simon，H. F.，1961b，第 3—4 页。

7 Simon，H. F.，1963e，第 3 页。

左二为柳存仁，左三为西门卡萝，左四为西门玛果，摄于1979年。

图13.1　西门华家人和柳存仁

亚研究中心授课。[8] 在给格雷戈里的信里，西门华请他代理负责这门课程。西门华在信中说："1966 年的考试成绩令人十分满意，有好几个人都写信或口头告诉我，他们很喜欢这门课。"[9]

在休学术假期间，西门华和格雷戈里一直保持着联系。格雷戈里在当年 5 月 22 日给西门华的信里说："这个学期有 80 个学生，却只有两名助教，故有一定的困难。如果明年人数再增加的话，可能要重新考虑课程设置或者减少讨论课。张磊夫（Rafe de Crespigny）和费子智的讲座都进行得很顺利，奥茨（Leslie Russell Oates）这几个

---

8 Simon，H. F.，1967a—g.

9 Simon，H. F.，1967a，第 1 页。

星期以他一贯的纯正的时尚风格承担了沉重的工作。我们甚至加了一个讲座，是李济做的，他在堪培拉访问。居浩然说这么有名的学者，不请他来太遗憾了。于是我们安排他在晚上做了一个讲座，结果听众有一百多人。虽说过多的幻灯片让学生迷失了（你知道学生有时会这样），但总的来说，非常成功，非常值得。"[10]

东亚研究课有关中国研究的教材主要有两套：一是哥伦比亚大学出版的《中国传统之源》，二是哈佛大学出版的《东亚文明史》。[11]

系里的档案里保留了三份 20 世纪 70 年代的教学大纲以及教师的配置。从大纲来看，东亚研究课第一、二学期讲授中国文化和历史，第三学期讲日本文化和历史。课程的时间跨度很大，内容很广。西门华一般上第一节导论课，介绍课程内容和要求。下面是 1978 年的教学大纲（教师配置从略）：

第一学期（10周）

第一周 课程简介、中国地理、商朝历史

第二周 周朝和秦朝

第三周 孔子、道家、诸子百家

---

10 Gregory，1967，第 1 页。张磊夫当时在国立大学任教，奥茨在东方研究系日语组任教；李济时任"中研院"历史语言研究所所长。

11 Reischauer, Edwin O. & John K. Fairbank. 1958. *East Asia: The Great Tradition*. London：George Allen & Unwin LTD；Reischauer，Edwin O.，John K. Fairbank，Albert M. Craig.（1960）1967. *East Asia: The Modern Transformation*. London：George Allen & Unwin LTD.

第四周　汉朝

第五周　汉哲学大成：佛学

第六周　唐朝

第七周　复活节放假，复习

第八周　宋朝

第九周　宋代理学

第十周　外籍王朝：蒙古人

第二学期（10周）

第一周　元、明朝历史

第二周　明朝末期的文化，清朝的建立

第三周　清朝的兴盛和灭亡

第四周　革命意识的兴起；1911 年的革命和五四运动

第五周　国民政府（1927—1949）；中国共产党（1921—1949）

第六周　不同的维新模式；现代中国：传统和革新

第七周　马克思和毛泽东思想；中华人民共和国

第八周　权利的基石：军队、政党和官僚

第九周　毛泽东的社会主义之争论；"文化大革命"及其后果

第十周　中国的社会结构；中国的政治理论

第三学期（7周）

日本问题（从略）

东亚研究课有时是群英会，例如 1979 年的 54 节讲座，就有王赓武等 14 位学者参加了教学。

该课程的讨论课虽说每周只有一节，但内容也很丰富。任课老师在上讨论课之前，会发给学生讨论课的思考题和参考读物。我们仅找到了 1987 年的部分资料。例如，该年第二学期第四周的授课内容是"辛亥革命和五四运动"。供课堂讨论的思考题有三个：

1. 你认为谁对辛亥革命的贡献最大，立宪派还是革命党（同盟会）？有没有其他的党派团体比上述的一个重要？

2. 20 世纪初期留学日本的学生和 20 年代北京大学发起的学生运动有无联系？

3. 为什么 1919 年 5 月 4 日发生的事件成为一个转折点，以至于被称为"五四运动"。在五四运动中，政界和知识界各派之间有什么分歧或者交集？为什么中国共产党的成员后来称他们自己为"五四运动者"？

这个专题除了要求阅读课本的有关章节以外，还有如下的参考读物：

毕仰高（Lucien Bianco）《中国革命的起源》[12] 第二章

薛君度《黄兴和中国革命》[13]（参看有关同盟会部分）

芮玛丽（Mary C. Wright）《革命中的中国》[14]（参看第三章）

王先生《中国的知识分子和西方》[15]

周策纵 《五四运动 中国现代知识分子的革命》[16]（要求至少阅读目录）

除此以外，还建议阅读了解施拉姆（Stuart R. Schram）《毛泽东》[17] 中提到的知识分子：梁启超、胡适、鲁迅、李大钊、陈独秀和毛泽东。

学生增多以后，东亚研究课程有了由西门华牵头的委员会，每年都会总结上一年的教学情况，讨论下一年的课程安排。某一年委员会委员的名单为：政治系哈克；历史系费舍尔（Carney T. Fisher）和梁

---

12 Bianco，Lucien. 1971. *Origins of Chinese Revolution*，*1915—1949*. Stanford University Press. 原文为法文，发表于 1967 年。

13 Chun-tu Hsueh.（1961）1968. *Huang Hsing and the Chinese Revolution*. Stanford University Press.

14 Mary C. Wright（ed）. 1968. *China in Revolution*，*the First Phase*，*1900—1913*. New Haven：Yale University Press.

15 Y. C. Wang. 1966. *Chinese Intellectuals and the West*，*1872—1949*. Chapel Hill·University of North Carolina Press.

16 Tse-Tsung Chow. 1967. *The May Fourth Movement*，*Intellectual Revolution in Modern China*. Cambridge：Harvard University Press.

17 Stuart R. Schram. 1957. *Mao Thê-tung*. New York·Simon and Schuster. 施拉姆曾任职于伦敦大学亚非学院。

肇庭（Sow-Theng Leong）；东方研究系奥茨和安德森（Joan A. Anderson）女士，安德森是负责讨论课的助教。这份名单上没有署名年月，梁肇庭于 1974—1984 年在墨尔本大学任教，所以这份名单的时间应该在这十年之间。

1979 年该委员会的会议记录显示，在总结 1978 年授课的情况时，西门华转达了学生的意见，如某位学者授课风格别开生面，让复杂的经济和意识形态问题变得浅显易懂，而批评那些过时或错误见解时，用的是幽默、一针见血的方式；某位学者课程安排不当，学生有意见；等等。从记录上来看，西门华有时会去旁听东亚研究课，以随时掌握课程的进展和学生的意见。

书写论文是文学院本科生从一年级就开始必备的训练。东亚研究课每学期必须做两篇论文，荣誉学位和以上的学生就更不用说了。到学生要写论文时，西门华会嘱咐大家到东亚图书馆寻找资料，图书馆没有的，可以与图书馆馆员联系，或购买或外借。

坐落在墨尔本大学中心地带的贝琉图书馆，于 1959 年启用。这个图书馆是澳大利亚金融家和政治家贝琉（William L. Baillieu）的后人用他的遗产投资建造的，是澳大利亚最大的图书馆之一。

1961 年，西门华第一次走进贝琉图书馆时，心情十分沉重。虽说这五层的大楼满是书籍，却既没有一本中文书，也没有一本日文书。这对拟在大学建立一个东方研究系的系主任来说，无疑是一个巨大的挑战。对于从具有丰富东方收藏的亚非学院来的西门华而言，落差之大可想而知。当然，在澳大利亚，西门华并不是第一个被挑战的人，也并不是第一个深感失落的东方系主任。

西门华曾经的同事，同样来自亚非学院的莱德敖就曾面临过这样的尴尬。1948 年，[18] 莱德敖走马上任，担任悉尼大学东方系主任。他上任后做的第一件事就是到图书馆对东方书籍进行调查和分类，结果大失所望，图书馆里只有一堆杂乱的日文书，在杂乱的日文书中夹有一本——唯一的一本中文书。一年多以后，他发现在没有书籍的地方根本无法工作下去，便于 1950 年 2 月辞职去了中国香港。

同是从伦敦大学亚非学院过来，西门华和莱德敖一样，对书籍的重要性再清楚不过了。一个好的东方系，必须有一个好的东亚图书馆；要建立一个好的图书馆，得有资金购书，有场地放置书籍，有优秀的图书馆馆员。幸运的是，迈雅集团提供了启动基金；幸运的是，西门华身边有个现成的参谋——图书馆馆员出身的父亲西门华德。据记载，伦敦大学亚非学院图书馆的中文藏书，从无计划的购入转向系统性的收藏，得益于西门华德的努力。他对馆藏汉籍进行了整理分类，制订了收藏方案。[19] 对西门父子来说，什么书是一个东亚馆必须具备的，而这些书在什么地方有可能买到，他们心里都有底。接到任命后，西门华立刻用迈雅基金会提供的经费委托伦敦的书商以及同事赖宝勤采购了第一批书，约 200 本。他希望能按照亚非学院的模式，建立墨尔本大学的东亚图书馆。[20]

迈雅基金会提供的购书基金第一年是 5 000 澳镑，以后五年每年

---

18 Roberts，2019，第 80 页注 39。一说莱德敖是 1947 年上任的，参见张西平、李雪涛，（2011）2018，第 405 页。

19 近藤一成，2006，第 353 页。

20 在亚非学院，各种语言有自己独立的图书室，分别用不同的分类法处理。西门华也想用此法建立东亚图书馆。

500 澳镑。为了争取更多的基金，上任后，西门华两次给校长写信，请求大学也提供一部分书款。1961 年 9 月 11 日，西门华又给校长写了一封长达三页的信，再次提了三个请求。

一是增加购书基金。西门华希望大学第一年能在迈雅提供 5 000 澳镑的基础上增加 5 000 澳镑，并在 1962—1966 年每年提供 1 500 澳镑。他在信中强调，目前正是买书的好机会，中国和日本都在重印古籍，而这些古籍往往都是出来没几个月就断货了。他列举了堪培拉大学等三个机构每年能获得的购买东亚书籍的经费，列举了墨尔本大学其他语种每年得到的购书经费，以说明自己的请求并不过分。

二是提供足够的场地。西门华已和图书馆的有关负责人反复地讨论 1961—1966 年场地的安排，希望能得到批准。

三是招聘图书馆馆员。建议中文和日文馆员各一个，西门华已经和图书馆达成协议，他们同意培训新馆员。

西门华的请求得到了校方的同意。可是不久之后，图书馆的场地落空了，原来答应于 1962 年给东亚图书馆的场地被租给了大学的咖啡馆。一直到 1972 年，东亚图书馆书籍都只能堆在贝琉图书馆四楼的库房里，给图书馆馆员和师生们造成了极大的不便，也给图书馆馆员和西门华带来很多烦恼。

从 1966 年西门华给迈雅基金会的报告来看，他从迈雅基金会和大学所申请的购书款全部到位（1961 年总共 10 000 澳镑，1962—1966 年每年 2 000 澳镑），1962 年有了中文馆员，1964 年有了日文馆员。1965 年书籍总数达到 12 000 册。[21]

---

21 Simon, H.F., 1961b, 1961c, 1961k.

　　这个结果看来似乎还令人满意，但从提出建议到实施这一过程所经历的艰辛只有西门华和当事人才知道。单举藏书场地来说，西门华和图书馆的反复磋商和来往信件所保存下来的就不少。从信里看出，并非图书馆不支持，而是的确有很多具体的困难。

　　东亚图书馆的第一位馆长是毕业于亚非学院的卫女士（Irene Wai），[22] 她于 1962 年 9 月 14 日上任。她上任前根据西门华的要求在美国待了五个星期，参观了好几个图书馆，并在哈佛大学燕京图书馆受训十天。西门华于 1962 年 5 月 10 日在给该馆馆长裘开明的信里请求他们对卫女士提供一些帮助。[23]

　　1964 年 9 月 13 日，卫女士呈交了长达四页的有关东亚图书馆的报告，称到写信为止，东亚馆共有 9 691 册书，其中 9 000 册是中文书。她面临着很多的挑战。书来了首先得编目，因为汉字只能用手书写，耗时费力，她一个人根本忙不过来。虽说西门华甚至发动东方研究系的老师来帮助写卡片，还是无法把几千册书及时上架。还有一个是书籍的分类问题，这么多书已经到了必须分类上架的时候了。1965 年日文课开课，会增加大批的日文书籍，她迫切请求增加人手。她的报告交上去不久，有了日文的馆员，她的压力才稍有减轻。为了建立一个像样的图书馆，西门华计划亲自去香港和东京，采购中文和日文书籍。他还四处"化缘"，寻求帮助，先后得到了不少赠书。

　　1962 年 2 月 6 日，大学的校友会（Graduate Union）捐了 500 澳镑给东亚图书馆，申明用于购买中文和日文书籍，以支持对澳大利

---

22 墨尔本的《时代报》刊登了卫女士抵达墨尔本的消息，参见 *The Age*，1962。
23 Simon，H. F.，1962d.

亚亚洲邻居的研究。西门华用这笔钱购买了高本汉的部分收藏，这批书里有古代语言学文献的善本以及古典文学作品的重印本，给东亚研究打下了坚实的基础。[24]

1963 年 7 月，台湾当局"驻墨尔本领事馆"代表教育部门赠送了一批书。9 月，台北"中央图书馆"又赠书 1 500 册。"领事馆领事"陈之迈代表图书馆馆长蒋复璁在赠送仪式上讲了话，赠书都是蒋复璁根据一个东方研究系的需要而精心挑选的。所赠的书籍在图书馆展出了两个星期。1963 年末，台湾中华书局给东方研究系赠送了一套复印的《永乐大典》。[25]

除了"化缘"以外，西门华还与各兄弟图书馆取得联系，以扩大东亚研究的影响力。1965 年，西门华游说维州州立图书馆，希望他们能增加东亚收藏。系里无论哪位老师出国，都有采购书籍的任务，当然包括西门华自己。不但是本系的老师，访问学者也为东亚图书馆做过贡献。1963 年，来自剑桥大学的沃顿（J. D. Sinclair-Wilson Warden）即将到墨尔本大学授课前，于 2 月 23 日写信给西门华，问是否需要自己在伦敦帮着买书，因为去悉尼和堪培拉访问的学者回英国都抱怨那里的东方资料不足。1967 年，沃顿再次给西门华寄来一批书。[26]

1968 年，卫女士结婚生子后辞去了图书馆的职位，毕业于台湾

---

24 Hu，1990，第 16—17 页。1968—1989 年东亚馆的有关情况，除了特别说明，主要来自胡冼丽环提供的书面材料以及对她的采访记录。她还审阅了本书中有关图书馆部分的初稿。

25 Simon，H. F.，1963e，第 7 页。

26 Warden，1963；Simon，H. F.，1967h。

师范大学图书馆学系的胡洗丽环接替了她。胡洗丽环上任时，正值"文革"期间。"外界与中国大陆几乎没有什么联系，所以对大陆的情况只能通过看报纸了解，然后进行推测，很难准确了解实情。"[27] 在中国大陆买书很困难，只能通过中国香港、中国台湾和日本，高价买影印的书籍。这对经费本来就不足的图书馆来说，无疑是个考验。胡洗丽环上任后，马上对墨尔本大学东亚图书馆以及澳大利亚的其他三个有东亚藏书的单位——国家图书馆、国立大学、悉尼大学进行考察，写了报告，提出了改进方案。西门华对胡洗丽环的提案很欣赏，对她的工作给予了大力的支持。1972 年中澳建交，尤其是 1976 年"文革"结束后，澳大利亚对中国的研究兴趣大增，使用东亚图书馆的人愈来愈多，对书籍在种类上的要求也多了。

1977 年，东亚图书馆管理委员会成立，参加者有胡洗丽环和西门华等。有了这个委员会，图书馆的工作有了较大的进展。1978 年，这个委员会拟定的发展东亚图书馆藏的提案得到大学的批准，在五年内拨款 144 000 澳元。东亚图书馆得以购进"红卫兵资料""明清档案"等一系列重要书籍和资料。1978 年，西门华在委员会的会议上提出要把视野放宽，指出东亚图书馆不只为东方研究系服务，还为其他系，为其他的大学提供方便，因而在购书的原则和范围上都要有大局观。凡是出版社寄到东亚图书馆的征订单，除了图书馆馆员过目以外，西门华和系里的老师们也会过目，并推荐各个领域的书籍。

1986 年 9 月 12 日，中国国务院时任副总理万里在访问澳大利亚

---

27 梅卓琳，2019，第 25 页。

期间，访问了墨尔本大学，并给东亚图书馆赠送了 2 000 册中文书。这些书都是在中国最好的出版社精心挑选出来的，包括中国历史、现代文学、绘画、建筑、考古学、中医等方面的书籍以及百科全书和辞典。东亚馆收到这批书以后，于 10 月 28 日到 12 月 11 日组织了展览。

西门华退休时，东亚图书馆的中文馆藏从 1961 年的零册增加到 56 000 册。内有九千多册古籍，最早的出版年份是 1643 年的，有罕见的版本和十分宝贵的孤本。

1990 年，胡洗丽环离任，毕业于台湾师范大学、主修图书馆学的杨碧霞接任东亚馆馆长。根据杨 1996 年的研究，东亚图书馆的书籍有 1 100 种类别，其中包括 450 种期刊和 1 200 种微缩胶片，是维州东亚藏书之最。原以语言学、现代文学、历史、哲学、宗教和艺术类的书籍为多，后增加了亚洲法律、社会学、人类学、民俗学、宗教以及绘画方面的藏书。[28]

尽管西门华和他的团队创建的东亚研究系、东亚研究中心和东亚图书馆一直在发展、在壮大，但西门华自觉没有达到他在 1961 年设定的目标。1982 年，西门华起草了一份提议，建议组织一个晚宴，纪念东方研究系成立 21 周年。[29] 在提议里，他首先检讨的是缺点和不足。他说："我们在 1961 年设定的不少目标没有实现，原计划中文和日文都能设立荣誉学位，而且读荣誉学位的学生有较多的课程供选择。可是，1968 年，墨尔本大学进入'稳态'后，文学院的发展

---

28 Hu, 1990, 第 16 页；Yeung, 1996, 2003。1990—2014 年东亚图书馆的发展情况，除特别说明的以外，均来自杨碧霞提供的书面和口头资料。

29 Simon, H. F., 1982a. 澳大利亚人视 21 岁为成年，所以该岁生日是比较隆重的。

受到限制，中文荣誉学位没能开任何选修课，而日文失去了有荣誉学位的机会。"说到成绩时，西门华提到："有三个书架的荣誉学士学位论文。硕士论文还不多，但有增加的趋势。1982 年有三个在读博士，其中一个的毕业论文快完成了，可能有三四个学生会读硕士。有两个毕业生拿到了本系的讲师职位。东亚图书馆在迅速发展。"

第十四章

20世纪中国名家国画展

1966-1974

穷尽

一生

汉学家父子西门华德和西门华

虽说东方研究系在1962年就招收了第一批中文学生，1965年招收了第一批日文学生，但这个系成立的揭幕仪式却到1966年8月3日才举行，原因不详。有可能是因为1965年日文部才开始招生，而1966年该系不再有迈雅基金的支持，开始了独立运作。参加揭幕仪式的有墨尔本大学校长佩顿以及台湾当局"驻墨尔本领事"吴祖禹等，揭幕的第二天，佩顿给吴祖禹写了一封信，除了感谢他头天拨冗参加盛典以外，还告诉他，就在头天晚上，他重读了吴经熊的《法律的艺术》，这本书自发表那年就读过，并在自己的法学著作中引用过。[1]吴经熊是吴祖禹的父亲，为近代史上著名的法学家。

这一年，东方研究系一共只有22名学生，其中一年级新生9名，二年级和三年级学生各5名，荣誉学位学生2名，硕士学生1名。全澳三所大学（国立大学、悉尼大学、墨尔本大学）学中文的总人数只有119名，而学法语的总人数是3000名。[2]

1968年，墨尔本大学成为澳大利亚第一个进入"稳态"（Steady State）的大学。所谓进入稳态，就是暂缓发展，把发展空间暂时让给亟待发展的单位。从这一年开始，文学院的发展便受到资金等各个方面的限制。而就在这一年，西门华兼任文学院院长。当时的文学院有三十多个系，这个学院如何在资金不足、限制发展的情况之下发展，如何平衡各个系的关系，作为一院之长，西门华的压力和工作量可想

1　Paton，1966. Wu，John C. H. 1936. *The Art of Law and Other Essays Juridical and Literary*. Shanghai：Commercial Press.

2　Wykes，1966，第26和31页。

而知。他全力以赴，努力解决各种矛盾。[3]

《澳大利亚人报》（The Australian）于 1970 年 8 月发表了一篇名为"学说亚洲语言"的文章。文章指出，1969 年学亚洲语言的学生不到学生总人数的 1%，而 1970 年还有下降的趋势。作者忧心忡忡地说："从事亚洲研究的学生不足，会直接影响澳大利亚未来的教育。如果现在还不采取行动，将来上哪儿去找教师？"[4]墨尔本大学这一年的财政状况也很不妙，校长佩顿在会议上不无担心地问系领导们："你们能靠这个预算度过 1970 年吗？"[5]作为文学院院长、东方研究系系主任，西门华肩上的担子很重。他得带领文学院在财政不佳的情况下，生存下去。1970 年这一年，他格外繁忙。院里系里，大大小小的事务，都需要他来处理。

十月底的一天，西门华突然发现自己尿中带血。当天中午在学校俱乐部吃午饭时，碰巧墨尔本大学医学院的一个教授排在他前面，西门华就顺便讨教。教授敦促他立即去医院检查。检查结果是肾出了毛病，要马上动手术。

西门华的家在处于墨尔本东南方的蒙特伊莉莎（Mount Eliza），离市区 42 公里的一个海湾附近。海湾呈弧形，远处的丘陵让大海有个缓冲地，形成了港湾和沙滩。做手术前一天晚上九点多，西门华照例和女儿卡萝一起到海边散步。他俩都喜欢大海，工作了一天，晚上能在海边走走对他们来说是最好的放松。

---

3 Poynter & Rasmussen，1996，第 372—373 页。

4 The Australian，1970.

5 Poynter & Rasmussen，1996，第 371 页。

　　但在这个夜晚，西门华却无法放松心情。事情来得太突然，第二天就要去动手术了，万一有什么不测，文学院怎么办？东方研究系怎么办？家人怎么办？他完全没来得及安排任何事情。走着，走着，他心情沉重地对西门卡萝说："今晚有可能是我最后一次到这里散步了。"女儿不知道如何接茬。她心里也很清楚，这完全有可能是父女俩最后一次散步。见卡萝无语，西门华也就没有往下讲。

　　第二天，玛果陪着丈夫做手术，切除了一个肾，还好，手术顺利。几天后，检查结果出来，没有发现癌细胞。因为住院，西门华错过了参加卡萝获得奖学金去德国交流三个月的颁奖晚会。⁶

　　住院期间，同事、朋友带着鲜花和礼物去看他，而文学院于 11 月 25 日给他的一封慰问信最让他感动。信上写着："文学院委托我转告您教师大会上各位对您身体恢复良好的欣慰之情，也要我转达大会一致通过的意见：同仁们深深意识到，西门教授是在文学院历史上压力和困难最大的关头担任院长一职，他对工作的无私奉献，对工作细节，更重要的是对原则的完全把握和清晰的了解，以及为学院利益而奋斗所做的努力，使敬佩他的同事们深深地懂得了什么是责任。"⁷

　　大病一场以后，西门华更加意识到身体的重要性。作为一个带头人，他需要更强健的体魄和更充沛的精力。他开始限制自己喝酒的量，注意饮食健康。甚至和体育系一位老师结成对子，有空就一起跑步，

---

　　6 澳大利亚有个由德国商人资助的"德澳学生会"（German & Australian Student Society）。这个组织每年选拔一定数额的中学高年级学生去德国学习旅行三个月，住在德国人家里，以增进双方的了解。

　　7 Faculty of Arts，University of Melbourne，1970.

向那位老师学习长跑的呼吸技巧等。当时每星期三下午是学生的课外活动时间，西门华便鼓励和组织学生长跑。西门卡萝记得在 1971 年和 1972 年，她也参加过，最多的时候有近 20 个学生。西门华曾对家人说，1970 年是他第二次生命的开始。

1971 年二月底，西门卡萝从严冬中的德国回到了盛夏里的澳大利亚。她心情很好，一直处于兴奋中。父亲已经痊愈，恢复了原来的虎虎生气；自己如愿考上了墨尔本大学。回家第二天，父母把她送到大学的宿舍。她将住校，开始一个大学生的独立生活。

墨尔本大学虽然不像牛津大学和剑桥大学，以宿舍为基本教学单位，但从 1870 年开始，便建了好几个宿舍，供学生和教学人员住宿。所有宿舍都环绕在大学周围，环境幽雅。宿舍里有自助餐厅，有各个专业的专职辅导员。卡萝和一位姑娘合住一个套间。两人各有一个房间，门对着门，洗脸池是公用的。西门华夫妇放下行李，和卡萝的室友寒暄了几句就告别了。卡萝的父母离去以后，室友便打听西门华的职业。卡萝说："He is a teacher." "Teacher" 一般指小学或中学老师。西门卡萝拿到大学通知书后，父亲就交代过她，在大学里不要透露他俩的关系，即使在大楼的走廊里遇见，也不要和他打招呼。

每年二月底，新学年开始前一周，是报到的日子，也是大学最热闹的时候。新生怀着极大的热情，睁着新奇的眼睛，在校园里穿来走去，熟悉校内环境；老生更是激动，遇上整个假期没见面的同学和朋友，便大呼小叫，来一个熊抱。校园里有各种各样的活动，有五花八门的学生组织招揽新会员的，有为各个院系做宣传的，甚至有免费的烧烤供应，烤香肠、烤洋葱的香味在校园里弥漫着。

西门卡萝和室友都报了东方研究系的课程，卡萝报了中文，室友报了日文。这一天，两个姑娘一起去微生物大楼的演讲厅上东亚研究中心的课。这是她们上大学的第一堂课，两个姑娘都很兴奋。上课的时间到了，西门卡萝一抬头，大步走进教室的居然是自己的父亲。西装革履的西门华噔噔噔地走上讲台，声音洪亮地介绍了自己以及授课的老师，然后介绍了这门课的授课内容和要求。虽说西门华只在讲台上站了短短的几分钟，卡萝却觉得无比之长。她感到了室友诧异的目光，窘迫得头都没敢抬。她真没想到自己进大学见到的第一位老师是自己的父亲，父亲居然什么也没透露。

西门卡萝上大学了，得开始写学术论文。父亲告诫她：每当脑海里冒出什么新的想法或有什么灵感时，要用一张白纸记录下来，任何稿件都要有备份，以免遗失。父亲还告诉过她一个故事，某年的一天，伦敦大学亚非学院接到一个学生的电话，申请论文延期，理由是他的论文不幸被山羊吃掉了一半。原来，这位博士生带着他的论文去希腊度假。一天，他拿着论文到一座山坡的绿草地上进行最后的润饰。和煦的微风、温暖的阳光让他睡意顿生。醒来一看，一只山羊正在饶有兴味地品尝、"审阅"他的论文。卡萝牢记了父亲的话，一直到现在，她还总是买记事本。她猜想，父亲这样告诫自己，一定是他自己吃足了苦头。西门华常常因为找不到自己所需的东西而打电话找秘书。

1971 年进入东方研究系的西门卡萝和她的同学们，正逢中澳关系的重大变化。

"澳大利亚联邦政府顾问委员会"（Australian Commonwealth Advisory Committee）于这一年 3 月 31 日发表了亚洲语言和文化教学

调研报告，指出目前的教学系统在亚洲语言和文化的教育上是失败的。这个报告说，澳大利亚应该成为亚洲研究的中心，应该在政府的支持下培养本科生和研究生。[8] 这个报告为 1972 年的重大转折做了准备。同年 7 月，澳大利亚工党领袖惠特拉姆（Gough Whitlam）访问中国，为中澳建交铺平了道路。

1972 年在历史上是值得记载的年份。这一年 2 月 21 日，美国总统尼克松（Richard Nixon）接受周恩来总理的邀请，对中国进行了访问，28 日中美发表联合公报，开始了中美邦交正常化的历程。同年，惠特拉姆领导的工党胜选，12 月 21 日，澳大利亚与中国建立了外交关系。也就在这一年，西门华请跟惠特拉姆一起访问中国的费思棻（Stephen FitzGerald）给修东亚研究课的学生上了四节课，介绍现代中国。费思棻当时任职于澳大利亚国立大学。[9] 1973 年 1 月 12 日，澳大利亚驻中国大使馆开馆，费思棻出任第一任大使。在第一批赴华的六名外交官里，有一名是 1968 年在东方研究系获得荣誉学位的学生华淑慧（Shelley Warner）。白澳政策也在这一年被正式取消，新的政治形势对中文教学的推广和汉学研究无疑起了很大的推动作用。

西门华在 1973 年 4 月 5 日给迈雅基金会的报告中，总结了东方研究系十年来的成果，其中提到，现在共有 6 名学生在上研究生课程。十年来，已有 16 名获得了荣誉学位，17 名完成了本科课程，18 名读了两年中文，47 名读了一年中文。1962 年完成东亚研究课程的学生只有 13 名，而 1973 年有 132 名注册，十年总共 547 名。西门华指出，

---

8 *The Age*，1971.

9 Roberts，2019，第 68 页。

1973 年读东亚研究课程人数的剧增应该与 1972 年中澳建交有关。[10]
当年介绍东亚研究系的小册子里写道："我们已有 6 个学中文的学生
进入了外交部，政府其他部门也会对学中文的学生感兴趣。随着澳大
利亚与中国贸易往来的增加，商业、工厂等也会有此需求。"

中国第一任驻澳特命全权大使王国权，于 1973 年 5 月 9 日到任。
7 月 2 日，王国权第一次出访维州。总督在墨尔本的总督府（Government House）设了只有八人参加的小型午宴招待，西门华在其中。
据他给父母的信里介绍，午宴很简单，除了酒水以外，只有烤猪肉、
青豆和奶酪。席中双方就两国增进交往事宜进行了商谈，西门华也发
了言。"总督对他（王国权大使）很好，对我也很好。""他不会英
文，但他的翻译非常得力。"第二天上午，西门华又在墨尔本大学校
长那里见到了王国权。"他对我非常热情，因为我们已经见过面，是
老朋友了。"[11]

中澳外交关系的建立带动了中澳文化的交流。1973 年，蒋彝受
澳大利亚国立大学邀请，给学生上中国诗词和艺术课，介绍中国的书
法和绘画。自从 20 世纪 30 年代末期离开亚非学院之后，蒋彝出版了
很多著作。他的"哑行者系列"在西方很有名，从 1937 年第一本《哑
行者在莱克兰》到 1972 年的《哑行者在日本》，本本都是畅销书。[12]
在澳大利亚期间，蒋彝利用假期四处游历和讲学，"在澳大利亚所有

10　Simon，H. F.，1973b.

11　Simon，H. F.，1973c.

12　蒋彝的旅行丛书 "哑行者系列" 可参见 Zheng，2010，第 297 页。他写的《哑行者
在澳洲》未能发表（见第 258—259 页）。

大学都做了讲座，而且处处都很受欢迎"。[13] 一个星期五的晚上，他在墨尔本做讲座。西门卡萝和父母一起前往。

讲座在维州国立美术馆（National Gallery of Victoria）举行。当天听讲座的人不少，讲座完毕以后，蒋彝做了现场书法和绘画表演。卡萝不好意思挤入争先恐后围观人群的行列，就站在较远的地方翘首跂足。出乎她的意料，不一会儿，蒋彝手上拿着一幅刚完成的画作，走到她面前，送给了她。

画面上是两只天鹅——一只刚刚张开双翅飞起的白天鹅，一只在草地上将欲紧随的黑天鹅。黑天鹅画得特别有动感，它好像突然发现白天鹅已起飞了，来了一个优雅的转身，令人想起《天鹅湖》中的舞步。

蒋彝于1973年赠给西门卡萝。

图14.1 蒋彝画作《黑白天鹅共一家》

13 Zheng，2010，第245页。

右边是题款"白黑天鹅共一家　蒋彝"。这幅画被西门华裱好后挂在中文系的一间教室里，一直到他退休，系里才还给卡萝，现在还挂在她家的客厅里。卡萝说，这幅画承载着她大学生活的很多美好回忆。

就在蒋彝访问墨尔本的第二年，即 1974 年，墨尔本大学在西门华的倡议下举办了一次颇有震撼力的中国画展。据研究，在那以前，维州国立美术馆等单位举办过几次不同类型的中国艺术展和画展，但东方研究系的这次画展不同凡响，即使是在几十年后的今天也可以这么说。因为展出的全是国画，而且集中为 20 世纪的名家作品。[14]

画展于 3 月 3 日至 4 月 5 日举行，由东方研究系和墨尔本大学艺术画廊联合举办，名为"传统风格的现代中国画画家"。和西门华一起筹备画展的还有李克曼（Pierre Ryckmans）和杨秀拔。[15]画展在当时文学院南楼墨尔本大学画廊举行。此前，这个画廊以展出本地作品为主。当时维州国家艺术馆中虽有很多中国藏品，可是没有什么中国画。[16]

为这个画展准备的画册非常精美，即使用今天的眼光来看，也堪称专业，且档次很高。画册的封面是傅抱石画的华山。前言以及谢辞里特别提到西门华，"尽管西门华不愿提及他的名字，我们还是要指

14　Roberts，2019，第 74—77 页。

15　当时东方研究系已经改名为东亚、东南亚研究系（East and Southeast Asian Studies Department）。李克曼当时在澳大利亚国立大学担任中文副教授；杨秀拔在东亚研究系兼职，他是第七章"和马悦然在成都可庄"中提到过的画家杨啸谷的儿子，教西门华和马悦然学《孔雀东南飞》的杨秀异的弟弟。有关李克曼和杨秀拔，参见 Roberts，2019，第 70—72 页。

16　Roberts，2019，第 78 页注 5。

出他在这个展览里扮演的角色。把这些画作集中起来展出，完全是他的主意。"紧接着是李克曼一篇长达八页的论文《中国传统绘画及其现代命运》。论文后有其对参展画家的简介。[17]

该画展共展出了 22 位大师级画家的 40 幅作品。下面的名字以展品的排列先后为序，分别是：张大千、陈半丁、齐白石、傅抱石、黄君璧、黄宾虹、胡佩衡、容祖椿、高剑父、梁于渭、李苦禅、刘海粟、吕凤子、潘天寿、溥心畬、苏仁山、丁衍庸、王雪涛、王一亭、汪慎生、王素和姚华（姚茫父）。除了苏仁山和王素以外，其余 20 位都属于 20 世纪的名画家，其中有七位当时还健在。上述画家的展品来自墨尔本、悉尼和堪培拉，均为私人收藏。在展出的每一幅画下，都有西门华和杨秀拔写的英文介绍。内容包括作品尺寸、作画时间和风格、款识的英译以及收藏家的姓名等。在这 40 幅展品中，有 14 幅的收藏者注明为 "Pi-lu Chai"（碧绿斋），也就是西门华的收藏。他收藏的画多是 1949—1957 年四次去中国时购买的。至于"碧绿斋"名称的来由，西门卡萝的一个猜测是因为西门华喜欢竹子，他在墨尔本住过的地方都种有竹子；另一个猜测是他钟爱的张大千的一幅画给了他灵感。

那是张大千用其最喜欢的青绿色作的一幅山水画，长 93.2 厘米，宽 30.8 厘米。右下角是山岩、劲松、泊船，岩上有一老翁在远眺，船头有一个人在垂钓。一江秋水从上方的礁石处往左下角倾泻。画卷

---

17 East and Southeast Asian Studies Department & The University Art Gallery，1974，第 2—15 页。这 22 名画家的名字没注明汉字，但都有拉丁注音和汉语拼音，而且大多数有出生年月和地点。

最上方左边是个长款："秋水春云万里空，酒壶书卷一孤蓬。多情只有闲鸥鹭，留得诗人作钓翁。"[18]

1974 年的澳大利亚，本地人对中国的一切都觉得很陌生，尤其是艺术。这个画展吸引了很多观众，绝大多数人是第一次看到中国画。这种和油画完全不同的艺术，让西方人很是意外和震撼。

在西门卡萝的记忆里，从伦敦到墨尔本，家中挂的几乎全是中国画。其中，张大千的《秋山》是西门卡萝的最爱。她记得小时候常常站在画前端详，画面是那样地吸引她，作为一个孩子，她可以站在那里许久不动。《秋山》是一幅山水画，是张大千受明代画家项易庵朱

西门华夫妇20世纪60年代于墨尔本家中，西门华身后是张大千的《秋山》。金承艺摄。

图14.2　西门华夫妇和张大千画作《秋山》

18　East and Southeast Asian Studies Department & The University Art Gallery，1974，第 19 页。

砂赫石没骨法写秋山的启发而作。全图为朱红色，不施青绿。[19]

在西门华墨尔本家的客厅里，挂的是齐白石的《游虾图》（70.2厘米×34.6厘米），上面写着"西门华先生正　九十五岁白石"。[20]1954年，西门华随同英国政府资助的首届贸易代表团去北京时，想买一幅齐白石的画。西门华问朋友他该带什么礼物去见齐白石，朋友建议带香蕉，那时候香蕉在北京不易买到，且贵，听说齐白石喜欢吃。

西门华到了齐家，奉上香蕉。据说那次齐白石画虾是按虾的只数收钱的，管交易的是齐的妻子。画到第四只时，齐妻说："不能再画了，这位先生只交了四只虾的钱。"50年代的教授，没有多少钱财。西门华很想说再补点钱，再加一只，但他口袋里只剩下坐公交车的钱了。齐白石意犹未尽，颇有些尴尬。看到他老人家为难的样子，西门华马上说："可以了，我已经很满意了。"

图14.3　齐白石画作《游虾图》

在西门华的卧室里，有两张画跟随了他几十年。一幅是第六章提到过的吴一峰的《窦圌飞渡》。笔者看到这幅画时，画和挂轴已经分

19　East and Southeast Asian Studies Department & The University Art Gallery，1974，第21页。

20　East and Southeast Asian Studies Department & The University Art Gallery，1974，第26页。

开，可见挂的时间很长了。另一幅是西门华在亚非学院的同事、刘程荫的丈夫刘荣恩的一幅水彩画，画的是瑞典斯德哥尔摩海边的船舶，签有"Stockholm，Jung-en Liu，50"字样。1950年是作画的时间还是赠画的时间不清楚，这幅画背后的故事也同样无人知晓。不过我们知道，这两幅画一定最能唤起西门华对成都、对可庄、对远在瑞典的好朋友马悦然的思念。

在东方研究系西门华的办公室里，从1975年到他退休，挂的是丁衍庸的画作《智禽》（137厘米×68.5厘米）。[21] 西门华大约特别喜欢这幅画，还曾在这画前留影。

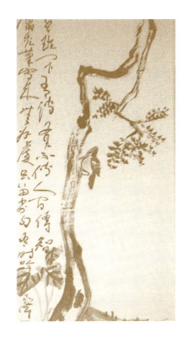

图14.4　丁衍庸画作《智禽》

西门华很注重系里的艺术气氛。1979年7月24日，他在教师例会上报告说，系里有800元可用于购买文物。他已经为系里订了一幅18世纪的北京地图。他还提到在香港看见有齐白石的版画，大家同意他花150元在上面，西门华表示年底去北京时会去寻找原作。[22] 东

---

21 1975年，墨尔本"东西画廊"（East & West Art Gallery）为丁衍庸举办了个人展，其中16件作品被维多利亚国家美术馆购买收藏，大幅卷轴作品则被墨尔本大学收藏。西门华和系里的老师参观了这个画展，为系里买下了这幅画，现存于墨尔本大学伊恩波特艺术博物馆（Ian Potter Museum of Art）。

22 Department of Oriental Studies，The University of Melbourne，1979a，第2页。

方研究系的走廊是经过精心布置的。从电梯出来，正对着的一面墙上有个玻璃框，里面镶嵌着六幅扇面，中间写有四个汉字"明代画扇"。走廊两端各有一幅中国画，图书室、打印室和教室也都挂有中国画。可惜 2001 年系里搬迁到新建成的大楼以后，这个传统没有保留下来。

西门华和中国画结缘应该很早。且不说他还是中学生的时候就认识了蒋彝，也不说伦敦是艺术中心，徐悲鸿等都到那里举办过画展，仅是有记载的就可以追溯到 1949 年他第一次去中国时。1949 年 10 月 10 日，西门华曾和马悦然在成都春熙路青年画会一起参观了"吴一峰国画展"。那次展出的是吴一峰的巅峰之作，两个幸运的年轻人看到了这位画家最辉煌的年代。西门华的小女儿珍妮曾回忆说："我父亲喜欢散步，在大自然中寻找美景。我认为这种对大自然的热爱可能是他欣赏中国画（我母亲也一样）的原因之一，因为中国画画的通常是户外的景色。"[23]

西门华在台北的经历也让他有机会接触中国画。那时，逢周末他会请学者们来家里吃饭。开始是请夫妇共同出席，后来发现夫人们来了以后，丈夫们没法聊他们想聊的话题，而且到了九点夫人们就会催促回家，所以就改为只请男士。卡萝记得常来她家的有六位学者。晚饭后，玛果会带着女儿们收拾碗筷，然后退席，听任男士们高谈阔论，半夜才散去。有时候，客人会带来笔墨，饭后便写字作画。1972 年三月的一个晚上，酒足饭饱、谈兴正浓时，有"画梅圣手"美誉的 71 岁的陶寿伯，泼墨画梅，作了一幅画《冷艳》，赠与西门华，题款"西门重光先生雅赏"。

---

23 见 2022 年 9 月 10 日书面采访记录。西门珍妮还提到她父亲有一次带着狗散步时，走的时间太长，以至于同行的狗坐在路中间，拒绝再往前走。

三十年后再会闻宥

1974—1980

穷尽一生

汉学家父子西门华德和西门华

对西门华来说，1974 年应该是个难忘的年头，他至少有三个关于"第一"的兴奋。除了上一章提到的"第一次"举办中国画展，还"第一次"和教育学院合作，培养教中学的汉语老师，并于中澳建交后"第一次"访问中国。

根据全国教师培养情况调查组的调查，1969 年全澳只有 6 所中学的 265 名学生学汉语，25 所中学的 1 111 名学生学日语，71 所中学的 3 431 名学生学印尼语。造成这种状态的原因主要有四个：缺乏师资，缺乏需求，缺乏教材，语言本身有难度。[1] 而缺乏师资是最重要的原因。中澳建交以后，周末中文学校开始兴起，开设中文课程的中学开始增加。例如，位于墨尔本北区的私立名校艾芬豪女子文法学校（Ivanhoe Girls' Grammar School），把学校的两门外语，德文和法文，改成了中文和法文。虽说该校第一批学中文的 90 名学生中只有三名坚持学完了六年汉语课程，[2] 但新形势还是让西门华进一步认识到扩大生源，培养教师，迫在眉睫。

1974 年初，西门华从"澳大利亚大学委员会"（Australian Universities Commission）和"澳大利亚政府亚洲语言和文化协调委员会"（The Australian Government Co-ordinating Committee for Asian Languages and Culture）申请到一笔资金，用于 1975 —1978 年的半职课程，培训中学教师。

西门华很快拟好了为此课程招聘一名教师的广告，可广告刊登后，资金却因故不能全额兑现。为此，他四处奔走，想办法。他多次联系

---

[1] Anonymous，1969/1970，第 2 页。

[2] 辛夷楣，2021，第 223 页。

大学的教育学院（State College），希望其能支持这个项目，鼓励学教育的学生到东方研究系学中文，并承担部分经费。西门华在信里说："我必须强调，这个课程十分重要，这样做我们可以为维州培养出一批中文教师，而且是用最经济的方法。"经过反反复复的协商，东方研究系和教育学院终于在 1974 年 11 月 21 日达成了协议：教育学院将鼓励该院在读"中学教师文凭"的学生，把上东方研究系学中文作为他们课程的一部分，教育学院会根据选修中文的学生人数支付相应费用。[3]

当时维州中学生上大学得通过"高中证书考试"（HSC，Higher School Certificate Examination）。[4]1966 年，墨尔本第一所教中文的坎伯威尔文法中学有了第一批毕业生（1958 年的 20 名学中文的男孩，有三名坚持读到毕业），因而这一年，"高中证书考试"的外文考试里首次有了中文。中文考试最初几年由东方研究系负责出题和批改考卷。西门华坚持在中文考试里包含中国历史和文化知识，一来语言必须和文化、历史结合起来学是他一贯的理念，二来可以给当时为数不多的母语为中文的考生增加难度。

东方研究系的档案里保存了 HSC 于 1972 年的试卷。考试分口试和笔试，笔试有两场，分别在 11 月 22 日和 12 月 7 日下午 2：15—5：15 举行。第一场考试是汉译英，要求把三段语言风格不同、难易有别的繁体字短文翻译成英文，每篇的字数相当。第一段是有关历史的，第二段是有关汉语四个声调的，第三段是关于一个小男孩和他妈

3 Simon，H. F.，1974a & 1974b.

4 现称"维多利亚州教育证书"（VCE，Victorian Certificate of Education）考试。

妈的故事。

第二场考试的试题有三道：第一道是英译汉，把有226个英语单词的一段短文翻译成汉字，内容是介绍一位来华教英语的老师在中国的经历；第二道也是英译汉，把十个短句子翻译为汉字或国语罗马字；第三道是用英文写一篇短文，在下面两个题目中任选一个。

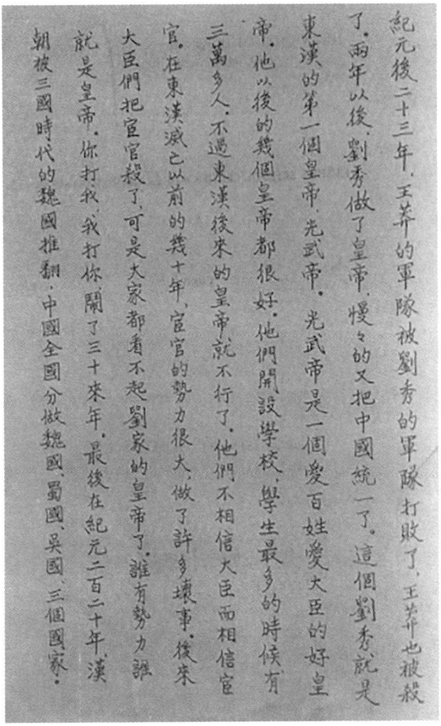
紀元後二十三年，王莽的軍隊被劉秀的軍隊打敗了，王莽也被殺了。兩年以後，劉秀做了皇帝，慢々的又把中國統一了。這個劉秀就是東漢的第一個皇帝，光武帝。光武帝是一個愛百姓愛大臣的好皇帝。他以後的幾個皇帝都很好。他們開設學校，學生最多的時候有三萬多人。不過東漢後來的皇帝就不行了。他們不相信大臣而相信宦官。在東漢滅亡以前的幾十年，宦官的勢力很大，做了許多壞事。後來大臣們把宦官殺了，可是大家都看不起劉家的皇帝了。誰有勢力誰就是皇帝。你打我，我打你，鬧了三十來年。最後在紀元二百二十年，漢朝被三國時代的魏國推翻。中國全國分做魏國、蜀國、吳國，三個國家。

此题为汉译英。

图15.1　1972年维州中文高考试题之一

第一个题目节选了《礼记·大学》里一段英译语录，要求学生简要阐述孔子关于实现世界和谐的观点。这段语录的原文为：

欲治其国者，先齐其家；欲齐其家者，先修其身；欲修其身者，先正其心；欲正其心者，先诚其意。

第二个题目是简要地讨论道教的主要原则。[5]

5 The Victorian Universities and Schools Examinations Board，1972a & 1972b.

从上面的题目看来，维州对中学生中文水平以及对中国文化了解的要求是不低的。能通过这样的考试，对一个只在中学学了六年中文的本地人来说，应该十分不易。

坎伯威尔文法中学的李桢显与维州其他五所中学的同仁，于1974 年共同创建了维州华文教师协会（Chinese Language Teachers' Association of Victoria），李桢显担任该协会主席。[6] 因对中文教育贡献突出，2003 年，李桢显荣获澳大利亚勋章（Medal of the Order of Australia）。

中文被列入中学课程，成为高考的外文考试科目。"这在当时是澳大利亚其他地方所没有的，而在说英语的世界中，即使不是独一无二，也是不同寻常的。"[7]

1974 年 4 月 8 日，中国画展刚闭幕，西门华就作为"澳大利亚国际问题学会"（Australian Institute of International Affairs）[8] 的成员访问中国。

能去北京，西门华最渴望见到的人之一是恩师闻宥。他在成都的一年，跟着闻宥学了很多东西。且不说宋词、《汉宫秋》、古典文学史，也不说闻宥给他开列的一大串书单，仅是他们每天晚饭后的闲谈，

---

6 根据李桢显回忆，当时开设了中文课程的六所中学分别为：坎伯威尔文法中学、艾森顿文法学校（Essendon Grammar School）、艾芬豪女子文法学校、墨尔本文法学校（Melbourne Grammar School）、半岛学校（Peninsula School）和彭利女子学院（Penleigh Ladies' College）。

7 见贺大卫为本书所作的序。

8 成立于 1924 年的澳大利亚国际问题学会是一个独立的非营利组织，旨在促进人们对澳大利亚国际事务的兴趣和了解。该学会的规则参考了"查塔姆之家"（Chatham House）的原则，提倡公开讨论、鼓励发表独立见解和信息共享。

就让他大长知识。闻宥给他介绍过摩梭人的语言文化，给他讲过四川的风土人情。

一到北京，西门华就拿出他在1973年刚发表的语法论文抽印本，在封面上写了一行字——"给闻宥教授，带着崇高的敬意和深情。西门华，74年4月10日于北京"。[9]他想知道老师二十多年来的经历，也希望能跟当年在成都一样，和老师痛快地聊上几个小时。可是，打听来打听去，没人知道闻宥的单位或住址。西门华只好把抽印本交给接待他们的一位先生，拜托他转交。

随后，西门华跟着代表团访问了北京、南京、无锡、上海和广州。除了参观大学，还参观了两个人民公社。[10]此次到中国，距西门华1949年第一次去成都已经有四分之一个世纪，距他1957年去北京也有十多年了，西门华感慨良多。他给亲朋好友写信报告了自己的观感。西门华告诉蒋彝，和1949年第一次去中国相比，中国在艺术创作方面似乎没有什么新的突破。蒋彝回信说，伟大的艺术作品很难在25年这么短的时间诞生。西门华告诉沃德中国正在"批林批孔"，到处都可以看到大字报。沃德表示非常羡慕他的中国之行，也为西门华在那种政治环境下访问中国而感到意外。[11]

4月26日，代表团踏上归程。在停机坪即将登机时，一位工作人员赶过来把西门华拟送闻宥的抽印本退还给他，且没做任何解释。

9　西门华拟送闻宥的论文还完好地保留着，参见 Simon，H. F.，1973a。

10　Simon，H. F.，1974c.

11　Chiang，1975a. 蒋彝在离家42年之后，准备回国前夕从纽约寄了信给西门华。他感谢西门华介绍了他1974年的中国之行，并就西门华提出的问题发表了自己的意见。Ward，1974.

西门华为此十分难过，多次和家人提及此事。他那时恐怕并不知道，闻宥早在 50 年代就被划成了"右派"，1974 年尚身不由己。

除了准备送给闻宥的论文抽印本没送出去，准备送给于道泉的画册也没能送出去。在画册的第一页里，西门华写着"赠于道泉教授，我尊敬的领路人，怀念在伦敦的日子。西门华 74 年 4 月 10 日"。在下面还补充写道"附上我父亲的祝福"。

代表团回到澳大利亚后，澳大利亚国际问题学会组织了一次大型汇报会，西门华做了主题发言。他激情洋溢地介绍了在中国的观感。西门卡萝说她父亲特别喜欢在大会上演讲，很享受在聚光灯下侃侃而谈的成就感。可惜他的发言稿未能被找到。不过在西门华的遗物里，保留了两份他访问中国时的演讲稿，一是在欢迎会上的献辞，一是在告别会上的谢辞。漂亮的繁体字应该是中国同仁书写的。他在献辞中说："过去，两国之间无论在商业上、文化上都没有很多的接触。两国人民之间也没有深刻的相互了解。值得欣喜的是：澳大利亚和中华人民共和国建立外交关系才一年多，而两国之间在文化上和贸易上的来往比以前增加了很多。英文里有这样一句话，说'好的开始是成功的一半'。我和这次来访的全体成员都恳切地希望，在不远的将来，中澳两国的良好关系能继续不断地加强，中澳两国人民的友谊继续增进。"[12]

1975 年一月，西门华向澳大利亚国际问题学会申请到一笔经费，组织墨尔本三所大学的老师访问中国。由后来担任过墨尔本大学校长的李光照（Kwong Lee Dow）带队，张在贤代表东方研究系加入。代

---

12 西门华，1974a & 1974b。

表团于一月去了广州、北京、西安、南京、杭州等地，不但参观了大学，而且参观了一些中学。[13] 在中国逗留期间，张在贤得以见到几十年未见的亲人。

这年的上半年，西门华去了一趟伦敦，访问了伦敦大学、剑桥大学、牛津大学的东方研究机构。6 月 10 日，刚刚回到墨尔本，他就迫不及待地给文学院院长写了一份报告，阐述自己的一些新想法。他说以前总听有人抱怨文学院在学术上是以欧洲为重，他不以为然。但这次去了英国的多所院校，他不得不承认那些抱怨有几分道理。他阐述了东方研究的重要性，希望文学院能像重视欧洲研究一样重视东方研究。[14] 而他自己，花了越来越多的精力在促进东方研究系和中国的交流上。

"四人帮"倒台以后，学中文的大环境更好了。从 1976 年开始，东方研究系的学生有了去中国大陆学习的机会。1974 年进校的五名学生得以获得奖学金，在中国学习了 16 个月。[15] 东方研究系先后与北京语言学院、[16] 南京大学等单位建立了交流关系。1978 年，澳中理事会（Australia-China Council）成立，这是澳大利亚政府为了促进中澳相互理解、促进两国之间的关系所成立的一个机构。"八十年代初，理事会是个朝气蓬勃、充满活力的机构，积极致力于拓展新领域、开创新天地。它帮助中国走入国际社会的作用令世界各地的人们羡慕不已。"[17]1979—1982 年，西门华出任澳中理事会理事、社会科学部主席。

---

13 见 2022 年 3 月 25 日陈杨国生组织的对李光照的采访记录。

14 Simon，H. F.，1975b。

15 见 2022 年 7 月 21 日的书面采访。

16 现北京语言大学。

17 梅卓琳，2019，第 73 页。

西门华在东方研究系的一次例会上告诉系里的老师们，这个机构支持各种与中国有关的项目，希望大家积极申请。除了为系里的老师和学生寻求去中国学习或参观的机会，西门华也极力争取邀请中国的学者来澳大利亚，或短期访问，或授课。从 1977 年开始，东方研究系接待了中国的多个代表团，有教师代表团（如 1977 年 5 月、1978 年 4月），记者代表团（如 1979 年 11 月），作家代表团（如 1980 年 3 月），等等。[18]

1977 年 5 月 3 日，东方研究系接待了中国的一个教师代表团。代表团的大部分成员来自北京语言学院，有中文老师，也有英文老师。代表团于上午十点半到系里，与教师见了面，听了西门华的一节语法课、另一位老师的一节讲《水浒传》的课，然后和墨尔本大学校长共进午餐。下午，西门华带他们参观了东亚图书馆，六点半请他们出席系里举办的酒会。晚上，他们和老师们一起共进晚餐。紧接着，5 月22 日到 6 月 12 日，西门华跟随澳大利亚语言教师七人代表团访问了中国，去了北京、西安、洛阳、南京、苏州、杭州、上海。

返回澳大利亚后，代表团的七位成员分工合作写了长达 125 页的报告。西门华负责写参观北京大学、北京图书馆、复旦大学以及西北大学的所见所闻。除了记录学校和图书馆对自身情况的介绍以及参观内容之外，也记录了他和师生们个别交谈的感想。在所到的每一个单位的介绍里，都有一段被采访单位对"四人帮"的控诉。在北京大学，是流体力学家周培源和语言学家朱德熙等接待了代表团。周培源提到，1949 年，47 岁的他，步行 12 公里到前门迎接解放；1976 年 10

---

18 Department of Oriental Studies，The University of Melbourne，1977，1978，1979c，1980.

月 22 日，74 岁的他走到北京大街上，和北京人民一起庆祝"第二次解放"。

在与北京大学外文系学生的交谈中，西门华发现他们的教学方法已经有了很大的改变。不再是像东方研究系一样，从文学入手，而是从实用入手，强调"听说读写译"。代表团的一名成员和一名才学了 18 个月英文的学生聊天，发现他能自如地应付一般的对话。

在复旦大学，校方送给代表团两本 1973 年出的语法小册子。西门华很希望能见到陈望道，可惜这位时年 87 岁的语言学家当时在住院。不过，在复旦，西门华得以和语言研究室的两位年轻学者交谈。他们聊了 25 分钟后，觉得不尽兴，三人又约第二天接着聊。中国的学者对句子的分析法让西门华觉得新鲜，一个句子先分成主语部分和谓语部分，谓语部分再分为谓语、宾语、补语，这和他多年来采用的以词为本的分析方法不一样。让他高兴的是，虽说他们在语法上用的术语不完全相同，分析方法也不相同，但还是有不少共同之处。他拿出自己的一些疑难句子，请两位老师帮他分析。他还从两位老师那里得知，《中国语文》很快要复刊了。这让他非常高兴。[19] 在当年 7 月 15 日给赵元任的信里，西门华提及了这次访问。他告诉赵元任这次访问的两大亮点：一是和吕叔湘两个半小时的交谈，二是和两位年轻教师的两个半小时的交谈。和吕叔湘的会面没有记载在七人报告中，估计是私人访问。在给赵元任的信里，也没有提及交谈的具体内容。西门华在信中告诉赵元任，"很显然，在过去的十年里，中国遭了不少罪。现在的情况比 1974 年去时要好。"[20]

---

19 Simon，H. F.，1977a，第 25—26、30—31、68—69 页。

20 Simon，H. F.，1977d.

澳大利亚驻华大使伍达德（Garry Woodard）在西门华返澳后给他写了封公文短签。伍达德写道："很遗憾，我们未能再次聚会。听说你临行前的周末行程安排得很满，我还听说你和你的老朋友们至少聚了一次……"[21] 我们不知道西门华在北京所见到的老朋友是哪些，但可以肯定的是，他没能见到他的三位中文老师——萧乾、于道泉和闻宥。

西门华曾有意请他的老师萧乾到东方研究系访问一段时间，并向同事们介绍说萧乾是个很有意思的人。萧乾虽然没有成行，却促成了同事孟华玲与萧乾的相识。1991 年孟华玲在北京进修时，在朋友的引见下，见到了萧乾，当孟华玲介绍自己是西门华的同事时，萧乾马上说："我和他在伦敦就认识了。"孟华玲说萧乾乐于助人，他们只是初次相识，他就把孟华玲采访冰心的文章推荐发表了。孟华玲至今还珍藏着她和萧乾夫妇的合影。

1979 年，西门华向中国领事馆提了建议，说如果要派作家来澳大利亚，建议派卞之琳和钱锺书。这两位都曾在英国留过学，卞之琳于1947 年在牛津大学做过两年研究员，钱锺书于 1935—1937 年在牛津大学读过学位。他们和西门父子是否认识不清楚。[22]

这年 9 月，西门华在计划再次访问中国之前，意外地收到了闻宥的一页短信。

西门华吾兄：

　　我们分别多年了，时常在思念之中。最近社会科学院李

21　Woodard，1977. 伍达德于 1976—1980 年担任澳大利亚驻华大使。

22　Department of Oriental Studies，The University of Melbourne，1979a. 中国作家代表团于 1980 年 3 月访问了东方研究系，遗憾的是，无代表团成员的记录。

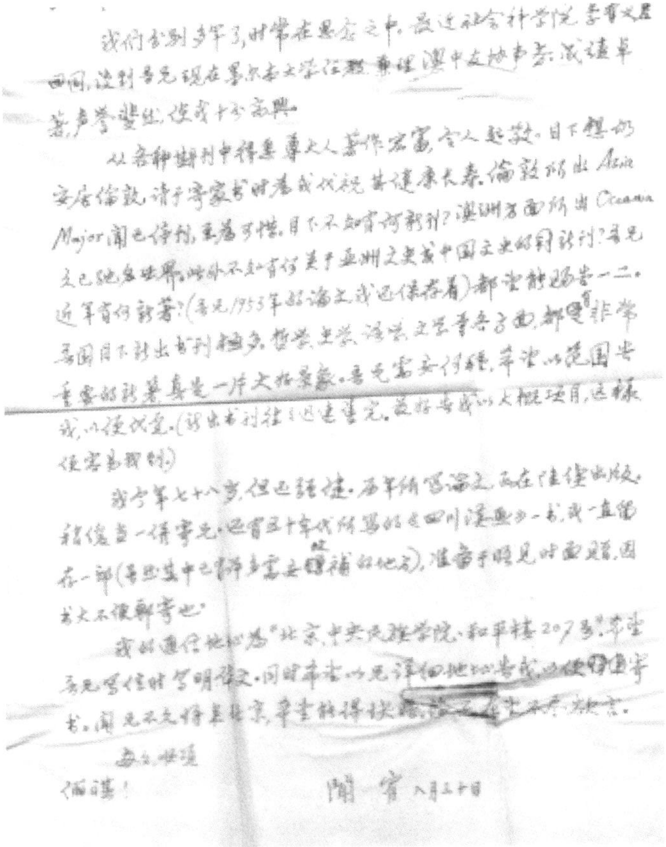

图15.2　闻宥写给西门华的信

有义君回国，谈到吾兄现在墨尔本大学任教，兼理澳中友协事务，成绩卓著，声誉斐然，使我十分高兴。

从各种期刊中得悉尊大人著作宏福，令人起敬。目下想

仍安居伦敦，请于寄家书时为我代祝其健康长寿。伦敦所出
Asia Major 闻已停刊，至为可惜。目下不知有何新刊？澳大利
亚方面所出 *Oceania* 久已驰名世界，此外不知有何关于亚洲
文史或中国文史的新刊？吾兄近年有何新著？（吾兄1953年
的论文我还保存着）都希望能赐告一二。吾国目下新出书刊极
多。哲学、史学、语学、文学等方面，都有非常重要的新著，
真是一片大好景象。吾兄需要何种，希望以范围告我，以便
代茺。（新书出刊往往迅速售完，最好告我以大概项目，这
样容易找到。）

我今年七十八岁，但还强健。历年所写论文，正陆续出版。
稍缓当一并寄兄。还有五十年代所写的《四川汉画》一书，
我一直留存一部（虽然其中已有许多需要改补的地方），准
备于吾兄见时面赠，因书大不便邮寄也。

..........[23]

闻宥　八月三十日

西门华于1953年发表的英文论文的抽印本，居然在闻宥被打成
"右派"的情况下保留了下来，又居然逃过了"文革"，真是奇迹。
这难道不足以证明师生情谊吗？

金秋十月的一个上午，闻宥在家中接待了西门华。从1949年西
门华初次见闻宥，到1979年师生再次相见，整整三十年过去了。再

---

23 闻宥，1979a。

次走进闻宥的家，物非人非。闻宥夫妇不再年富力强，西门华不再青春年少，闻宥两个迷人的儿子已经成家，有了自己的孩子。

师生见面，都有诸多感慨。闻宥后来在给西门华的信里说："重光吾兄，上月大驾来华，使阔别了三十年的我，得以重叙旧情，心中十分欣快。"西门华在给闻宥的信里说："在几乎相隔三十年能再次拜会您，真是很感人的经历。您和师母在度过了二十二年的艰难岁月后，还精神矍铄，真是太好了……在您家度过的半天时光会让我很多年后还历历在目。"[24]

半年以后，闻宥的孙子给西门华写了一封英文信，说已经给他寄了四部书，还告诉西门华，傅吾康和马悦然也很快来中国。[25] 这三位曾经和闻宥有过交往的西方学者，都没有忘记恩师。傅吾康在他的传记里多次提到和闻宥在一起的日子。1946—1948 年，傅吾康在华西协合大学工作，还曾住在闻宥家。在成都期间，他发表了多篇论文，包括"依照闻宥的强烈愿望"用德文给《汉学研究》写的一篇文章。[26] 在西门华的遗物里，我们找到了这篇有关四川汉墓的文章，在作者姓名的后面，注明了写作地点"成都"。另外，还找到傅吾康发表的一本有 118 页的英文文稿。封底是中文，上面写着"华西协合大学　中国文化研究所专刊　甲种　第二号　明史要目解题初稿　著者　傅吾康　成都，民国三十七年印行"。[27]

---

24 闻宥，1979b；Simon，H. F.，1980e。

25 Wen，1980.

26 傅吾康，2013，第 165 页。

27 在《汉学研究》发表的文章参见"傅吾康汉学论著目录"，傅吾康，2013，第 434 页。《明史要目解题初稿》没有收入在 1948 年的书目中。

马悦然在回忆他在华西协和大学的生活时提到："1950 年上半年，西门华跟我向闻宥教授学宋词。闻宥先生是华西大学中文系的系主任，对语音学、上古汉语音韵学、藏语和词学很有研究，他自己填的词也非常精彩（1952 年闻宥先生受聘为北京民族学院的藏语教授）。我永远不会忘记他对两个年轻欧洲学生的关怀。" [28]

闻宥和西门华 1949 年结下的情缘，在三十年后的 1979 年又重新续上了。

---

28 马悦然，2015，第 51 页。

第十六章

成都灯影戏
和北京口语语法

1947-1988

雾尽一空

汉学家父子西门华德和西门华

西门华最早的研究兴趣是文学，尤其是戏剧，1949 年休学术假的研究项目是《汉宫秋》。在成都的时候，闻宥曾给他系统地讲过文学史。西门华当年所做的古典文学笔记以及绘制的两张古典文学史简图还完好地保留着。七十余年过去了，文学史简图的纸张依旧完好，笔迹清晰，颜色鲜艳。

两张二开大纸右边是时间表，第一张从周朝末年开始，第二张以宋朝末年为结束。每 50 年为一格，不同朝代分别用橘黄、蓝、红、绿几种颜色间开。年代的左边画有不同形状的标记，正方形、圆形、矩形等，用不同颜色的彩笔（看上去像蜡笔）打了底子，然后用钢笔写上汉字，把那个朝代的著名作品、著名作家、不同流派一一列出，并用铅笔画的箭头连接相关的著作和人物，有些还加入了英文说明。例如，在唐代一栏里，有个被分成六等份、涂成橘黄色的圆圈，中央写了"诗"字，在每一等份里，分别写上了诗的类别：五言古、五言律、五言绝、七言古、七言律、七言绝 。在宋朝一栏里，有个被涂成绿色的圆圈，顶上写着"词"字，下面用英文对"词"做了解释，圆圈射出的几条铅笔线分别连接宋代著名词人。

西门华在亚非学院所学的中国戏剧以及给学生讲的中国戏剧，都是书面上的。到了蓉城，他进入了一个文化底蕴深厚、有丰富多彩的地方戏剧的都市。当时的成都有四所大学、六份日报、六份晚报、七个电影院、两个话剧院、两个京剧院、三个川剧院。1949 年 10 月 9 日，西门华采访了成都一个有六十来个演员的剧社，对剧团机制、演员来源、演出情况等各个方面都做了调查。被采访者告诉他，他们演出的剧目里有古代的、现代的，还有外国的，主要是苏联的。演出剧目可

266

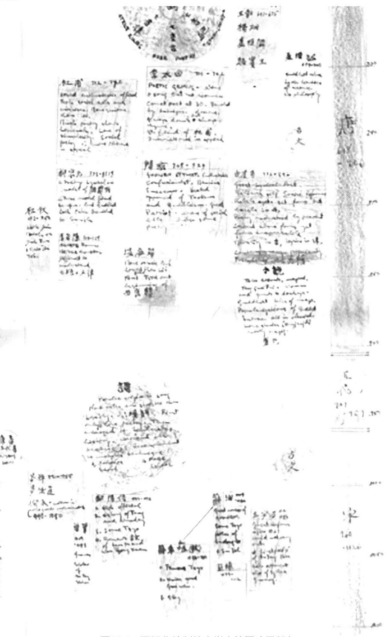

图16.1 西门华绘制的文学史简图（局部）

穷尽一生
汉学家父子西门华德和西门华

分为两大类：悲剧和喜剧。成都人偏爱现代剧，偏爱喜剧。[1]

和剧社接触、参与剧社活动和观看演出便成了西门华在成都的进修内容之一。他"曾经每隔一个礼拜的星期天上午，待在昆曲会"。[2]还记下了演出所用的乐器名称，记下了演员的名字，如华西协和大学教授罗文谟夫人在昆曲《游园惊梦》中饰演杜丽娘，女儿饰演柳梦梅（西门华还留有罗文谟的地址和电话）。最重要的是，在翻译研究《汉宫秋》的同时，看川剧版《昭君和番》，使他对自己研究的王昭君有了更深刻的认识。

除了川剧、昆曲和话剧，成都"灯影戏"（皮影戏）也为当地老百姓喜闻乐见，在很多场合都可以看到。作为一个德国人、一个文学爱好者，西门华对皮影应该早有耳闻。德国大文豪歌德（Johann Wolfgang von Goethe）童年的时候，在一个圣诞的夜晚，在家里观看过皮影戏，是祖母请小孩子们看的。歌德在他的自传里写道："这种超乎常人想象的戏剧，以极大的力量吸引了我们——尤其是男孩们的心灵，给我们留下了非常强烈的印象。而这种印象产生了巨大持续的效果。"[3] 1774年，在一次展览会上，歌德介绍了皮影戏，他在32岁生日那天，以皮影戏来庆祝。皮影生动的造型、独特的表演方式，吸引了不少德国观众，引起了诸多研究者的兴趣。

据西门华记载，他在成都的时候，皮影戏受欢迎的程度胜过了说书，大约因为皮影戏的表演趣味性更强。有些茶楼甚至有固定的皮影

1　Simon，H. F.，1949c.

2　Simon，H. F.，1977b.

3　Goethe，（1833），再版时间不详，第5页。

艺人。皮影戏演出时，票友可以自告奋勇代唱，艺人和观众可以插科打诨。在老百姓看来，众人相聚在一起，无非是为娱乐身心。[4]

1950年三月的一天，西门华在可庄的家里迎来了一位不速之客。一位先生拿着四件皮影戏的道具前来兜售，说是来自成都一名有钱人家。西门华面对眼前这几件色彩鲜艳、雕镂精细的皮影道具，满心喜欢。他便请那位先生把他有的全都拿来，结果购得两个系列，各120件。一个系列是传统戏剧中的人物，另一个系列是各种动物、乐器、武器以及房屋桌椅等。[5] 这一来，西门华在成都又增加了一个任务，学习提皮影。

图16.2　西门华收藏的皮影道具

回到伦敦后，西门华对皮影戏进行了一番研究。他的遗物里有七份已经发黄的有关皮影戏的打印稿，标题分别为"皮影戏""四川皮影戏""中国皮影戏——约克""皮影戏表演——约克""皮影剧社

4　Simon，H. F.，1954b，第8页。

5　这两套皮影有满满两皮箱，部分道具上还有编号。七十余年过去了，皮箱已经破烂不堪，但这些艺术品仍保留完好，颜色依旧鲜艳如初。

问答笔记""介绍""皮影戏道具演示顺序"等。[6]

从上面的打印稿来看，西门华对中国、日本、印度、土耳其、埃及以及爪哇岛等国家和地区的皮影戏历史，西班牙、意大利、德国等国的学者对皮影戏的探讨，包括歌德的戏剧等都有所涉猎；对中国皮影戏的缘起、类型、表演场合、人物道具的类别，甚至他买到的人物道具的"头""脚"以及服装的特点等都有所研究；对皮影戏于1950年前后在四川的表演情况也有所记载。在他的稿件里，还有其用汉字摘录的有关皮影的资料，有摘自《梦粱录》《都城纪胜》《东京梦华录》以及《事物纪原》等古籍里的内容。[7]

1962年6月28日，西门华曾给墨尔本的东方剧社做过"中国的皮影戏"的报告，报告的提纲还被完好地保留着。1963年，他做过同样题目的演讲。[8]据西门卡萝介绍，20世纪50年代，英国广播公司曾拍摄过一个有关中国皮影戏的介绍片，其中就有西门华的收藏。已有的材料证实，在50年代，他至少曾组织过两场皮影戏的表演，一次在伦敦大学行政大楼里举行，一次在离伦敦三百来公里的约克城上演。表演开始之前都有他的讲座。

在伦敦大学演出的剧目是《昭君和番》。西门华找了两段长短适中的录音作为背景音乐。一段长笛吹奏的昆曲；一段古筝类弦乐《阳

---

6 Simon，H.F.，1954a—1954g. 收在1954年的资料实际上都没有注明年月。其中有一篇提到他们的表演时间是去中国前十天，西门华自1950年离开成都后再次去中国是1954年11月，故暂收在1954。从纸张的颜色来看，列入1954年的几份不应该属于同一时段。

7 Simon，H.F.，1954b，第1、3页。

8 Simon，H.F.，1962e；1963e；1962f.

春》，弹奏者是成都一位有名的盲人演奏家。在演讲中，西门华特别指出，中国朋友一定会觉得背景音乐不很贴切，昭君弹奏的应该是琵琶。

《昭君和番》的台词是西门华根据川剧版《昭君和番》翻译成英文的。他强调自己的翻译尽量通俗明白，诗意不会很强。参加演出的是他的朋友和同事。旦角王昭君由西蒙帕念白，沃德提皮影；丑角王龙由西蒙兹负责；生角新郎的任务由沃德兼任；马夫等群众演员则由亚非学院的刘殿爵和刘若愚担任。西门华自己应该是导演。

在表演之前，西门华有个不短的演讲。他介绍了他的这套皮影的来源，介绍了旦、生、净、丑等角色在皮影道具上的表现形式，还介绍了皮影戏的历史、皮影戏在成都茶馆里表演的盛况，最后介绍了剧情和演员。[9]

在约克的演出在什么地点举行的，演出的是什么剧目，资料上没有记载。表演之前，西门华照例做了讲座，内容和在伦敦大学的不尽相同。他介绍了各国对皮影的研究，介绍了中国皮影的渊源，并用自己拥有的皮影道具以举例的方式介绍旦、生、净、丑在人物造型上的区别。最后他说，如果大家还想知道得更多，可以来看表演。[10]

西门华曾在 1981 年的一封信里提到："我于 1950 年在成都买了两套牛皮做的皮影道具。有那么一些年，我用这些道具做讲座，有时还用它们表演四川版的王昭君的故事。我总是想，什么时候能重新拾起我对中国戏剧的热爱，以这套道具为本，写写中国的皮影戏。可是，

9 Simon，H. F.，1954b.

10 Simon，H. F.，1954c；1954d.

现在我还想研究中国语法，重拾旧爱的想法不再现实。"[11]

　　皮影戏和语法分属两个完全不同的学术领域，研究古典戏剧是西门华的初衷，而北京口语语法是他一生致力之所在。是什么契机让西门华的研究兴趣从中国戏剧转到了北京口语语法呢？我们不是很清楚，但他从事语法研究以后，赵元任对他的影响和提携却是肯定的。赵元任在《中国话的文法》的序中提到自己写作此书的最初动机产生于 1954 年，他访问欧洲之时。他说："大家都笑我怎么跑到欧洲去弄中国文法？要知道能跟一些学现代中文的欧洲学生交换意见，跟西

1977年摄于台北。

图16.3　西门华观看演出

---

11 Simon，H. F.，1981.

门华（Harry Simon）这样不但能参加，甚至能用整套新的名词术语来主持中文讲坛的人讨论问题，我觉得为中国文法而到欧洲去，套改一句成语来说，实在并不完全是'东辕西辙'。" **12**

赵元任在 1954 年到欧洲去是参加伦敦召开的第二十三届东方学家国际会议。英国方面非常重视这次会议，牛津的一家出版社还出了一本纸张极好、90 来页、有 66 张图片的精美小册子，标题是"牛津导游——给 1954 年参加第二十三届东方学家国际会议的成员"。西门父子也参加了这次大会，他们和赵元任除了在大会上的交往，私下也有过不少接触。**13** 赵元任的夫人杨步伟记载了她和丈夫参加这次盛会的经过：

> （八月）十八日又开车到牛津带袁同礼夫妇一起到处玩……又去看蒋彝，又去参观牛津各学院……二十一号又开车到剑桥参加第二十三次国际东方学会。
>
> 第二天元任读论文，题目是"文法与逻辑"……老西门（任）主席。

会议结束以后，赵元任夫妇在英国待了一段时间，上门来找赵元

12　Chao,〔1968a〕1985，前言，第Ⅶ页。

13　*Guide to Cambridge, Presented to Members of the 23rd International Congress of Orientalists*，1953，Cambridge：W. Heffer & Sons LTD. 1954 年是不是西门父子与赵元任第一次见面尚待考证。1945 年，联合国教科文组织筹备会在伦敦召开，我国首席代表是胡适，赵元任也是代表之一。在这期间，不知他们是否见过面。此外，1924 年赵元任夫妇在柏林待过 40 天，与俞大维、毛子水、陈寅恪以及傅斯年多有接触（杨步伟，2017，第 224—225 页），在这期间赵元任与西门华德是否见过面，亦待考。

任的人很多。

老西门也常来谈，又请我们到他乡下去吃饭。

又一天上午到老西门家吃饭，晚上又到小西门家吃饭。[14]

1972年摄于台北。

图16.4 西门华一家在台北

西门华对语法的研究可以追溯到其于1948年4月写的一份题为"对汉语书面语的几点初步探索"的手稿。他在文章里指出，这里的书面语是指清以前的文言文以及早期的白话文。在这篇文章里，西门

---

14 杨步伟，2017，第365—367页。据西门卡萝介绍，西门华德在乡下并无住所，这里有可能是指他妹妹或其他亲戚家的住所。

华运用 1927 年出版的教科书《汉文进阶》[15] 所提供的文选作为材料，探讨了汉语书面语语法的一些共同特点。1949 年，西门华在给父亲的一封信里提到，闻宥送给他的《汉学研究》里有一篇关于汉语后缀的文章对他正在研究的《汉宫秋》很有帮助。从这一点看来，他对《汉宫秋》的研究至少也涉及元曲的语法。[16]

西门华最早发表的语法论文是 1953 年在《伦敦大学亚非学院集刊》上的《标准汉语中的两种名词性结构》。在文章开头，西门华指出，文中所讨论的标准汉语，特指不同于北京胡同话和北京土语的"北京雅言"（Polite Peking speech）。语料来自作者一年来对一位北京年轻人刘先生（James Liou，中文名不详）的口语的调查。刘先生，1927 年出生于北京， 1950 年离开。祖宗三代都居住在北京城，没有受过其他方言的影响。论文采用的研究方法是伦敦学派语言学家弗斯在他的"意义模式"里所提出的。西门华对名词前的成分，代词、数词、量词以及助词"的"等和名词的组合关系进行了研究。在这篇文章里，西门华多次引用了赵元任的《国语入门》，并对赵元任给指示代词等词类下的定义提出了补充意见。[17]

德威男孩白芝当时在外地，看了论文后给西门华写了一封整整七页的信，提了六条意见，几乎涉及论文的每一页，或肯定赞扬，或批评质疑。在信的最后，白芝说："很负责任地说，我觉得你这篇文章

---

15 Simon，H. F.，1948; J. J. Brandt. 1927. *Introduction to Literary Chinese*. Peking: North China Union Language School.

16 Simon，H. F，1950b，第 2 页。

17 Simon，H. F.，1953.

写得很好。"最后落款是"毫无疑问地崇拜你的白芝"。[18]

　　1958 年，西门华在《伦敦大学亚非学院集刊》上发表了另一篇以北京口语语法为研究对象的论文《对汉语标准语中动词结构的一些看法》。语料来自一位不愿署名的合作人。此人出生于天津，长在北京，1948 年离开中国。[19] 西门华的这篇文章除了采用了弗斯的研究方法外，还参考了德威男孩韩礼德新发表的文章。西门华观察了在以动词为中心的结构中，各种修饰成分（包括位于动词前和位于动词后）与动词之间的同现制约等语法关系。

　　西门华的这篇论文和1953 年的《标准汉语中的两种名词性结构》，均出现在赵元任《中国话的文法》的参考书目中。

　　1958 年底，西门华有一年学术假，他希望去大陆继续他的北京口语研究。遗憾的是，他没能得到签证，于是改道去了台北。李济帮助他找到三位发音合作人。李济和西门父子是 1957 年在伦敦认识的，当时李济和另外一个学者曾受邀到西门华德家里吃中饭。西门华把调查的时间安排得很紧，一个星期工作五天，除了星期三下午以外，都安排和不同的发音人合作，其中一个是张在贤。[20] 西门华在台北期间研究了北京口语中各类词的用法和区别。如，句尾"了"和句中"了"的区别，"没"和"不"、"刚"和"才"的区别，等等。从他收集的例句来看，他很重视一个词与其前后成分的关系。例如，研究"没"

---

　　18 Birch，1953，第 7 页。

　　19 Simon，H. F.，1958. 根据西门华在文章中提供的资料，我们知道发音合作人是谁，但尊重其意愿，不予透露。

　　20 Simon，H. F.，1959b，第 1 页；1959c，第 2 页。

和"不"时，他把否定词与其经常连用的词作为一个整体来调查，如"倒没"和"倒不"、"可没"和"可不"、"却没"和"却不"、"倒是没"和"倒是不"等的区别。除了三位固定的合作人，他还向陆续认识的同仁们请教，金承艺在西门华离开台北后，还写信提供北京口语亲属称谓的语料。[21]

1959年，赵元任休学术假，受胡适邀请，去台湾讲学三个月。他"接受中基会和台湾大学的邀请，在台大文学院讲了一系列十六次

1959年摄于台北。

图16.5　西门华夫妇和赵元任夫妇在台北

---

21 金承艺，1960a，1960b。

的演讲，从语音学到词汇语法，一直到符号和语义，以浅显有趣的例子来讲解深入的理论，吸引极多的听众。讲稿经记录整理出版，题为'语言问题'，对国内二十多年来语言学的发展有深远的影响"。[22]西门华聆听了赵元任的全部演讲，至今还保留着其演讲的部分油印稿。他在 1959 年 2 月 25 日给家人的信里说："赵先生的课非常有意思，每周两次课，外加一个两小时的讲座。除了听课，也多次见到他，可惜还没能找到机会聊自己的课题。"西门华希望自己能早日发表有关北京话口语的著作。[23]

　　在台湾，西门华留下了两张和赵元任夫妇的合影。一张是集体照，一张是他和妻子与赵元任夫妇的合影。在后一张照片里，西门华手里拿着讲稿和录音机，不知是刚做完调查，还是刚做完或听完讲座。从服装和背景来看，两张照片应该是在同一天同一个地点拍摄的。

　　1972 年，西门华再次休学术假，他在台湾和伦敦各待了几个月，主要精力用在撰写献给父亲来年八十大寿论文集的论文上。[24]西门华在文章中对赵元任的巨著《中国话的文法》表示了感谢，并说自己这篇文章很多地方得益于赵的著作。文中的 54 个注，绝大部分都和赵元任的著作有关。他在当年 5 月 4 日给父亲的信里说："我越看赵的著作就越敬佩。他一定有很好的索引系统，能对资料不断地更新。"[25]

　　西门华对语法的研究始于传统的描写语言学，但从 70 年代后期

---

22 杨步伟，2017，第 372 页；丁邦新，2008，第 605—606 页。"中基会"为"中华文化基金会"的简称。

23 Simon，H. F.，1959c，第 2 页。

24 Simon，H. F.，1973a.

25 Simon，H. F.，1972a，第 2 页。

起，转向了篇章语言学和认知语言学，而这个转变来自于他在牛津大学休学术假时所受到的启发。1976 年 8 月 17 日到 1977 年 1 月 25 日，西门华到牛津大学当访问学者。在那里的图书馆里，他阅读了采用不同方法，如"转换生成语法"和"格语法"，研究语法的著作和文章。他反复研读，决定另起炉灶，采用新方法，从新的角度观察、研究汉语语法。离开牛津大学后，他利用 1978 年 1 月 7 日到 2 月 11 日在香港大学访问的机会，从新的角度收集语料。[26] 在那以后的论文，他不再局限在汉语的语法结构上，而是从更高的角度，如书面语与口语的关系、书面语与口语在语法结构上的异同、老师"教"和学生"学"之间的关系等来研究汉语。

1978 年到 1985 年这几年，是西门华学术研究的一个高峰，他至少撰写了 16 篇论文，[27] 其中在刊物上正式发表的已找到六篇。他撰写的论文，几乎每篇都不止一次地在正式或非正式的讨论会上宣读过，经征求同仁的意见，反复修改才定稿。如 1980 年发表的《论汉语中的言语特征和言语模型的建立》一文的初稿曾在墨尔本、布里斯班、香港及巴黎等地的学术会议上演讲过。各地的学者，如艾格罗德（SΦren Egerod）、李嘉乐、邹嘉彦、刘殿爵、张在贤、廖伊丽斯、胡柏华、艾乐桐（Viviane Alleton）以及张洪年等都参加了对这篇文

---

26 Simon，H. F.，1977e，第 2 页。

27 Simon，H. F.，1978a，1978b，1978c，1979，1980a，1980b，1980c，1980d，1982b，1984a，1984b，1984c。有四篇没能找到原文，标题来自西门华的简历（1988b）。这四篇是：1979a，Performance in Written Models of Speech in Chinese and Contrasts with Verbatim Transcripts；1979b，The Feasibility of Discourse Manoeuvres in Nuclear Sentences Structure in Chinese；1985a，On Linguistic Redundancy in Partial Homophones in Chinese；1985b，On Subject Deletion in Models of Speech in Chinese。

章的讨论。德威男孩白芝，也一如既往地提供了帮助。[28]

西门华从 1962 年起就在东方研究系开语法课，并多次给学生做过语法讲座。在金承艺和他所写的《中文初学读本》里，曾系统地介绍过汉语语法。如第一课的语法点介绍了名词、数词、量词、代词、疑问代词、动词的定义和用法，介绍了语气词"呢"和"吗"。第四课的语法点介绍的是课文中出现的几种句型，如否定句、疑问句、有助动词的句子等。在讲解语法点的时候，他很重视从汉英的比较入手，提醒学生注意两种语言的异同。1980 年此书修订时，语法部分独立成稿。

西门华一直在写一本为澳大利亚非母语学生所用的北京口语语法。作为一个研究者、一个教师，他觉得自己负有双重的责任。作为一个语法研究者，他有责任尽可能细致和准确地描写语言中的语法现象，揭示其语法规律；而作为一个老师，他得尽可能把复杂的语法现象解释得简略浅显，易于接受。这两重责任既相辅相成，又有矛盾和冲突。此外，学生母语的语法系统也会干扰对中文语法的学习，因此，为非母语所用的北京口语语法教材必须基于汉英语法比较。西门华这本语法书稿在退休前已经完成了十章。[29] 稿内有他多年来教授语法的心得以及其早期研究的成果，也吸取了 80 年代语法研究的新成果。除参考了赵元任的《中国话的文法》这样早期的语法著作，还参考了

---

28 Simon，H. F.，1980a，第 29 页。在这篇论文的写作期间，白芝应邀到东方研究系任教。除了上课以外，还做过多次讲座。有记载的就有 1978 年 7 月 10 日、17 日、24 日、31 日和 8 月 7 日做有关文学的讲座的录音转写（Birch，1978）。

29 Simon，H. F.，1988c. 我们在西门华的遗物中看到的语法稿共有 13 章，不知是后来添写了三章，还是原来的十章重新组织的结果。

美国语言学家和法国语法学家等较新的汉语语法专著。³⁰ 采用的语法例句已经不再是早期发音合作人的口语材料，而是 1981 年出版的《实用汉语课本》以及《汉语口语》两本教材里面的对话，而例句注音已从原来的国语罗马字改成了汉语拼音。

---

30 Charles N. Li，Sandra A. Thompson. 1981. *Mandarin Chinese*，*A Functional Reference Grammar*. Berkeley/Los Angeles/London：University of California Press；Viviane Alleton. 1973. *Grammaire du Chinois*. Paris：Presses Universitaires de France.

第十七章

西门父子与赵元任的国语罗马字

1942-1983

穷尽一空

汉学家父子西门华德和西门华

西门父子的学术领域都是语言学，但二人的侧重点不同，西门华德重在音韵，西门华重在语法。不过，父子俩在学术上有一个共同的兴趣，那就是推广国语罗马字，而这个共同兴趣又与赵元任有着密切关系。

国语罗马字（Gwoyeu Romatzyh，简称 GR），是由林语堂倡议、赵元任等研究推出的一套汉字注音法。这套方案确立了"北京音为全国的标准音"的原则，于 1928 年 9 月 26 日由中华民国大学院公布，与当时已流行的注音符号并存。1932 年，国民政府教育部公布了《国语常用字汇》，用注音字母和国语罗马字母两种方案给汉字注音。这一年，西门华德恰好在北京图书馆进修。很有可能在那个时候，西门华德就关注了国语罗马字。

西门父子和赵元任三人都编写过国语罗马字的教材。1942 年，赵元任将国语罗马字带到美国，引入哈佛大学的汉语教学；同一年，西门华德把它介绍到英国，用于伦敦大学亚非学院的中文教学；1961 年，西门华携国语罗马字到澳大利亚，用于墨尔本大学东方研究系的中文教学。

国语罗马字的设计和推广饱含赵元任的心血。他早在 20 世纪 20 年代初期（1921—1922），就发表了《国语罗马字的研究》，1935 年发表了《国语罗马字认声调法》，推出了用国语罗马字注音的《新国语留声片课本》。1936 年 2 月 7 日，赵元任在中央广播电台做了关于国语罗马字的演讲，指出为什么在有韦氏拼音和注音符号的情况下还要采用一套新的注音法。[1]

---

1 赵元任，2002。

　　尽管当时的政府和赵元任等学者做了不少努力，但由于种种原因，国语罗马字在国内并没有得到广泛使用。1958年，《汉语拼音方案》正式公布和推广后，国语罗马字渐渐退出了人们的视线。但这套方案，在美国和英国则一度得到青睐，尽管当时西方流行的是韦氏拼音或耶鲁拼音。

　　国语罗马字在海外流行的契机是1941年。太平洋战争爆发后，美国陆军为了对外战争的需要，在哈佛大学、斯坦福大学、芝加哥大学等25所知名大学开办了"陆军特别训练班课程"（Army Specialized Training Program），[2] 赵元任负责哈佛大学中文训练班的教学工作。据他回忆，"那是一个高度强化的班……他们所学语言的口语方面受到了密集训练。老师没有教很多汉字，而是教口语的国语罗马字形式。只是到了课程的最后阶段，才教学生一些以后在口语中可能遇到的常用汉字。"[3] 赵元任1947年的《粤语入门》，就是根据1942年在哈佛大学12周的暑期训练教程编写的，而1948年的《国语入门》是在《粤语入门》的框架内加以改写修订而成。

　　《粤语入门》共242页，分"导论"和"课文"两大部分。《国语入门》共336页，在"导论"后增加了一个部分，系统介绍了汉语的语音系统，包括变调。课文共有24课，均由对话组成，先是英文对话，然后是相应的国语罗马字翻译（无汉字），并附有详细的语法点等有关的注释，最后是练习。在此书的第一章里，赵元任不但简述了国语罗马字产生的历史，还解释了《国语入门》一书采用国语罗马

　　2　Chao，1948，第V页；蒋力，2018，第113页。

　　3　列文森，2010，第181页。

字的原因。赵元任指出：国语罗马字的最大特点就是用字母标注声调的不同，而不是用符号或数字。作为教学工具，这种方法最能使学生获得准确清楚的汉语发音。他还指出，西门华德之所以在他 1942 年出的《汉语句子系列》采用国语罗马字注音，也就是因为这套字母优于韦氏音标。[4] 下面以"心"和"信"两字为例，显示不同注音方法的差异：

国语罗马字　shin/shinn

韦氏拼音　　hsin1/hsin4

耶鲁拼音　　syīn/syìn

汉语拼音　　xīn/xìn

　　1968 年，赵元任出版了一套三大本的汉语教材——《中国话的读物》，采用的依旧是国语罗马字注音。这套教材的第一本收有故事、会话、学术论文以及赵元任的自传选段，第二本收有赵元任翻译的小说选段，第三本收有两部话剧的选段。[5]

　　和赵元任的情况一样，在英国，西门华德也因战争的需要，在亚非学院负责培训中文人才，编写了一系列用国语罗马字注音的教材。这些教材，在前文中已经介绍过了。1942 年，西门华德出版了一本有 63 页的小册子——《中国新的官方拉丁字母国语罗马字》。此书用与国际音标以及韦氏音标相对比的方法，系统地介绍了国语罗马字。

---

4 Chao，1948，第 11、18 页。

5 Chao，1968b.

书里有这三种拼音的声韵表格，有国语罗马字和韦氏拼音的对照，有国语罗马字的拼写规则和实例等。西门华德在介绍国语罗马字的来源时，指出赵元任是最初负责这套注音符号推广的学者。他在阐述了国语罗马字在声调拼写方面的优点外，还进一步指出，国语罗马字可以让只打算学汉语口语的学生不受汉字之累，国语罗马字易读、易写、易打字、易印刷、易记，用于速记也很方便。[6]

1947 年，赵元任和杨联陞合编的《国语字典》出版。在前言里，作者阐述了编写出版这本词典的八大理由，其中第六条指出，国语罗马字注音和韦氏拼音在这部字典里并存，是为了满足学中文学生的增加以及不同教材的需要。[7]

后排左一为西门华，后排右一为赵元任，后排右二为杨步伟。

1959年摄于台北。

图17.1　西门华和赵元任夫妇

6　Simon，W.，1942a，第7—10页。之所以介绍了国际音标，可能是因为老舍他们编的《言语声片》采用的是国际音标注音。

7　Chao & Yang，1947，前言第Ⅵ页。杨联陞为史学家，哈佛大学教授。

　　同在 1947 年，西门华德出版了第一部纯国语罗马字的汉英辞典《初级中英国语字典》。这本有 1094 页的辞典，扉页上写着"TO JAW YUANRENN（Y. R. Chao）"（给赵元任）。"JAW YUAN-RENN"是"赵元任"三字的国语罗马字拼音。

　　在该词典第一版的前言里，西门华德写道："第一本用国语罗马字注音的汉英词典，理应献给最初负责这套系统的中国学者 Y. R. Chao（Jaw Yuanrenn）。赵元任接受了我们的这番美意，这让出版商和我感到很荣幸。希望这本词典能为中国、为中国语言赢得更多的朋友。"西门华德在序言里，还对自己的夫人，以及儿子西门华对该词典付出的辛劳表示了感谢。[8] 这本词典的编写用了好几年。1944 年 12 月 16 日，西门华德给一位读者的回信里说："我现在把每一个可以用上的小时都用在国语罗马字词典的编纂上了。"[9] 这本词典修订了两次，分别于 1958 年和 1964 年再版。

　　在这两本国语罗马字词典编写期间，西门华德和赵元任很可能为词典有过通信来往。在序言里，西门华德提到词典的编写得益于赵元任对再版的美国版本的订正。[10]

　　在西门华德的《国语句子系列 II》里，第二十课标题为"用国语罗马字默书"，这应该是对亚非学院学生学习国语罗马字实情的描写。除了去掉句子的序号，把原文的英文句号改为相应的汉语符号，以及

8　Simon，W.，〔1947〕1964，第一版序，第XI页。

9　Simon，W.，1944f，第 4 页。

10　Simon，W.，〔1947〕1964，第IX页。这里提到的"再版的美国版本"指向不是很清楚。

把繁体字改为简体字外，其余照原文抄录，圆括号内的字是原有的。

> 我们每一星期最少有一次要用国语罗马字默书。先生教我们默的字，有的是我们学过的，有的是我们没学过的。学过了的字默的时候儿比较容易，因为我们知道它们是怎么样儿写跟怎么样儿拼。没学过的字我们得很注意的听。

> 最难的无疑是四声。第一声是基本形式，第二声、第三声、第四声全是由基本形式变出来的。

接下来的课文介绍了拼写规则，最后写道：

> 因为我们天天练习罗马字拼音，慢慢儿的自然而然的就把一切的规矩跟例外全学的很熟了。所以默书的时候儿，就是我们没有学过的字，也可以拼得上来，不至于弄的很（多的）错（儿）了。[11]

西门华德除了自己编写国语罗马字注音的教材，也鼓励他的同事这样做。刘程荫在西门华德的建议下写了用国语罗马字注音的《言文对照 中国故事五十篇》，赖宝勤编写了三本与西门华德的国语教材相应的粤语课本。[12]

---

11 Simon, W., （1944a）1956，第61—65页。

12 Whitaker,1945 & 1954; Whitaker & Simon,1953. 西门华德采用罗马字注音应该也得到过同事于道泉的支持。据于道泉妹妹回忆，1933年她刚到北平时，于道泉就教她国语罗马拼音字母，"因为他是汉字用拼音改革的积极倡导者。教我阅读国语罗马字翻译的小说，教我将汉语方块字翻译成国语罗马字拼音。"（王尧，2001，第6页）

国语罗马字在英国使用的范围有多广，我们没能查到相关资料，但凡与亚非学院有关联的单位都有可能运用，例如在亚非学院接受过汉语训练的皇家空军。

1948 年，英国空军上尉雷厚田氏（Clifford H. P. Phillips）编辑出版了一本《袖珍皇家空军专门术语英汉对照词典》，用的就是国语罗马字注音。[13] 作者在谢辞里对亚非学院远东系主任爱德华兹，以及中文系主任西门华德的指导和鼓励表示了感谢。这本有 380 页的词典，除了有英文术语的汉字翻译外，还有相应的国语罗马字注音，如：

aeronautics/ 航空学 /harngkongshyue

aileron/ 副翼 /fuhyih

此作者在前言里特意解释了采用国语罗马字的三个原因：国语罗马字已经为中国政府作为官方的国语拉丁注音系统，皇家空军在亚非学院学习时采用的就是这套系统，国语罗马字在标明汉语的声调方面有优势。[14]

英国驻中国大使施谛文森（Ralph Skrine Stevenson）于 1947 年在南京为此书写了序，感谢了雷厚田氏以及所有为这本书出过力的人，并希望这本书能增进中英两国已有的友谊和理解。[15]

13　Phillips,（1948）1953. "雷厚田氏"是词典作者自己的署名，中文书名也是作者自己取的。

14　Phillips,（1948）1953，第 X、XI、7 页。

15　Phillips,（1948）1953, Foreword. 施谛文森于 1946 年 5 月到 1950 年 1 月担任英国驻中国的特命全权大使。

　　下面的初级中文考卷可以显示国语罗马字在教学中所占的分量，这是英国公务员委员会 1949 年的考卷。

　　　　考试题有两部分：

　　　　第一部分为口语，30 分钟，占 40 分。

　　　　第一题：听力测试，用国语罗马字转写所听到的句子或对话；

　　　　第二题：朗读并翻译所给的汉字材料；

　　　　第三题：用中文回答考官的提问。

　　　　第二部分为书面语，第一、二题，共两小时，占 35 分。第三题 90 分钟，占 25 分。

　　　　第一题：把用国语罗马字注音的一段文章翻译成汉字和英文；

　　　　第二题：把一段汉字写的文章转写成国语罗马字，并翻译成英文，所选的中文题为"林肯释放奴隶"；

　　　　第三题：把一段英文用国语罗马字翻译成中文。[16]

　　在亚非学院，国语罗马字不但用于普通话教学，也用于粤语教学。1950 年，香港的一位行政官员彭德（K. M. A. Barnett）运用国语罗马字原则，参照赵元任的《粤语入门》编写了一套注音方法，被称为 Barnett-Chao 国语罗马字。赖宝勤用这套"彭德—赵"注音法给西门

16　Civil Service Commission, 1949. 这份试卷很有可能是亚非学院出的，在给考生通知里提到参考了西门华德的教材。

华德的《1200个常用汉字》
注音，题名为"粤语的千字
文"，用于粤语教学。西门华
德为这本书写了长长的序。他
指出："这套由彭德设计的系
统，由于为亚非学院所用，也
叫'亚非学院系统'（S. O. A.
S. System）。学生开始学时会
觉得比较难，但掌握了原则以
后就容易了。"[17] 学粤语的学
生一直希望能像学国语的学生
那样，有国语罗马字注音的教材。

1968年赵元任摄于伦敦"画廊饭店"前。
图17.2　西门华德夫妇和杨步伟

在1973年西门华德八十大寿的纪念文集中，赖宝勤发表了一篇有
关粤语的论文。在论文末尾，她写道："我斗胆在本文里采用了彭德—
西门的国语罗马字，用以纪念西门华德教授的时代：在亚非学院他用
国语罗马字和彭德—西门的国语罗马字这两把桨教我们学习国语和粤
语，让我们能在学海中和汉语声调这一恶魔搏斗，顺利抵达彼岸。"[18]
《初级中英国语字典》和《国语句子结构》的最后一版是1975年版，
也就是说西门华德采用国语罗马字的教材影响了从20世纪40年代初
期到70年代中期的一大批学生。

墨尔本大学东方研究系教材的使用情况在前面做过介绍。该系用

17　Whitaker & Simon，1953，第Ⅸ页。

18　Whitaker，1973，第459页。

过的几本国语罗马字教材包括：金承艺和西门华编写的《中文初学读本》，西门华德的《中文结构练习》和《初级中英国语字典》，以及刘程荫的《言文对照 中国故事五十篇》。此外，所有80年代之前系里所用的文学教材，也全是用的国语罗马字注音。这些教材从1962年第一届中文学生入校就开始使用了。直到1984年，国语罗马字的教材才在文学院的手册里彻底消失。[19]

东方研究系放弃国语罗马字而使用拼音，有一个转变的过程。

1976年"文化大革命"结束以后，随着中国对外开放，简体字以及汉语拼音在对外汉语教学上得到了进一步的推广。1977年，联合国地名标准化会议决定采用《汉语拼音方案》作为拼写中国地名的国际标准；1979年联合国秘书处决定采用汉语拼音作为转写中国人名和地名的标准；1982年，国际标准化组织（ISO）决定采用《汉语拼音方案》作为拼写法的国际标准。与此同时，中国大陆出了几本好词典，如《现代汉语词典》（1978，商务印书馆）和《汉英词典》（1978，外语教学与研究出版社），以及比较适合国外汉语教学的教材，如《实用汉语课本》（1981，北京语言学院）。这些词典和教材用的都是简体字和汉语拼音。

从1980年金承艺和西门华合编的《中文初学读本》修订重印本中我们看出，这本一年级的教材在1980年重印时有下面几项改变：前十课课文和单词的注音由国语罗马字改成了汉语拼音，而后面的课文和单词仍然保留了国语罗马字注音；虽然课本里的汉字还是繁体字，

19　Faculty of Arts, The University of Melbourne, 1962—1988, 参见 1983, 第 518 页；1984, 第 470 页。

但在第十课后面增加了"如何使用词典"一节以及简化汉字的第一表和第二表；原来的语法部分另成一书。

这本读本至少于 1987 年还在用。从这一年学生留下的课本看来，他们先学了拼音和繁体字，学完第十课以后，介绍了国语罗马字拼音和简体字。这位学生在课本上把原来的国语罗马字的注音改成了汉语拼音或者汉字，他写的汉字全是简体。

西门华于 20 世纪 70 年代末期申请到一笔研究基金。利用 1980 年在香港大学和牛津大学休学术假的机会，他对汉语拼音的历史和现状做过一些研究，写了《从语言学和认知学的角度看拼音声调的标注》等三篇长文。他的观点之一是，汉语拼音在过去二十多年的实践中，很好地实现了 1958 年《汉语拼音方案》公布时提出的功能，如用于推广普通话等。不过，如果汉语拼音能借用国语罗马字的字母标调法，将会更完美。目前汉语拼音的标调一来不好看，尤其是长篇文章的转写，最重要的是，对西方学生来说，调号是个附加物，是同一个词上的某种变化。虽在理论上知道应该整体记忆，实际上常被忽略。如果像国语罗马字一样，把汉语音节的三个要素，声、韵、调都用字母标注为一个整体，会理想一些。西门华还参考了不少与他有相同或相近观点的同仁的文章，对用哪个字母标哪个声调等问题进行了探讨。[20]

谈到汉语注音方式的优劣，东方研究系一位学过多种注音法的老师认为，汉语拼音最简单易学，注音字母最有中国特色，让人一开始就有学习另一种语言的感觉。但从帮助外国人掌握声调这点来说，国

20　Simon, H. F., 1979b, 1980b, 1980c. 这三篇文章均不见发表，西门华在稿件里感谢了康丹为他提供帮助。

语罗马字是最好的。她说，国语罗马字比汉语拼音难学很多。如果说国语罗马字要两个月才能掌握，那么汉语拼音只需两周。可是，国语罗马字一旦学会就容易使用，对声调的掌握很有帮助。

一位曾在墨尔本大学东方研究系就读，后在大学任教的老师说："作为一名学生，我更喜欢国语罗马字，因为我认为它有助于记住单个音节的声调。尽管拼音在一般用途上更经济，但从教学的角度看，国语罗马字具有明显的优势。"另一位在东方研究系就读，后来在中学教中文的老师表示，西门华德编的词典对初学者来说很好用，他在教学中用了很多年。

认识西门父子的人，都为他俩的口音所折服。他们的阴阳上去四声分明，不像一般学汉语的西方人，声调总是难以做到准确。据曾在伦敦工作并常与西门父子见面的北京人杨秀拔介绍，西门父子的中文口语都很不错。[21] 墨尔本大学东方研究系一位来自北京的汉语老师说，第一次见到西门华时，就被他纯正标准的发音镇住了。这里面应该有国语罗马字的一份功劳。在西门父子的时代，能说他们那样标准流利汉语的西方人不多。

今天，国语罗马字虽然已经退出了历史舞台，但有关这个课题的研究应该还没有结束。声调是西方人学习汉语语音的最大障碍，而国语罗马字却在教学声调上有独到之处。用字母标调和用符号标调在语言学和认知学上到底有什么本质上的区别？母语为中文的和母语不是中文的，在拼音和国语罗马字的认知上有无区别？诸如此类的问题，都值得进一步研究。

---

21 见 2020 年 11 月 26 日电话采访记录。

第十八章

打领带的先生

1961—1988

穷尽一生

汉学家父子西门华德和西门华

1961 年的墨尔本大学校园，不像现在有那么多建筑物。校园的中心，是一个凹形的建筑群。该建筑群遵循牛津大学和剑桥大学的四边形设计，具有哥特式风格。回廊中心有个天井，里面种着几株茶花。每逢碗大一朵的深红色的茶花竞相怒放之时，就会引来一群又一群的观赏者。建筑群南面，朝着城市的方向，是一个土黄色的钟楼。钟楼前是一方草坪，草坪左边是威尔森礼堂，右边是贝琉图书馆。两排高耸的松柏，一直延伸到校门口。威尔森礼堂是由澳大利亚政治家威尔森（Samuel Wilson）捐款，于 1882 年建成的。这个礼堂是大学授予学位的殿堂，也是学生期末考试之所。英国王太后曾在这里接受过法学荣誉学位头衔。1952 年，这座哥特式建筑不幸被大火烧毁。1956 年，具有现代风格的威尔森新礼堂在原地落成。

西门华任职期间，东方研究系共栖身过三处：皇家广场（Royal Parade）205 号、微生物系大楼（Microbiology Building）以及梅德利大楼（John Medley Building）。

皇家广场 205 号是位于大学附近的一栋独立的欧式尖顶小红楼，有着红色的砖墙、黄色的装饰边、绿色和白色相间的木走廊。前面提到过，东方研究系初建时，大学校舍紧张，无安身之地，因此，迈雅集团买下了这栋建筑。[1] 小楼有两层，楼下的三间房里，两间做教室，一间做图书室，楼上用作老师的办公室。这栋校舍很舒适，比校本部条件好，但是，走到最近的校门口也需要七八分钟，而课间休息只有十分钟，给学生赶下一堂课造成了困难，尤其是雨天。在西门华的不

---

1 皇家广场 205 号现为墨尔本大学国际宿舍（International House）的一个组成部分。

断努力下，1966 年，东方研究系借居新落成的微生物系大楼六楼。这栋大楼就在贝琉图书馆后面，对学生来说方便多了。西门华在当年的年度报告里专门感谢了微生物系主任的热情支持。一直到 1971 年 8 月，东方研究系才终于有了自己的安身之处，搬进了新建的梅德利大楼。[2] 这座大楼以 1938—1951 年间担任校长的梅德利（John Dudley Gibbs Medley）的名字命名。

梅德利大楼和法学院相对，出门往北上十来级台阶，穿过草坪，便到钟楼和法学院。梅德利大楼由两座六层高的塔式建筑组成，分别命名为"东塔"和"西塔"。两塔的一楼之间通过拱形走道相连，五楼有天桥连接，三楼有一个可作为连接两塔的大房间，既方便三四楼各系之间的来往，又可用作一个公共的教工活动室。站在天桥上或活动室里，向北边可以看到钟楼以及钟楼下的草坪，向南边可以欣赏到城市的美景。西门华直接参与了建设和分配此大楼的决策。[3] 这栋当年耗资 150 万修建的大楼从 1971 年 8 月 12 日开始使用，最初叫文学院南楼，供包括东方研究系在内的六个系使用。每个系有一间图书室、一间大教室和一两间小教室。西塔一楼是一间公用的语言实验室，东塔一楼是公用教室。东方研究系位居西塔五楼。

如果采访西门华时代东方研究系的毕业生，他们都有可能会提到系图书室，提到在那里度过的欢乐时光。

东方研究系从建系起就一直有图书室。梅德利大楼的系图书室在

---

2 Melbourne University，1971，第 6 页。

3 在东方研究系的档案里，有一整盒与这座大楼有关的资料，包括建筑设计图、预算，以及落成后办公室的分配方案。

摄于20世纪80年代。

图18.1　西门华在办公室

五楼，位居西塔南面的中央，朝南。左边是西门华的办公室和秘书的办公室，右边是一间教室。系图书室后面是一个小小的厨房，内有电炉和热水器。系图书室的三面墙都是带有玻璃门的书柜，中间放了几张条桌。1969年系里共有藏书3 229册书，杂志12种；1973年达到8 000册书。[4]系里的日文老师奥茨既懂日文又懂中文，他负责给图书编目。

学汉语比学西方语言需要更多的时间。"学生教学生"是西门华主张的一种教学方式，系图书室便是实施这一方法的场所。师生所需要的工具书和参考资料都能在系图书室找到，系图书室里还有各种中英文杂志供查阅。

4　未能找见1973年以后的记录。

　　"所有那些年的学生都深深地怀念西门华建立的系图书室里那种独特氛围。那里是学生们接受正式或非正式教育的场所，（学生）可以在那里自由交流。"[5]

　　"那是个十分平等的地方。讲师或教授会偶尔过来，跟大家坐在一起，聊聊天。同学们也都互相帮助，如果你是一年级的学生，对自己读的文本不理解，你可以向一个三年级的已经学完那个文本的学生求助。那时人们之间关系很近，我有一些最好的朋友就是那个时候认识的。那是个令人忘记烦恼的地方。"[6]

　　东方研究系从一开始就有一个好传统，即定期不定期地请专家学者做讲座，师生们可以自由参加，时间一般是中午一点或下午五点以后，系图书室便是常用的场所。大陆开放以后，不少学者，如杨宪益夫妇、朱德熙、吴祖光、韩少功、冯骥才等都在东方研究系做过讲座。

　　和亚非学院一样，每年年底，学期结束后，系里都会在图书室为毕业生举行晚会，而且形式多变，每年不一样。晚餐由系里的女教职员工负责准备。在晚会上，西装革履的西门华会做一个很正式的讲话，接着学生会有各种各样的表演。有一年的表演是学生自己写的英文讽刺话剧，把"四人帮"和澳大利亚的政客联系起来，让大家笑声不绝。学生们感觉到"在欢乐的气氛中，在红酒的润滑下，不管说什么语言，都能变得很流畅"。[7]

　　毕业于东方研究系，现为澳大利亚国立大学副教授的一位学者说，

---

5 Endrey，Nailer & Simon，C.，2020；Endrey，2019.

6 仟璐曼，2019。

7 Endrey，2019.

从教以来，他就一直希望能建立这样一个图书室，作为一个系的中心和灵魂所泊之处，可惜因为种种原因未能如愿。东方研究系作为一个小系，保住了这个图书室，这个心泊之港，是西门华煞费苦心，在各种会议上据理力争的结果。"西门华让一个小系，在各种困难和压力下得以生存，并发展壮大，非常不易。"东方研究系一位退休教师感慨地回忆道。[8] 而据西门卡萝说，他父亲之所以那么重视这样一个师生共享的空间，与他在亚非学院时的经历有关。他很怀念那种师生关系融洽的感觉，很希望为大家创造这样的环境。他还曾为保留一个与图书室有关的职位——"茶娘"（Tea Lady）而大费周折。

茶娘曾是一种职业，起于第二次世界大战，指那些为医院、为公司准备茶水的人，到了 20 世纪 60 年代，茶娘这个职业慢慢地消失了。东方研究系的茶娘鲍威尔（Margaret Powell）原是大学的行政人员，后改为半职工作。从建系开始，她就为系里打扫卫生，准备茶水，帮秘书打打杂，一直到 70 年代中期才退休。鲍威尔是在该系所待时间最长的职工，被学生形容为"具有母爱，愿意聆听忏悔的人"。[9]

六七十年代的时候，茶或咖啡是五分钱一杯。下了课，总有学生到茶娘那里喝茶、喝咖啡，聊聊天气、聊聊八卦新闻。茶娘也常常会忍不住透露点小道消息。有一次，一位学生交荣誉学位论文以后，茶娘向他透露，西门华很欣赏他的论文，读的时候满脸带笑，连连点头。果然，没过多少天，西门华约见了这个学生，对论文提出很详细的意见，鼓励这位学生修改后投稿，并鼓励他去剑桥大学深造。

---

[8] 本章中未标明出处的均来自笔者 2019 年 12 月到 2022 年 7 月之间的采访记录。

[9] Endrey，Nailer & Simon，C.，2020；Endrey，2019.

年轻的大学生正是渴望爱情的时候，和男朋友、女朋友吵架受委屈，分手受伤害，茶娘便是他们倾诉的对象。一杯热乎乎的茶或咖啡喝下去，茶娘一番过来人的疏导，学生往往会止住泪水，轻松地离开。

前面提到过，卡萝即将到中文系就读时，西门华曾很严肃地交代她不能透露他俩的关系，可这完全是徒劳的。系里老师和秘书知道她的身份，茶娘也就知道。卡萝第一次去喝咖啡时，茶娘不收钱，说你是系主任的女儿，不用交钱。西门卡萝觉得不舒服，和父亲说了。西门华大概提醒了茶娘，从那以后，茶娘再没有给过她额外的优待。

茶娘对学生们甚至到了溺爱的程度。那时候，学生三个小时的期末考试就在系里举行。一次，有位学生无意提及，要是考试中有杯咖啡喝就好了。结果茶娘当了真，当年起就在考试时给学生们送来茶水。有一次考试考到一半时，学生们几乎一齐停了笔，四处张望，原来，茶娘迟到了。

系秘书也是与图书室密切相关的人物，除了协助西门华的工作，还负责系里的日常事务。学生们有什么问题，第一个想到咨询的人往往是秘书。"西门华作为老师和行政管理人员，充满精力和热情，但也有失去耐心的时候。无法在会议或上课之前找到所需的材料，他可能会对秘书发火。如果学生们为某事缠着秘书，他可能会不高兴地说：'我能和我的秘书待一会儿吗？'"[10] 秘书知道西门华的脾气，发过就没事了。所以有人抱怨时，她会宽慰道："他就是这样的人，你别介意。"

---

10 Endrey，2019.

在西门华任职的时代，一个系只有一个教授，教授得兼系主任，负责系里的一切事务，包括财政收支等。教授们一般都有自己的研究领域，大多不愿意在行政工作上耗费时间。可是，缺乏好的行政管理，教学会受影响，师生会有意见。70年代中期，墨尔本大学有过一场民主运动，师生们要求改变教授即系主任的传统，改成经老师和学生代表选举产生系主任。结果，西门华是为数不多的经选举仍然担任系主任职务的教授。大多数教授愿意放弃行政职务，专心做研究，包括西门华的父亲。西门华德退休时如释重负，说终于可以专心做研究了。而西门华却很喜欢这种有挑战性、能最大限度实现自己办学理念的行政职位。他的理念，就包括为师生们提供心灵的港湾。

西装革履，配上颜色搭配讲究的领带，是西门华给同事、学生们留下的印象。一直到晚年，在养老院里，当周围的人都穿着便装甚至睡衣时，他仍着装正式，还不忘打领带。以至于那里的人都称他为"打领带的先生"。

"东方研究系的学生不仅会因为学习问题找西门华，遇到个人问题也会找系主任。恋爱遇到挫折、丧亲、住房或财务危机、工作压力或家庭纠纷，无论是什么，西门华都会专心地听。他并不限于当个耐心的听众，而是会迅速做出决定，该安抚的安抚，能解决的予以解决。他会亲自给可能解决问题的单位打电话，一个单位不行，再找一个。有时，甚至会请有麻烦的学生去家里一起住几天，在海边休息一下。如果学生不得已要中断学习，他会通过自己的关系，给学生寻找临时工作，直到这位学生可以重返课堂。这种关怀、关注和同情的程度，远远超出了大学对系主任的期望。"[11]

　　一位女教师记得这样一个故事。1973 年，东亚研究课临时缺助教，西门华找到她。当时她刚生孩子不久，就回答说："我可以去代课，但得带着孩子去。"西门华同意了。这位助教上课时，便把孩子装在提篮里，留在系秘书处。一天下课后，她发现秘书不在，提篮也不见了。找到西门华的办公室时，看见他正在逗孩子。西门华对她说："我学过不少语言，可惜没有学过幼儿语言。"这位女教师感慨地说，这还真不像我平日看到的那个有军人气质的西门华。

　　一直到 80 年代末期，墨尔本懂中文的人仍然不多。社会上有什么需求，无论大小，都有可能找到东方研究系。比如说，一位在某妇女杂志上开"风水"专栏的女士曾专程到系里来请教"风水"二字的发音；又比如，曾有一位长者捧着一个有两条浮龙的铜罐来请教其年代和价值。类似的事情如果西门华碰巧遇上，他一定会出手相助。一次，某工厂急需找一位中文翻译，碰巧是西门华接的电话。他马上想到系里的学生或助教可以承担，赚点生活费，便为他们应下了这份工作。

　　1996 年的一天，系里一位助教请刚从香港回到墨尔本的西门夫妇到家里吃晚饭。知道饭菜是助教的先生做的，而他所在的工作单位迁址到离城很远的地方，正在另找工作，西门华就说："我有一个主意。澳大利亚人在举行聚会时，有时会请人到家里做饭。你的饭菜做得这么好，可以试试。我可以给你介绍顾客。"忘了当时是怎么答复

---

11 Endrey，2019.

他的，总之，助教夫妇很快就把这件事忘了。大约两个月后的一天，西门华突然打来电话，问助教夫妇对上门做饭一事考虑得怎么样，他已经打听到具体的操作方法和收费标准，如果愿意，可以介绍第一位顾客给他们。助教的先生对自己上门服务没有信心，婉言谢绝了西门华的好意。为此，夫妇二人对西门华一直心怀深深的谢意和歉意。

西门珍妮在回忆父亲时说："在我求学的过程中，父亲一直非常耐心地、热情地帮助我。他是一位才华横溢的老师，能够把复杂的问题用简单明了的语言解释清楚。他是我的好榜样，教导了我将繁复的信息归纳为简单明了的条文的重要性，而这一点，让我的整个职业生涯受益匪浅。"[12]

西门华精力充沛，很喜欢组织或参加各种活动。西门珍妮说："父亲的同事和学生曾在我家举行过饺子派对，那个异常欢乐的场面给我留下了美好的记忆。父亲很有组织各种活动（曲棍球、滑冰等）的能力，这无疑有助于建立一个紧密团结的团队。"西门华在1973年给父母的一封信里曾提到学生们的一次活动，说最后一个项目是在他家烧烤。"我不知道我们是否能安排好40个人的烧烤，不过学生们说了，他们自带肉食。"[13]

西门华的学生曾讲过这样一桩轶事。70年代后期一个星期五晚上，西门华碰巧经过梅德利大楼的公共活动室，那里正在举行聚会。桌上放着葡萄酒和奶酪，一群人正在轻松愉快地聊天，里面有不少他熟悉的面孔。令他感到困惑的是，他居然不知有此聚会，也没有被邀

12　见2022年10月7日的书面采访。

13　Simon，F. H.，1973c，第2页。

请。出于好奇，他走向人群。让他更困惑的的是，认识他的人表情都有些奇怪。

"哇，西门华，我们没想到能在这里见到你。"

"对呀，这真是一个惊喜。谁曾想到呢？"

"欢迎您，西门华，您能来真是太好了！"

看到一屋全是男性，西门华才突然意识到，他无意闯进了同性恋者举行的"欢乐时光"活动。[14]

图18.2　西门华在朋友家

14　Endrey，2019.

东方研究系的老师每周或每两周都会有例会，例会的讨论有专人记录。早期的记录者是廖伊丽斯，廖伊丽斯离开后一直是孟华玲，直至她退休。遗憾的是，在西门华时代，保留下来的会议记录只找到1977—1980年的很少一部分，以1979年的为多。

按照惯例，会议记录经整理后会发给大家。在下一次例会上，西门华会先询问大家对上次例会记录的意见，如是否属实，布置了的事情是否落实，等等。学生问题几乎每次例会都会讨论。老师们很注意学生的出勤率，任课老师会报告缺席多的学生，而西门华会去信询问原因，老师们也会跟进此事，直至有答案。例如，在1979年7月24日的例会上，"学生问题"一栏记载着某某学生一直没有来上课，西门教授将给他写信。[15] 有一次，在回家的路上，西门华对卡萝说："今天我们的教师例会上提到了你，你为什么不去上课？"

东方研究系办公室的门上都有老师的名字和职称，以便学生联系。每逢有新的老师来，即使短期授课的访问学者，西门华都很注意检查门上的牌子换了没有。如果没有，他就会找有关部门解决。老师病了，他会交代秘书给医院送鲜花，并会在例会上提及此事，记录大家对病人的祝福。[16]

墨尔本大学每年有一个开放日，从早上十点到下午四点半，各个系都会安排场地接待中学毕业生，为他们考大学选科目提供帮助。校方对这一天的活动很重视，在大学的《员工简讯》（*Staff News*）里，每年的开放日必有两期以上有记载，先是开放日的时间预报，后有开

15 Department of Oriental Studies，The University of Melbourne，1979a，第2页。

16 Department of Oriental Studies，The University of Melbourne，1979b，第1页。

放日后的小结。这一天，也是各系竞争来年学生的一个极好机会，每个系都会争取把自己小小的地盘布置得有模有样。有专人接待，解惑答疑，还会安排各种各样的活动。

每年开放日，西门华和老师们都会很认真地对待，全系老师出动，老师们还会做些拿手的食物带到展厅。开放日往往也是西门华全家的活动日，玛果会带着两个女儿前去助阵。从 1968 年拍摄的一张照片中看到，那一年东方研究系开放日的展厅里，挂有宫灯和短袖花旗袍，墙上贴有漂亮的书法作品，桌子上放着一些中国和日本的工艺品。

1975 年的开放日有如下安排：

1：30—4：30 书画展览：包括 20 世纪的水彩画和木版画，以及中文和日文的书籍

2：00 讲座：学日语，聊聊日语，教一两个日常用语

2：40 讲座：学中文，聊聊中文，教一两个日常用语

3：00—4：00 书画现场表演：金承艺的书法，杨秀拔的中国画

开放日过后，西门华给文学院院长写了一封信，说这年的开放日像往年一样，人很少。他的中文讲座只有八个听众，日语讲座只有一个。询问中日文课程的一共只有 12 个人，看书画表演的观众也寥寥无几。原因可能有几个：一是中学生不知道有开放日；二是时间不对（星期天的下午），天气不好（寒冷的雨天）；三是学生没找到地方。[17]

---

17 Simon, H. F., 1975b.

因此，西门华建议文学院对开放日的时间和地点做些调整。可是，情况并未好转，1977年，中文、日文、印度尼西亚文三个组的七位老师参加了开放日，还有七八个学生（多数是学中文的）帮忙，展览了书法，放了录像，但一共只有十个中学生问津。[18]

玛果（穿黑衣者）带着两个女儿参加东方研究系的开放日，两位男士为西门华和康丹。1968年摄于墨尔本大学。
图18.3　东方研究系的开放日

尽管如此，系里对开放日的重视从来没有松懈过。一位学生特别记得80年代末，贺大卫带领他们为开放日助阵的情形。有那么几年，每逢开放日到来之前，贺大卫就会在学生中征求志愿者，利用业余时间指导他们学习延安秧歌鼓点。贺大卫的博士论文是《延安时期的艺术与意识形态，1937—1945》。他的早期著作《延安的文风整顿》《战时边境地区文学的地方色彩和普及》等，曾列为东方研究系文学课的

18　Anonymous，1977.

参考书目。[19] 开放日当天,他便带着一群学生,敲锣打鼓,围着校园走上几圈,把热闹气氛造起来。

对于西门华和系里的老师来说,心泊之港还有一处,那就是"大学俱乐部"(University House)。

俱乐部坐落在大学的西北角。从贝琉图书馆出来,往北走几百米,就可以看到这栋 1885 年建造的、维多利亚风格的两层小楼。里面有十分雅致的咖啡厅、餐厅以及若干个可以用餐或举行小型活动的房间,后面还有一个小花园。这栋楼在 1952 年被改成教师俱乐部之前换过三任主人,都是大学里的教授。俱乐部实行会员制,需两名会员介绍方可入会,每年得交付年费。非俱乐部的成员得由成员邀请方能入内,每次进入必须签字。西门华总是鼓励系里的老师加入俱乐部,并自告奋勇当介绍人。东方研究系的教师有什么活动,也常在俱乐部举行。老师们有一两个小时空闲时,会抱着一摞学生作业,到俱乐部买杯咖啡,坐在舒适的靠椅上,边喝咖啡边改作业。冬天,壁炉的火熊熊燃烧,让人心生暖意;夏天,窗外的大树遮住阳光,很是清凉舒适。

西门华在俱乐部接待过国内外许多贵客。以最初创业的五年(1961 年 7 月 24 日到 1966 年 10 月 21 日)为例,有记录的客人共计 143 人次。其中有官方人士、新上任的老师以及访问学者等。如1961 年 9 月 5 日和 9 月 27 日接待了迈雅集团的有关人员,1962 年 6 月 8 日接待了中华书局有关人员,1963 年 12 月 16 日接待了亚非学

---

19 D. Holm. 1982. 'The Literary Rectification in Yan'an'. W. Kubin & R. Wagner〔eds.〕, Essays in *Modern Chinese Literature and Literary Criticism*. Bochum:Brockeyer, pp. 272—308;1986. 'Local Colour and Popularisation in the Literature of the Wartime Border Regions', *Modern Chinese Literature*,2:1,7—20.

院的贝雷（Harold Walter Baile），1964 年 3 月 13 日接待了台湾"驻墨尔本领事"，1964 年 6 月 18 日为居浩然接风，1964 年 9 月 19 日接待了戴维斯、马悦然以及斯普伦克，1965 年 10 月 8 日接待了日本大使，1966 年 2 月 24 日为张在贤接风，等等。[20]

西门华于 1988 年 8 月 31 日正式退休，文学院为他在教师俱乐部举行了告别酒会。西门华身着深褐色的西装，系着褐色和橘红色相间的领带；玛果穿了一身大红色的套裙。夫妻二人容光焕发，精神矍铄。

在会上，西门华和即将代理系主任的贺大卫分别发表了讲话。贺大卫还代表 123 位院系同事把送给西门华的临别赠物，双手递给了他。西门华和同事们、学生们一起，回忆了东方研究系 27 年的筚路蓝缕、艰苦卓绝；和同事们、学生们一起，为东方研究系 27 年的木铎金声、弦歌不辍而频频举杯。

西门华在墨尔本大学任职 27 年，他和他的团队培育的学生人数并不很可观，但质量却可圈可点。这 27 年中，东方研究系共有 24 届中文本科生毕业，23 届荣誉学位学生毕业。在这些为数不多的学生中，有澳大利亚外交部的各级官员，有为澳大利亚前总理在内的政界人士担任过翻译的官员，有活跃在学术界的教授、副教授，有在中学和大学担任教学工作的教师以及行政管理人员，还有在政界、法律界、国际贸易以及文化艺术等部门担任重要职务的人员。

西门华是在冷战的艰难岁月里创建了东方研究系。他和他的团队用他们的知识和智慧以及对事业的执着，激发了青年学生学习汉语，

20　Department of Oriental Studies，The University of Melbourne，1966.

了解中国历史和文化的热情。学生们夸他为一位敬业的老师，一位勇
于进取的高校行政人员，一位众多人的贴心导师，一位风趣幽默、永
远年轻的人。[21]

---

21 Endrey，Nailer & Simon，C.，2020.

第十九章

岭南和雅拉河之南

1989-2019

穷尽一生

汉学家父子西门华德和西门华

1988 年，西门华从墨尔本大学退休后，应聘去了香港岭南书院。1996 年夫妻二人回到墨尔本，住进雅拉河南面的新居，在水之南度过了他们的晚年。

香港对西门华来说，不是一个陌生的地方。能去香港住上一段时间，他是十分乐意的。西门华第一次去香港是 1949 年，虽说后来改道成都，但在香港前前后后也待了两三个月。他还分别于 1980 年、1983 年在香港大学语言中心当过访问学者，1984 年在香港中文大学担任过访问学者。每次去大陆或去台湾经过香港时，他也会去拜会香港各大学的有关人士。香港大学中文系于 1971 年 12 月 15 日的一封公函显示，当年 12 月 3 日，西门华去台湾休学术假前夕，曾给中文系写过信，告知他到港的时间。中文系欢迎他到访，并就他和校长见面的事宜做了安排。[1]

1988 年，对岭南书院来说，不是一个平常的年份。一百年前，岭南书院的前身——由美国基督教长老会办的格致书院在广州成立，1927 年改制成为岭南大学，1952 年合并到广州中山大学。1988 年，中山大学在原岭南大学旧址建立了中山大学岭南学院。而在香港，岭南校友于 1967 年以"岭南书院"的名义复校，1978 年岭南书院改名为"岭南学院"。1988 年，英国"国家学术颁授委员会"全面评审了香港岭南学院，指出该校已完全达到评审要求，建议政府将其升格为大学。1999 年，岭南书院正名为岭南大学。[2]

学校转型的一个重要标志是拥有相应水平的学者、相应的院系、

1　Ma，1971，第 1 页。

2　岭南大学香港同学会，1989a，第 12 页。

相应的图书馆等。岭南校方需要一个既有中英文研究背景，又有行政管理经验的学者担任文学院院长。不管从哪个角度来说，西门华都是一位合适的人选。因此，当他的一位中国朋友得知岭南书院的招聘信息，并知道西门华即将退休时，便马上把这个消息告诉了他。1988年4月21日，西门华给岭南书院写了应聘函，从教学、研究、课程设置、行政、校外工作等五个方面介绍了自己。他写道：

教学方面

作为教师，从1947年起开始教中文，本科从一年级到四年级都教过。最近十来年，因为行政工作的繁重，主要教二—四年级的翻译和古典诗词课程。[3]

研究方面

作为研究人员，早期的兴趣是元曲和宋词，是文学。中国、法国、德国文学都喜欢，还曾用这三种语言讲过课。1953年起开始研究中国语言学，先是描写语言学，70年代后期转向篇章语言学，将对语法的见解写入了教学语法。

课程设置方面

作为东方研究系的系主任，全权负责中文和日文课程的设置和实施。很幸运拥有富有创意的同事们，分担了责任。

行政方面

作为行政人员，积极参加了院系的领导工作。在校级层面，

---

3 西门华从1945年就开始教中文了，1947年是他被聘为中文讲师的年份。

一直是校学术委员会的成员，负责大学课程的更改和新课程的设立，也参与了大学有关财政预算和校舍建筑等事务的决策；在学院层面，参与了政策制定、资金分配以及校舍安排等工作；作为 1961 年上任的系主任，东方研究系的规模已经翻倍，除了有中文和日文，还有了印尼文、印度文以及亚洲人类学等课程。

校外工作

作为学校的代表，负责与中学中文教育的协调工作；作为澳中协会的会员，负有一定的行政责任。

除了这封信，西门华还附上了自己的简历。光是简历上列出的各种不同级别的委员会，以及担任过的各种行政职务，就令人心生敬意。除了担任系主任，西门华还曾担任过大学的署理校长，文学院院长、副院长。在学校一级，他曾是 12 个委员会的成员，如学术政策委员会；在学院一级，他曾是六个委员会的成员，如系主任委员会；他曾是跨院校的四个委员会的成员，如中文学科常务委员会；在校外，曾是十个委员会的成员，如澳中协会。[4] 在这众多的协会中，他还曾担任过某些协会的主席。不管在哪个委员会，他都是积极的参与者。[5]

担任这些职务需要搭上多少精力和时间，付出多少辛劳，不是圈内人恐怕是很难体会到的。历年来，西门华给大学写了不少提案，如 1983 年的有关澳大利亚语言政策的提案，至今看来，都是很有见地

4　Simon，H. F.，1988a，1988b。

5　Poynter & Rasmussen，1996，第 372、373、383 页。

的。[6]

1989 年的《岭南通讯》有这样的记载："本年度岭南教职员阵容更见鼎盛。其中佼佼者包括西门华（Harry Simon）教授、赖瑞和博士以及廖少廉教授。西门华教授为著名学者，对现代中国语言及文学研究甚湛，历任澳大利亚墨尔本大学东方研究系教授，亚洲语言人类学系主任、文学院院长、署理校长等职务。今次接受学院聘约，出任文学院院长以及新成立的翻译系系主任。"[7] 据说，成立翻译系是西门华的提议。他意识到翻译在香港这个地方的重要性，而香港大学当时没有翻译系。西门华担任该系系主任十分称职。他的母语是德语，在中学学过法语和英语，在大学学了汉语和日语。他能用中、英、德、法四种语言讲课，而且在墨尔本大学一直教翻译。一位来自美国的教授曾撰文说："西门华说一口漂亮的、带传统口音的英语，而且保留了德语。他的德语口语和写作都有很高的水平。"[8]

西门华领导的文学院有三个系：英文系、翻译系和中文系。新创建的翻译系是西门华工作的重心。到了 1991 年，翻译系有了包括荣誉学位在内的学士课程。

为了让学生提高英语水平，翻译系于 1989 年开始，就组织了为期六个星期的暑期学习班，让学生到说英语的国家体验生活，实地学习语言和文化。西门华从不同的机构为学生们申请差旅费，并为他们联系研习单位。那一年，六名翻译系的学生去了美国特拉华大学

---

6 Simon，H. F.，1983a.

7 岭南大学香港同学会，1989a，第 14—15 页。赖瑞和在文中误写为"赖瑞"。

8 Kowallis，2020，第 189—190 页。

（University of Delaware），十三名学生去了墨尔本大学。《岭南通讯》的报道指出："这相信是本港专上学校一首创先河之举。""学生们反映该项研习计划已为他们将来从事翻译工作打下良好基础。"1993年，翻译系三年级的同学于暑假前往墨尔本。前两周住墨尔本大学宿舍，并在皇家墨尔本理工大学（Royal Melbourne Institute of Technology，简称 RMIT）修读英语；后四周住当地人家里，在墨尔本大学旁听。[9] 西门华还通过朋友，请对中国感兴趣的西方人关照这些学生，带他们四处参观。

岭南书院成立 25 周年时，学校举办了一系列庆祝纪念活动，包括 3 月 11 日在学校大会堂音乐厅举行的颁奖仪式。校长致辞以后，"由文学院院长西门华教授"等三人向 41 名学生颁发了"成绩优异奖"，这一年度的"文学院最佳学生奖"由翻译系一位三年级的同学获得。

1994 年 11 月 17 日，岭南书院举行了第 24 届毕业典礼，并首次对毕业生颁授学位，对学者和社会知名人士授予荣誉博士学位，"由署理副校长西门华教授宣读荣誉学位赞词"。大会宣布授予文学院翻译荣誉学士 87 名，翻译学士 16 名。香港各界共约 2800 人参加了这次盛会。[10] 西门卡萝保留了典礼的录像带，留下了大会的盛况以及西门华——一位 71 岁长者的风采。紧接着，1995 年，岭南书院文学、语言、翻译研究中心成立。一位在岭南书院翻译系任过教的学者回忆西门华时说，作为一个有经验的专家，在岭南书院顺利地完成从专科

9　岭南大学香港同学会，1989b，第 10—11 页；1994，第 33 页。
10　岭南大学香港同学会，1993，第 12 页；1995，第 1 页。

学校到大学的转型，顺利完成校舍的搬迁上做出了很大的贡献。[11]

在岭南任职期间，西门华夫妇在多个地方住过，其中一个公寓在湾仔黄泥涌峡道一个板球俱乐部隔壁。他曾对同事说："我很喜欢板球，却是个很差的球员。"[12]公寓离岭南书院只有三公里。每天早上，只要时间允许，西门华都会在校园里长跑。有一年，他还参加了学校的运动日。西门卡萝保留

图19.1 岭南书院运动场上的西门华

了他在运动日上的一张珍贵照片：西门华穿着一套夏天的运动服，在岭南书院的操场上迎着阳光跑步，看上去一点都不像一位65岁的长者。

在香港的几年，西门华夫妇过得很舒心，原因之一是他们的许多熟人、朋友都住香港或来往于香港。德威男孩尤德届时在香港担任总督，王赓武在香港大学当校长，刘殿爵从香港大学荣休，蓝克实应聘到岭南书院教了两年翻译课。老朋友沃德和马悦然也先后与西门华夫

11　见2020年8月6日书面采访记录。岭南大学从湾仔区司徒拔道一个很小的与岭南小学和中学公用的校区，搬迁到屯门虎地。

12　见2020年8月6日书面采访记录。

妇在香港见了面。

西门卡萝说沃德和马悦然作为她的教父都非常称职。她成年以后，和两位教父的交往是独立的，他们像朋友一样通信。两位教父对卡萝都关爱有加，卡萝每每想起他们，就心怀敬意和谢意。

沃德于20世纪50年代完成了在香港的公干回到伦敦以后，一直在政府部门工作。西门华德在《初级中英国语字典》第二版（1958）的序里，曾对沃德指出了第一版中的错误之处表示了感谢。西门卡萝在生日的时候，总能收到沃德寄的生日卡和礼物；大学毕业找工作时，他曾认真为她提供建议。沃德终生未娶，却有十一个教子。当第十二对父母请他当教父时，他婉拒了，说已经十一个，不能再多了。

1973年8月8日，沃德曾去墨尔本探望过西门华一家，在他家待了四天，留下了几张珍贵的照片，可惜因为种种原因，照片变得模糊不清了。西门卡萝在当年9月2日给祖父的信里提到沃德的到来给家人带来的喜悦，尤其是当时因工作不顺而情绪不佳的父亲。"对父亲来说，有个老朋友谈心，是非常好的事。"[13]

沃德和西门华一直有信件来往。在1974年5月31日从伦敦寄给西门华的信中，沃德请求西门华帮他找一位能去东京大使馆工作一年的日文翻译，还告诉了他两位朋友的近况：1950年在香港接待过西门华和马悦然的马礼逊堂主管格林一月满了八十，虽说行走不便，依旧十分活跃；亚非学院的鲍登在一个学术会议上做了一个关于中国和蒙古关系的报告。[14]

13　Simon，F. H.，1973c，第2页；Simon，C.，1973，第2页。
14　Ward，1974.

西门华和马悦然不在一起的时候，通信并不是很多，书信往往以致歉开始。"我早就该给你写信的，唯一的借口是斯德哥尔摩的生活太忙碌了。"这是 1975 年 2 月 18 日马悦然给西门华的信的开头。在这封信里，他告诉了西门华一个好消息，他在 1976 年将作为访问学者去澳大利亚国立大学待四个月，还写了他和妻子那年在英国的情况。

> 宁祖和我一月在伦敦待了三个星期。我们到达时没有惊动任何人。第一周我悄悄地在亚非学院的图书馆进进出出，没有打算和谁联系。一天中午，我去吃午餐的路上，听到街的对面有人叫我，是你父亲，站在街对面的意大利披萨店叫我。我们一起吃了中饭。我十分高兴，因为你父亲看上去很健康，走起路来非常轻松。比我上次在他八十大寿，亚非学院为他办的酒会上显得更精神。
>
> 第一个忙碌的星期过去后，我们开始拜见老朋友。我们和刘程荫、刘承恩夫妇一起吃了晚饭，见了刘殿爵、葛瑞汉和另一些朋友。亚非学院的图书馆给我留下的印象最深。
>
> 我们离开伦敦的头一天，你父母请我们到一家中餐馆（Richmond Rendez-Vous）用餐，在座的还有赖宝勤和沃德。我自从 1950 年后就没有见过沃德了，吃完中饭以后，我们去沃德的公寓里喝茶，这真是难忘的一天。[15]

---

15 Malmqvist, 1975, 第 1 页。据西门卡萝回忆，西门华德夫妇很喜欢吃中餐，如果外出用餐，常常首选中餐。

1976 年 2 月 15 日到 6 月 15 日，马悦然夫妇在澳大利亚国立大学访问，4 月 7 日到 4 月 9 日访问了墨尔本大学。根据东方研究系的记录，马悦然给学生讲了四节诗词课，做了一个讲座，题目为"斯堪的纳维亚和欧洲的中国研究"。马悦然夫妇到西门华家做客，宁祖教大家做饺子，吃完后还一起做"比手画脚"的游戏。[16]

那一年，正逢西门卡萝大学毕业。一天，宁祖对马悦然说："我们是不是应该给卡萝买件首饰做纪念。"他两带卡萝到了一家法国的

从左到右依次为马悦然、陈宁祖、西门华。西门卡萝1992年摄于斯德哥尔摩。

图19.2　西门华和马悦然夫妇

16　"比手画脚"（Charades）是一种用肢体语言表示某个词语意义的游戏。

首饰店，给她选了一个梨形的银坠子。小巧可爱的梨上有两片小叶子，俏皮地张开。卡萝非常喜欢这件首饰，直到今天还常常佩戴。

1992 年，西门华夫妇以及卡萝一起去欧洲度假，特意去拜访了马悦然一家。他们在马家的度假屋附近租了一套房子，在那里整整待了十天。那一年，宁祖做了个大手术，并将做另一个手术。她看上去脸色苍白，但尽量显得像常人一样，一次也不曾提及自己的病，还亲自下厨给西门华一家做了几顿饭。有一次饭后，卡萝跟着宁祖进厨房，发现她不对劲，赶紧要她休息，并要求替她洗碗。宁祖一定是实在支持不了了，答应了卡萝的请求。卡萝非常佩服她的坚强。

卡萝已经是第二次造访马悦然一家了。1978 年，她和男朋友到英国住了三个月后，应邀到马悦然家住过十天，曾跟着马悦然去听过研究生的讲座。其间，她给马悦然和其家人拍了一些照片，其中，马悦然在灯下入神阅读的瞬间她最喜欢。

马悦然《另一种乡愁》一书不但记录了他和西门华在成都的经历，还收有两张照片。一张是西门华和马悦然二人于 1991 年在香港的合影；另一张是西门华于 1992 年到斯德哥尔摩探望马悦然时的留影，照片的背景是马悦然的度假屋，照片中有西门华夫妇、卡萝，以及马悦然与他的大儿子和长孙。[17]。

从墨尔本大学退休以后，西门华便早早地开始考虑后事。他担心如果自己先行而去的话，夫人一个人住在交通不便的海边会有困难，便决定换房，搬到墨尔本市中心去住。

17　马悦然，2015，第 13—55 页。

20 世纪 90 年代初期墨尔本的房价低迷，是买房的好时机。但他人在香港，没法自己去找房，便托卡萝办理此事。卡萝届时住在雅拉河南面，交通极其方便，商铺餐馆比比皆是，离城区、离皇家植物园都不远。卡萝接到任务后，就从自己的区找起。不久，她找到了一所非常理想的房子。这栋平房处在闹市区的僻静处，走不了几步就是商业区，购物、乘车都十分方便。1994 年，西门华夫妇回墨尔本度假六个星期。他后来告诉女儿，他回到墨尔本第一次去看新购的房子时，非常紧张，担心自己走错了一步棋。结果是自己多虑了，他和夫人都非常满意这个新家。

1996 年，西门华结束了岭南书院的工作，开始过退休生活。每天早上，他会开车去皇家植物园，然后在公园里跑步。墨尔本皇家植物园始建于 1846 年，占地 38 公顷，里面有热带、亚热带以及温带的各种珍稀植物。湖里有少见的黑天鹅，还有一个相当不错的大咖啡厅。咖啡厅里的英式司康饼颇为有名，是英国早茶和下午茶具有代表性的甜点，也是西门华最爱的点心之一。他有时会约朋友到那里喝咖啡。2005 年的一天，一位学者在植物园偶遇正在跑步的西门华时，简直不敢相信自己的眼睛，他没想到一个 82 岁的人还如此健康。"那一刻的情形深深镌刻在我的心中。西门华从来就是如此，他从不让自己变老，这点对我们每个人来说都是一种启示。"[18]

1998 年，西门珍妮的儿子巴恩斯（Jack Barnes）出世，西门夫妇愉快地尽着外祖父、外祖母的义务。相信西门华的同事或学生看到他给外孙换尿布的照片一定会莞尔一笑，这个满面笑容给外孙换尿布的

---

18 Kowallis，2020，第 190 页。

西门卡萝1998年摄于墨尔本。

图19.3 西门华给外孙换尿布

慈祥老翁可不是他们心目中那个西装革履、系着领带，神采飞扬的学者西门华；也不是那个健步如飞、干练精明，有军人气质的系主任西门华。

从香港回到墨尔本的头几年，西门华不时会去大学，看看系里的情况怎么样，提提自己的意见和看法。他会去老师们的办公室，如果正逢老师没课，他会坐下聊聊，问问教学的情况。"在这一点上，他有点像汉学界的奇普斯先生"，[19] 一位学者评价道。奇普斯（Chips）是英国作家希尔顿（James Hilton）笔下的人物，一位终身执教、以校为家的拉丁文老师，他在一所中学里度过了既平凡又不平凡的六十年。

19　Kowallis, 2020。希尔顿的《再见，奇普斯先生》（Goodbye, Mr. Chips）曾两次拍成电影，英文片名与小说相同，中文片名为"万世师表"。

图19.4　西门玛果在自家小院里

西门华除了关心系里的建设，还有两个心愿：一是建议东方研究系开一门翻译课，二是完成他的北京口语语法书。

离西门华家不远的地方，有个瑞典教堂。这个教堂既可以做礼拜，也是举行婚礼、葬礼等各种活动的场所，还可以喝下午茶。西门华夫妇常会到那里喝茶、喝咖啡，和朋友聊天。那里的牧师夫妇和西门华夫妇特别投缘，这也是他们喜欢去那儿的原因之一。玛果曾有感而发，写了一首《瑞典教堂颂》，作为对牧师夫妇的答谢。

2009 年，玛果的身体开始出现问题，一年之中进了四次医院。年底，她进了一个为退休女性办的养老机构。一入住，玛果就要卡萝把写诗的本子和装有诗稿的文件夹带给她，有时间就修改旧诗或构思新诗。

玛果自 1952 年和西门华结婚以后，几十年来，相夫教子，随着西门华南来北往，东奔西走。她是个喜欢安静、在外人面前有些羞涩的人。结婚后，除了在墨尔本国家艺术馆当过一段时间的义务导游外，余下的时间和精力全都用在丈夫和孩子身上了。西门华是个喜欢交友的人，她也就得克服自己的羞涩，尽起女主人的义务，替丈夫招待客人。

20 世纪 50 年代在伦敦时，玛果只能做意大利面招待客人。但几十年下来，她已经能做不少菜，在家里招待众多的客人了。她做的甜点柠檬布丁，尤其受欢迎。西门卡萝记得 80 年代家里接待过一个代表团。这个代表团只有一个女团员，好像是北京大学的教授，英文非常好，有英国口音。她读过很多英文书籍，包括儿童经典书籍。西门卡萝也是个爱读书的人，和她谈得很尽兴。这个代表团周末被请到西门华家里吃饭。餐前，大家一起去海边散了步，主人与宾客相处十分融洽。

玛果虽然不懂中文，但当西门华在席间和客人们用汉语交谈时，她总是很有礼貌地坐在一旁倾听。等大家都吃完后，她就带着两个女儿收拾碗筷离席，给客人留下空间。

80 年代初期，从中国来了个代表团，由维州的政府官员作陪。当西门华邀请他们上家里吃饭时，代表团提出希望能吃中餐。这可难住了玛果，她虽说去过台湾、香港，去过不少中国人家里吃饭，却从未尝试过自己做中餐。幸而他们附近有家中餐馆，于是决定订餐。西门华亲自到店里点菜，一再交代这是招待中国的贵客，希望他们尽心，尽量做到最好。

代表团到西门华家里后，夫妻二人建议大家先到海边去散散步，负责人很有礼貌地谢绝了。大家分三桌正襟危坐，气氛有些尴尬，而中国餐馆订的菜迟迟不来，西门华打了几次电话，都说已经按时送出了。没办法，西门华只得开车出去找，原来送餐车迷了路，在屋子附近转圈。迟到的饭菜有些凉了，玛果手忙脚乱地热菜，好不容易招待大家把饭吃完。放下碗不久，时钟一到晚上九

2008年摄于墨尔本雅拉河畔。
图19.5　西门华夫妇在雅拉河畔

点整，代表团成员突然一下全站了起来，他们要离席回家了。据说那时候出国有各种规定，如不得单独行动，做客不得超过多长时间之类的。即使碰到这样的情况，玛果也表示理解。

同西门华一样，玛果和不少华裔学者保持了良好的关系。2006年，他们曾于1958年在台湾认识的老朋友——东方研究系的老师张在贤逝世，玛果和卡萝都跟着西门华参加了追悼会。在追悼会上，西

门华发了言，讲述了自己和张在贤的相识相知，对他的学识和人品做了高度评价。

张在贤之所以到东方研究系任教，很大程度上是因为他和西门华的友谊。1965 年，张在贤得到奖学金预备去美国，就在他要启程的头一天，接到西门华的来信，说东方研究系在招聘高级讲师，问他是否有兴趣。张在贤犯难了，行李已有一部分运到了机场，跟同事、朋友也告过别了，可他知道西门华对自己很欣赏和信任，知音难求，却之不恭。于是他便向恩师梁实秋请教。梁实秋说，去美国的机会有的是，去澳大利亚的只有这一次，你应该抓住机会。老师的话点醒了他，他毅然改变了航向，递上了申请。而西门华直到在张在贤的追悼会上才知道这个故事。他被老朋友的情谊深深地感动了。

为了离妻子近一些，2010 年 1 月 4 日，西门华也离开家，住进了另一家退休人员的俱乐部，夫妻之间只隔七分钟的车程。玛果居住的地方种有茶花，大朵大朵深红色的茶花很招玛果欢喜。西门华每次去看她，都会去数一数茶花的朵数，然后欣喜地告诉妻子，又有多少花骨朵儿开了。

西门卡萝永远忘不了母亲在世的最后几个月。在那几个月里，父亲每隔两天会坐出租车去看母亲，二人一块儿喝下午茶。那是老两口最享受的一刻。

2010 年 3 月 13 日的下午，西门卡萝去看母亲。临走前，她要母亲给父亲打一个电话。玛果说累了，想睡了，明天再打。卡萝坚持要母亲趁自己在时打一个。玛果便拨通了西门华的电话。卡萝回到家三个小时后，玛果在睡梦里过世了。父母的最后一个电话定格在卡萝的心里。

　　"我这辈子做的最艰难的一件事，就是把母亲过世的消息告诉父亲。"卡萝回忆说。在晚年，西门华提到妻子时，经常说成"我的玛果"或强调"她是我的玛果"。他还常告诉别人："我的玛果总是在我的身边的。"现在，与他共同生活了57年的伴侣就这样离他而去了，他完全不能接受这个事实。玛果去世几年以后的某一天，东方研究系一位老师去看老领导，西门华追问他："我的玛果是不是已经过世了？"那位老师为此事难过了很久。

　　因为西门夫妇喜欢瑞典教堂，玛果的葬礼就定在那个教堂举行。办葬礼要填写一份表格，其中一栏为辞世者的职业。看到卡萝在迟疑，办事员建议填"家庭妇女"，西门卡萝坚决反对。她觉得这个词太陈旧，她母亲的一生不能用这个词来概括。后来，二人统一了意见，在此栏填上了"妻子和母亲"。卡萝给母亲写了悼文，题目是"给一位妻子和母亲——西门玛果的悼词"。[20]

　　"妻子和母亲"，沉甸甸的几个字，承载着57年的风风雨雨，承载着57年满满的爱。当年，少女玛果不顾世俗和家庭的反对，坚持上大学，坚持学考古。结婚后，却放弃了自己心爱的专业和追求，相夫教子，尽心竭力地支持丈夫的事业，全心全意给丈夫和女儿们一个温暖的家。这种眼界，这种担当，这种牺牲，确实也只有妻子和母亲才能做到。

　　2013年9月，东方研究系的同事们在陈杨国生家给西门华庆祝90岁的生日。耄耋之年的西门华，目光不再锐利，腰板不再笔直，

20　Simon，C.，2010.

但他仍西装革履，系着领带，脸上依旧带有顽童般的笑容。就在那一年，因为年长需要更多的照顾，西门华转到一家养老院。那里的工作人员将他照顾得很好，家人常去看他，墨尔本大学的老朋友格雷戈里也会定期去探访。两个同龄的朋友常常就静静地坐着，看着对方，让岁月慢慢地、慢慢地流过。陪伴西门华的还有父母和家人的照片，有齐白石的《游虾图》和张大千的《秋山》。

第二十章

老西门和小西门

1923-1981

窮尽一生

汉学家父子西门华德和西门华

在汉学史上，有若干对汉学家父子。仅就德国出生的汉学家而言，就有福兰阁、傅吾康父子，卫礼贤、卫德明父子，埃尼希·海尼士、沃夫尔·海尼士父子，以及西门华德、西门华父子。作为汉学家父子，他们和一般的父子有什么不一样呢？被华裔学者称为"老西门"和"小西门"的两位汉学家，又是怎样一对父子呢？[1]

在 1973 年《庆祝西门华德教授八十岁论文集》里，西门华在他献给父亲的论文末尾写道："在西门华德八十岁生日之际，我将有机会在其他场合表达我个人对他的感情。但能在集刊里对我的老师、系主任、学术指导人，以及朋友（请允许我这样称呼他）致以敬意，是我的荣幸。当我寻求指导或建议的时候，他从未让我失望过。现在我与他的同事和学生一起，对他的生日表示最热烈的祝贺，并祝他在来年一切顺利。"[2] 西门父子和别的父子不一样的地方在于，他们除了是父子，身上流淌着同样的血液外，还是师生、上下级和同事。更重要的是，二人还是学术上的知音和好友。父与子传承着遥远的东方语言和文化，以及由此而产生的友谊。

作为父子，西门华德和西门华的人生经历和学术历程有着不少共同之处。父子俩都服过兵役，在军队做过情报工作，一个在第一次世界大战，一个在第二次世界大战；都曾有过人生转折，一个从柏林大学转到伦敦大学，一个从伦敦大学转到墨尔本大学；都曾在亚非学院

1　杨步伟，2017，第 366—367 页："又一天上午到老西门家吃饭，晚上又到小西门家吃饭。"蒋力，2018，第 26 页："1956 年 7 月初，杨联陞到伦敦参加亚洲史学史讨论会，会后住剑桥，查阅剑桥大学所藏怡和洋行的中文档案，还会晤了郑德坤、陈希滢、西门·华德（人称'老西门'）、李约瑟等学人。"

2　见 Simon，H. F.，1973a，第 398 页。

教过中文，共事长达 15 年（1945—1960 年）；都曾推广过国语罗马字，编写过国语罗马字教材；都曾担任过大学高管，为大学的院系建设出谋划策；都曾在建设东亚馆藏上做过贡献，将自己的藏书捐出。从个人生活的角度来说，父子俩和自己的另一半都是因偶遇而结缘，都是一见钟情。西门华德夫妇琴瑟和鸣，共渡了 59 个春秋，育有两个儿子；西门华夫妇夫唱妇随，相伴了 57 个冬夏，育有一双女儿。两人都在 30 岁时做父亲，所育的两个孩子之间都是相隔六岁。

不过，在西门卡萝的眼里，她的父亲比较像祖母，和祖父是完全不同类型的人，甚至性格迥异。西门华德为人平和，即使不高兴也不会让人觉察；西门华容易冲动，不高兴就显现在脸上，甚至吼出来。20 世纪 60 年代入学的一位学生回忆，有一天，自己上完课后正准备下楼，看见西门华从楼下走了上来。他或许刚从一个不如意的会议回来，肚子里正窝着火。走到转角处，朝着墙狠狠地踢了几脚，然后才上楼。若干年后，这位学生向西门卡萝提起这段往事，西门卡萝说，这就是我父亲，发脾气时就是这样。不过他的脾气不会持续多久，也不会放在心上。而这样类似的事情是不会发生在西门华德身上的。

西门华德好静，喜欢书斋生活，喜爱古典音乐，最大的业余爱好是学一门新的语言。虽然作为系领导，他不得不做行政工作，可是他更愿意把时间花在研究上。而西门华好动，业余爱好很多，各类体育运动、收藏书画等等，相比做研究，他可能更喜欢行政工作。西门华德注重细节，不管什么事情都追求完美；西门华注重大的目标，不太关心细节。父子俩都很幽默，但二人的幽默方式不一样，西门华德的幽默更多地显示出儒者的风趣，而西门华的幽默却不失顽童般的机智活泼。在西门华眼里，父亲远比他优秀。有这样的父亲，他一方面感到骄傲，一方面又感到很有压力。西门华德总希望儿子能有更多的学术成果问世，凯泽偶尔也会埋怨丈夫对儿子在研究上的指导远不如对他的同事们上心。

老西门和小西门关系亲密，两个人走在一起的时候会手挽着手。西门华每次回伦敦，总喜欢和父亲一起去皇家植物园散步。此园被誉为"伦敦最美的后花园"，里面的奇花异草让人心旷神怡。在公园的林荫小道上，西门华往往会搀扶着父亲，边走边向父亲汇报讨教。走累了，二人就相依坐在长凳上。他们很喜欢人们捐赠的长凳，父子俩甚至讨论过也捐赠一条。

在亚非学院，二人是同事，是上下级关系时，儿子事无巨细都会

20世纪60年代摄于伦敦。
图20.1　西门华德读西门华写的家书

向父亲汇报、请示。在 1949 年 8 月 19 日的信里，西门华告诉父亲说，他还没有写好汇报，所以可以把这封信给系领导爱德华兹看，或者把一些重点告诉她。他还请父亲问爱德华兹，是希望他在两个月后交总结，还是等他回到香港当面汇报。[3] 西门华离开成都之前，向父亲询问自己下个学期的教学安排，表示愿意教《西厢记》和《红楼梦》，尤其是前者。当然，他也很愿意教授《中文结构练习》和《国语句子系列》。[4] 在西门卡萝处，我们有幸看到 26 封西门华写给父亲或者父母家人的信件，其中 1949 年两封，1950 年五封，1958 年两封，1959 年十一封，1961 年六封。当然，这并不是她所保存的那几个时段的全部信件，但我们已经可以看出他们通信的频繁。以 1950 年为例，这五封信的日期分别为 5 月 21 日、8 月 3 日、8 月 10 日、8 月 24 日和 9 月 7 日。

西门华到墨尔本大学，独自肩挑系主任重担时，仍然不断向父亲请教，父亲也极力支持儿子。1962 年，西门华德受澳大利亚国立大学邀请，出访澳大利亚。西门华马上抓住这个机会，给父亲发了公函，希望他给东方研究系的第一届学生做两个讲座。西门华告诉父亲，在其讲座之前，自己会先讲一节"中国语言介绍"，讲座之后，自己会接着讲"汉语标准语的语法结构"。西门华德及时回复，接受了邀请。1962 年 5 月 12 日下午，西门华德在墨尔本大学做了题为"中古音和上古音的构拟"的讲座（另一个讲座的时间、地点和题目没能查到）。

---

3 爱德华兹当时在香港休学术假，西门华原计划在成都待两个月。

4 Simon，H. F.，1950b，第 2 页。

与会的除了学生，还有对中国感兴趣的同仁。[5]

父亲的每个生日（6月10日），西门华都很重视。1950年5月21日，西门华在成都可庄给父亲的信里写道："真希望能回家几天为您庆祝生日……也希望我能给您带上一份礼物。"

西门华拟带给父亲的礼物，是刚在四川出版的56卷的《音韵学丛书》。这套丛书囊括了清以前的所有重要的音韵学著作。西门华说虽然知道里面不少著作父亲肯定有，但有这么一套书是很方便的。他之所以提前告诉父亲，是希望知道父亲是否已经在北京买到了这套书，如果已经有了，一定告诉他，他好准备别的礼物。接着，西门华在信里调侃道："我很想给您寄一桌十大盘菜的中国盛宴，可惜邮寄会有点困难。"[6]

西门华喜欢和父母逗趣儿，尤其是和母亲。伦敦的本塔尔斯（Bentalls）百货公司是凯泽最喜欢的商店之一，需要添置质量好的衣服什么的，她会上那里去。20世纪50年代的一天，她接到该百货公司一位经理的电话，说是公司拟请她当一个服装表演赛的评委。凯泽平时并不是很关心时尚，一下要当评委，既感意外又觉得荣幸，迫不及待地告诉了亲朋好友。西门华德也觉得很意外，但表示支持。

周末，西门华和玛果一进家门，凯泽就迎上去把这个好消息告诉他们。西门华很是尴尬，他只不过一时兴起开玩笑，没想到母亲非但没听出他的声音，还当真了，只得连连道歉。凯泽很是失落，西门华德严肃地警告西门华以后不准再开这一类玩笑。

5　Simon, H. F., 1962a, 1962b, 1962c；Simon, W., 1962.

6　Simon, H. F., 1950b, 第1页。

西门父子都不介意朋友同仁之间开开玩笑，但都不喜欢别人取笑自己。西门卡萝记得父女互相开玩笑时，如果父亲脸色骤变，她就知道一定是自己的玩笑开过了头。

在前面的章节里，我们已经知道西门父子都是古道热肠、爱交朋友的人。

1967年摄于伦敦家中。

图20.2　西门华和弟弟西门彼得

西门华德曾在 1963 年的一封信里提到，那一年，仅收到的圣诞卡就近 100 张。[7] 西门华于 1972 年在台湾买的"电话住址速见簿"上记载了 120 余人的姓名和电话，如历史学家沈刚伯和诗人余光中等。余光中就是在那一年的 1 月 21 日，在台北家中写下了感动无数海内外华人的《乡愁》。而几个月后，6 月 22 日，西门华写信给墨尔本大学的有关人士，告诉他们余光中将受邀去墨尔本访问，请他们协助安排有关事宜。[8]

西门父子有着许多共同的志同道合的朋友。父亲的至交常常成为

7　Simon，W.，1963，第 2 页。

8　Simon，H. F.，1972b.

儿子的知己，如赵元任、蒋彝、蒋复璁和傅吾康；儿子的知音也会成为父亲的挚友，如马悦然和沃德。二人的同事爱德华兹、赖宝勤、刘殿爵、刘程荫、蓝克实以及德威男孩白芝、韩礼德、秦乃瑞等，都和西门父子相交甚笃。儿子有朋友去英国时，父母都会热情地接待。西门华在台湾结识的朋友赵志麟和张起均，墨尔本大学的同事居浩然和胡洗丽环，都曾到西门华德家做客。

西门华于1959年2月从台湾写信给父亲，说："蒋复璁对您特别崇拜。他说当年看到我时，我还是个孩子。他托我带给您一套罕见书籍的书目。"[9] 1962年8月24日到28日，西门华德夫妇在回英国之前在台北短暂停留，蒋复璁亲自接待他们，安排他们住在"中国之友社"（Friends of China Club，FOCC）。中国之友社是当时中美高层人士的会所。西门华的朋友——称西门华德夫妇为"干爹干妈"的赵志麟带西门华德夫妇参观了台北的两个博物馆，看了西门华一家在台北住过的房子，还请夫妇二人上锦江饭店用了晚餐。[10]

1972年，西门华再次到台北休学术假时，蒋复璁拟邀请西门华德再次访问台湾。不巧的是，当时他正卧床不起。病中的西门华德于2月27日给蒋复璁写了四页纸的回信，解释了自己不能前往的原因，除了生病，还有《泰东》的编辑工作以及自己研究工作的延误。在信的最后，西门华德还提到他俩在柏林和北京的会面。[11] 蒋复璁马上回复了一封信，并复印了一份给西门华。在信里他说："知道你生

9　Simon，H. F.，1959a.

10　Chao，C.，1962，第1页。赵志麟是西门珍妮的教父。

11　Simon，W.，1972.

右一为蒋复璁，右二为沈刚伯，右四为西门玛果，左二为西门
华。1972年摄于台北。

图20.3　西门华夫妇与蒋复璁等

病住院，非常不安。可是看到你'龙飞凤舞'的手书，我的担心消失
了。这说明你还很有活力，身体还不错。"蒋复璁告诉西门华德，他
73岁了，但身体还挺好的，还继续在博物馆工作，很快会去美国接
受圣约翰大学授予他的荣誉文学博士学位。蒋复璁从美国回到中国台
湾后，于4月22日写了一封信给当时在台湾的西门华，说知道西门
华德病情有所好转，很高兴，并愉快地接受了西门华夫妇的晚宴邀请，
5月8日到他们家里做客。[12]

---

12 Chiang，1972a，第1页；1972b。蒋复璁的英文信中"龙飞凤舞"四个字是用中
文写的。

不久，蒋复璁请西门华一家去台北故宫博物院喝下午茶。西门卡萝为西门华和珍妮留了一张合影。

西门华最后一次见到蒋复璁应该是 1977 年 3 月。他当时在香港休学术假，利用周末去台北探望朋友，并又一次参观了台北故宫博物院。在那里，他还看了一场昆曲表演。他在给父亲的信里说："表演者有李方桂夫人（李方桂照旧吹笛子）。蒋复璁也唱了几个唱段，铿锵有力，这一切让我回到了在成都的日子。"第二天，他请了几个朋友到一家四川饭馆吃了一餐。他后来写信给蒋复璁说，他 1949 年在成都时，曾经每两周的星期天上午待在昆曲会。蒋复璁的演唱引起了他很多美好的回忆。[13]

5 月 2 日，蒋复璁用台北故宫博物院的信笺给西门华写了一封信，感谢西门华的来信以及附上的两张照片，说会把它们附在台北故宫博物院的签名册上，作为参观此院的纪念，并欢迎他和夫人再次来台北。[14]

西门父子和傅吾康一直都有来往。西门华一直希望傅吾康能访问澳大利亚，给东亚研究课做讲座。

1963 年 6 月 21 日，西门华去函邀请傅吾康访问东亚研究中心，说刚从程曦那里听说其在吉隆坡大学当访问学者。两位通了几封信后，傅吾康表示可以在 1965 年成行。西门华非常高兴，建议他在 3 月到 5 月或者 6 月到 7 月来澳大利亚。遗憾的是，由于种种原因，傅

---

13 Simon，H. F.，1977c，第 2 页；1977b。
14 Chiang，1977.

吾康最终未能如愿。[15]

1971 年 1 月 6 日到 12 日，第 28 届国际东方学者会议在堪培拉举行。傅吾康终于有机会访问了澳大利亚。他回忆说："我确信当地汉学的发展值得关注，我也再次见到在此地工作的老朋友，其中包括奥托·施普伦克、我的老师西门华德的儿子哈里·西蒙和王赓武。"1977 年，傅吾康再次访澳，在墨尔本有短暂的停留。他在传记里记载道："我们在短暂访问墨尔本的时候再次见到我原来老师西门华德的儿子，即我在伦敦认识的哈里·西蒙。最后，5 月，我们还参加了澳大利亚亚洲研究协会（Australian Association of Asian Studies）[16] 的大会，得到的总体印象是：澳大利亚东亚研究的水平很高。"[17]

就像文人喜欢以书画相赠一样，西门父子时代的学者喜欢用著作、抽印本与同仁朋友交往。一份著作发表时，出版社会按规矩或作者的要求，从整本书或整本刊物的印刷版中抽出部分，单独印刷若干本当赠品或出售（如福兰阁 1934 年的一本抽印本价格为 2.5 马克）。

根据不完全统计，西门父子至少保留有 351 册世界各地汉学家赠送的论文抽印本，这些论文所用的语言有中文、德文、英文、法文、俄文、意大利文、日文等，其中有 77 册是 1945 年之前赠送的。这 77 册抽印本在两次世界大战的战火中诞生，躲过战火，从柏林到伦敦，再从伦敦辗转到了墨尔本。

在这 351 册抽印本里，写了赠言并签了名的有 215 册。其中，既

---

15 Simon，H. F.，1963b，1963c。

16 英文名称有误，应为 Asian Studies Association of Australia。

17 傅吾康，2013，第 380、401 页。

有本书中提到过的多位西方学者，如戴闻达（共 16 册，赠送时间为
1928—1939 年）、福兰阁（3 册，1927—1934 年）、傅吾康（8 册，
1935—1955 年）、高本汉（4 册，1924—1938 年）、马悦然（1 册，
1950 年），也有不少本书中尚未提及的西方或日本学者。在签了名
的抽印本里，有 20 位华人学者的名字，其中赠送了两册以上的有：
杨联陞（18 册，1946—1956 年）、高名凯（7 册，1944—1948 年）、
蒋复璁（2 册，1934 年）、柳存仁（4 册，1967—1974 年）、朱德熙
（2 册，1982 年）、赵元任（4 册，1941—1953 年）、侯仁之（2 册，
1945 年和 1947 年）、郑德坤（2 册，1951 年和 1956 年），赠送了
一册的学者有：陈定民（1933 年）、冯友兰（1932 年）、傅懋勣（1949
年）、刘殿爵（1973 年）、齐思和（1948 年）、沈兼士（1933 年）、
王赓武（1973 年）、姚士鳌（姚从吾，1927 年）、俞大维（1927 年）、
余元盦（1949 年）、赵世家（1949 年）、张起均（1970 年）。[18] 其中，
1932—1933 年或 1948—1949 年的抽印本，很有可能是西门华德在北
京时，作者们当面赠送的。

　　特别让人感动的是戴闻达，不只是因为他的抽印本多（16 册签
了名，6 册没签名，共 22 册）。这 22 册的时间跨度为 25 年（1928—
1953 年），最后一本寄于其去世的头一年。戴闻达是个很有正义感
的人，在纳粹统治德国期间，他极其同情犹太人，尽自己所能帮助他
们，还曾因把犹太人迎进家门而被抓。他在西门华德 1936 年离开德

18　高名凯，语言学家；侯仁之，历史地理学家；郑德坤，考古学家；陈定民，语言学家；
冯友兰，哲学家；傅懋勣，语言学家；齐思和，史学家；余元盦，蒙古学家；赵世家，
学术领域不详。

国后，仍然不间断地给他寄抽印本。我们可以想象，这份友情对作为对被迫离开家园，被冠上难民身份的西门华德是如何的珍贵。难怪他在戴闻达去世时，写了整整五页悼文，纪念这位"不知疲倦、慷慨善良、温文尔雅、迷人诙谐"的朋友。[19]

在傅吾康送的抽印本里，有他的一篇译作，傅吾康在传记中记载过此事。"1935年2月底，我返回柏林的父母家。我父亲立即交给我一项工作。他建议我用德文翻译胡适的一篇较长的论文《说"儒"》，我很高兴地接受了这个任务。"[20]

我们看到的抽印本还不是西门父子二人收到的全部，但已经能给我们提供他们与各国学者相互交流的丰富信息，有时候甚至是很关键的信息，如我们在第一章中提到的俞大维和姚从吾的抽印本。这里再举两个例子。

西门华在1972年去台北时携带着一张双语名片，中文写的是"澳洲墨尔本大学教授 东亚与东南亚系主任西门华 重光 台北市基隆路三段八四五巷六号 电话：七七四六九四（转）"。从名片可以知道，西门华字为"重光"。当年陶寿伯给他画的梅花上就有"西门重光先生雅赏 七十一叟陶寿伯于台北"的字样。闻宥和金承艺给他写信的抬头也用过"重光先生"。[21]那么，他的父亲是否也有字呢？这个问题一直萦绕在我们的脑海里，直到看见蒙古史学者余元盦于1949年所赠的抽印本才得到答案。这本发黄的抽印本上用中文写着"光中先

---

19 Simon，W.，1955.

20 傅吾康，2013，第53页。

21 金承艺，1960b，第2页。

生指正 三八、四、四 晚余元盦拜赠"，并有作者的印章。1949 年 4月，正是西门华德在北京购书之时。

正如我们在前言里所讲的，西门华德，字光中；西门华，字重光。父子二人名承字合。

西门父子在书信著作中提到华人学者时，往往用他们的英文名字或罗马拼音名字。在写此书时，考证这些学者的名字是难题之一。比如在西门华的信件里，两次提到"Constant"这个名字。从信的内容来看，此人应该是华人。可该学者究竟是谁呢？幸运的是，我们最终在一本英文著作抽印本的封面上找到了答案。作者的署名是"Constant C. C. Chang 张起均"，签字为"To Harry Simon from Constant C. C. Chang"。这下很清楚了，西门华信中提到的"Constant"，指的是玛果所称的"哲学张"。1958 年，他的专著《老子》[22] 一出版，便赠了一本给西门华，他在书的封面上题了"西门华先生雅正 张起钧敬赠"等字。

张起钧和西门家人有三张合影：一张是和西门华德的，照片的背后写着"华德老伯哂存，侄张起钧敬赠，庚子（1960）仲秋摄于英伦"，还盖有印章；一张是和西门华以及卡萝的；还有一张是参加西门华德家人聚会的合影。

除了抽印本，西门父子还保留了一些作者签了名的赠书，这些书一共有多少，目前尚未能完全统计到。这里介绍四本华裔学者所赠送的。

蒋彝送过西门华一本德文书，封面是他设计的，书名为"姓李的

---

22 《老子》一书存于墨尔本大学东亚图书馆，此书上无出版信息。

左为西门华德和张起均，右为西门华、西门卡萝和张起均。1960年摄于西门华家。

图20.4　西门父子与张起均

中国小朋友"。扉页上用漂亮的书法写着"蒋彝赠与西门先生公子一阅 一九三八年四月二十一日"。[23]

　　蒋彝的朋友，戏剧家熊式一在1943年出版了英文长篇小说《天桥》，当年就赠送了一本给西门华。1972年，熊式一去台湾时和西门珍妮留下了合影，还送给西门华一张单人照片，背面用漂亮的书法写着"1971年摄于台湾日月潭畔 时年七十岁 谨赠老友西门华博士教授世兄留作纪念"。[24] 说起熊式一和西门珍妮的合影，还有一个小

---

23 Payne，A. H. *Li*，*Das Buch vom Kleinen Chinesen*，Verlag，Leipzig.

24 有关熊式一，可参见熊式一，（2010）2013；郑达，2022。

故事。

合影那天，西门华夫妇带着小女儿去参加一个宴会。不知为什么，主人把小珍妮和西门夫妇分开了，让她坐在熊式一旁边。那天的场面很热闹，大人们酒兴起来，就忘记旁边这个小姑娘是不应该喝酒的。珍妮也不知道如何应付当时的场面，也糊里糊涂被敬了酒。宴会完了以后，西门华特意给家里妻子和女儿上了一课，告诉他们什么叫"干杯"，怎么用手遮住杯口，礼貌地拒绝别人的敬酒。

民俗学家娄子匡，1954 年 8 月 27 日在剑桥参加东方学家国际会议时，送给西门华德自己刚出版的《日本写真》。[25]

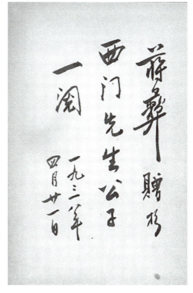

图20.5 蒋彝于1938年赠与西门华的书

---

25 娄子匡，1954，台北中国民俗协会、东方文化供名社印行，东方文丛第18卷。《日本写真》记录了娄子匡在日本旅行的经过。

中间为熊式一，右一为西门珍妮。1972年摄于台北。

图20.6　西门珍妮与熊式一

　　西门华曾收到过赵元任夫妇二人赠送的一份礼物——杨步伟的著作《中国食谱》英文版。在扉页上，赵元任写了 "To Harry & Margaret Simon Compliments of Buwei Y. Chao"，另有 "赵杨步伟" 的中文签名，"赵" 字是赵元任写的，剩下三个字是夫人写的，可惜没有注明赠送日期。这本食谱由赵元任题写中文书名，胡适写序，赛珍珠写前言，两位大名人都极力赞扬此作。赛珍珠甚至说她想为赵太太提名为诺贝尔和平奖的获得者，因为食谱能对人类之间相互了解做贡献。[26] 赛珍珠本人曾于 1938 年获得诺贝尔文学奖。

―――――――

26 Chao，Yang Buwei，（1945）1949，第XI页。

有些华人送的书籍我们暂时未能找到。例如，1977 年 7 月 15 日西门华在给赵元任的信里写道："这封短信就是想谢谢你寄来的《中国社会语言学一览》。去年我在牛津大学休学术假，看到你寄给我父亲的这本书，觉得非常有意思。能把这么多篇文章集成一册，实在太好了。"[27] 信中提到的《中国社会语言学一览》一书未能找见。此外，闻宥于 1979 年的信中提到会寄给西门华在 50 年代编的《四川汉画》，也未能找到。

在申德勒为西门华德编辑的出版物清单里，有其为友人夏伦、戴闻达、爱德华兹、申德勒、韦利等写的悼文。法国藏学家拉露去世后，西门华德的一篇关于西藏数词的文章收入进拉露的纪念文集。[28] 除此以外，我们发现至少还有两篇悼文没能收入清单中，即袁同礼的和奥本海姆（Henry J. Oppenheim）的。[29] 袁同礼的悼文我们已经在前面介绍过，这里简单介绍一下西门家的朋友奥本海姆。

西门华德的遗物里有一本 1944 年出的《国语罗马字中英词汇》，扉页上写着"给奥本海姆夫妇 致以最真挚的问候 西门华德，1944 年 2 月 20 日"。根据《艺术中国》和大英博物馆的介绍，奥本海姆是收藏家、银行世家、东方陶瓷学会（Oriental Ceramic Society）的会员。他过世时，将 1919—1939 年间在欧洲收集到的中国和日本收

---

27 Simon，H. F.，1977d，第 1 页。

28 Simon，W.，1952，1955，1958，1964a，1967，1968，1970，1971.

29 奥本海姆的生卒年值得探讨。关于他的出生日，《艺术中国》和大英博物馆给的资料写的都是 1895 年，但大英博物馆在 1895 年后打了问号。而关于其去世的日子，大英博物馆写的是 1946 年，《艺术中国》写的 1956 年。从西门华德给他写的讣告来看，他的出生年和两处的记载不符。从讣告的叙述来看，假设他是 1956 年去世，活了八十余岁，那么他应该是 1870—1880 年之间出生的。

藏品全部遗赠给大英博物馆。

西门华德在给奥本海姆的悼文中写道："在我们的记忆中，一直到 80 岁，他都是一位衣着无可挑剔的绅士；而他的善良，直到最后一个照顾他的人都能感受到。"从悼文中我们得知，奥本海姆早年去过中国，接触过佛教并认识了一些和尚。第一次世界大战时，他不得不抛下妻子和年幼的孩子们参军。20 世纪 30 年代初期，为了躲避纳粹的迫害，他带着妻儿逃到伦敦。[30] 西门华德在悼文中赞扬了奥本海姆的远见和对家人强烈的责任心，及其在此期间对他人提供的帮助。西门卡萝看到悼词的这一段时眼泪都要流下来了，她觉得这也是在写祖父自己。西门华德在 30 年代，也同样是怀着强烈的家庭责任感，把全家人带出了柏林。

据卡萝说，西门家认识两个姓奥本海姆的。凯泽有个很好的朋友也姓奥本海姆，她是不是上面所说的奥本海姆的夫人，就不清楚了。奥本海姆夫人善良大方、细致体贴。西门华结婚时，奥本海姆夫人送的结婚礼物里有削土豆的小刀。她对玛果说："希望你不介意我送这些小东西，我结婚时没有人送，结婚后才知道这些是家里的必备品。"玛果非常感谢她，说这是她收到的最好、最实用的结婚礼物。凯泽和奥本海姆夫人曾带小卡萝去看过电影《音乐之声》，去动物园游玩过。

西门父子留下了不少宝贵的学术遗产，主要是书籍，也有研究笔记、未发表的论文，还有公文以及私人书信等。这些书籍和资料分存于澳大利亚国家图书馆、墨尔本大学东亚图书馆、维州巴拉瑞特新金

---

30 Simon，W.，1956. 这份悼文是打印的草稿，未能查到出版信息。

山中文图书馆以及西门家后人处。西门华德1920年博士论文的抽印本、西门华1949年宋词翻译的抽印本等，都在其中。

2000年12月，澳大利亚国家图书馆简报上发表了一篇题为"一个学者型的图书馆馆员和他的东亚收藏"的文章，介绍了西门华德的生平以及他的私人收藏。据记载，在澳大利亚国家图书馆东方部负责人王省吾的努力下，1973年2月，西门华德的第一批收藏运到了国家图书馆。其中最重要的是234册有关满语的书，另外有13部手稿。最古老的是某位王子给清朝平西王吴三桂的一封信，可追溯到1670年。这些手稿有的仅有满语，有些兼有汉语，还有的兼有汉语和蒙古语。1974年，西门华德再次访问澳大利亚国立大学回到伦敦后，又寄出了150部书。西门华德逝世以后，1981年4月4日，西门华写信给国家图书馆，表示愿意把父亲留存下来的书籍捐献给图书馆。图书馆派人特意去看了那批书，说很有价值，要买新的会很贵，而且不容易买到。接着，西门华又写了一封信，正式捐献了这批书。他在信里说："我父亲的藏语、满语、蒙古语和相关语言书籍能捐给国家图书馆……给在这些领域的学者提供服务，父亲的名字能和这个收藏一起长存，我的家人和我自己会十分欣慰。"[31]

国家图书馆现设有西门华德藏书专室，里面收藏了他的3300册书，还有一些私人文件。私人文件里有30封信件，其中11封是西门华德写给鲍登等人的，17封是蒋复璁等人写给西门华德的，还有两封是与西门华德有关的信件，其中一封是赵元任写的。除此以外，还

---

31 Gosling，2000，第5—6页。王省吾于1964年抵澳，担任澳大利亚国家图书馆东亚部主任二十余年。

有 1921—1924 年用德文书写的账簿、藏文笔记、给袁同礼的悼文初稿、1970 年访问日本的报告草稿、藏学研究会（The Institute of Tibetan Studies）的会议通讯等。[32]

西门华退休以后，他的书籍先后捐给了墨尔本大学东亚图书馆和维州巴拉瑞特新金山中文图书馆。东亚图书馆于 2010 年把他捐赠的第一批 1 000 余册书编目上架，并两次展出了这批收藏；2013 年 2 月到 4 月，展出了西门华所收藏的教科书，如 1933 年由上海商务印书馆王云五主编发行的、为小学所用的教科书，包括自然、算数、音乐、说话、社会、历史、国语、公民训练、地理、常识等 12 本。2014 年 2 月到 3 月，东亚图书馆与莫纳什大学图书馆合作，展出了西门华收藏的艺术类书籍。[33]

西门华捐赠给东亚图书馆的第二批书，大部分是他父亲遗留下来的非汉语的书籍，现尚未编目。捐给维州巴拉瑞特新金山中文图书馆的除了书籍和抽印本以外，还有他遗留的笔记、未发表的论文以及书信，目前也尚未编目。

西门父子朝夕相处的时间长达近三十年，按说在一起合影的机会不少，可是父子二人对照相兴趣不大。西门华德没有照相机。西门华有一台，但用得不多，即使出国，也很少用。他觉得拎个照相机，像个旅游者。因而在很长时间里，西门家人的照片不多，除了朋友们拍的以外。有时候，家人拍了照片要西门华欣赏，他会扫一眼，说"里

---

32 因为新冠疫情的原因，藏书专室不对外开放，笔者只查看了西门华德的全部私人文件以及有限的几本书，未能进入藏书专室。

33 Yueng，2013.

面又没有我"，就走开了。
家人对他担任摄影师也不
是很放心，因为他总是着
眼于大全景，注意背景，
而不是很在意每个人的姿
势、表情等细节。

西门卡萝于 20 世纪
70 年代初期买了一台相
机，家人的照片才多了起
来。父子二人于 1972 年
在伊斯特本码头的照片，
便是西门卡萝拍的。那
天，她拍了不少照片，但

1972年西门卡萝摄于伊斯特本码头。
图20.7　老西门和小西门

西门父子单独在一起的照片，只有一张。为了帮助写这本书，卡萝
翻遍了家庭相册，发现这竟然是她能找到的父子俩唯一的一张合影。
二人坐在长椅上，靠得很近，手挽着手，享受着少有的闲暇。

尾　声

　　1981 年 2 月 22 日，在经历了短暂的病痛之后，西门华德溘然长逝，享年 87 岁；2019 年 7 月 7 日，西门华在墨尔本一家养老院里住了几年后，静静地离开了这个世界，享年 95 岁。

　　西门父子在人生道路上百余年来的风风雨雨，电闪雷鸣，渐行渐远。但他们在汉学领域、在中西交流史上七十年的筚路蓝缕、七十年的呕心沥血、七十年的倾情奉献，一定不会随着他们的离去而烟消云散，随风飘逝。作为学者，作为大学的高管和老师，作为众多汉学家的朋友，西门父子给我们留下了一笔可观的遗产。而这笔财富尚有待我们去寻找、去发现、去发掘、去整理、去研究。很可能要过上一段相当长的时间，这笔财富的真正价值才能凸显，其之可贵才能得以认同。

　　作为学者，西门父子留下了不少出版物、笔记、书信、尚未发表的文稿，还留下了许多尚待研究的课题。

　　一、前面已经提及，不管是申德勒还是鲁惟一所整理的西门华德的出版物，都有遗漏之处。整理一份完整的出版物清单，便是第一个课题。西门华德早期有不少重要出版物是德文的，他留下了一些笔记手稿等也有相当部分是德文的，把他的德文著作翻译成中文会是另外一个课题。尤其值得注意的是，他早期的德文著作里有对胡适、傅斯年、王力等中国学者论文的评述。他的儿子西门华从 1962 年起为学生编写口语教材，留下了很多语料和尚未发表的文章。整理他多年留下的文稿，观察一个西方人审度北京口语语法的角度、审度中英文语法异同的角度，对我们进行国际汉语教学，肯定会有启示。

二、西门华德于 1942 年和陆博士一起为亚非学院编写的教材《国语句子系列》，是陆博士用北京话朗读的，1929 年亚非学院的教材是老舍用北京话朗读的，这两段录音恐怕是这一方言最早的音档；加上西门华在 20 世纪 50 年代对北京口语的录音，金承艺在 60 年代用北京话录制的教材，能给北京方言近百年来的共时和历时研究提供非常有力的依据。这些宝贵的口语材料，除老舍的录音以外，尚无人关注。

三、1928 年制订的国语罗马字拼音方案被赵元任介绍到美国，被西门华德介绍到英国，被西门华介绍到澳大利亚。是否被蓝克实介绍到奥克兰大学，是否被亚非学院或墨尔本大学的其他学生介绍到别处，国语罗马字在世界流通的范围究竟有多大、时间有多长、影响有多深远，也是汉语拼音发展过程中的一段不应该被埋没的历史。而拼音声调符号标注法的不同，在认知学上到底有何差异，也值得深入探讨。

四、作为大学的高级行政管理人员和教师，父子俩及他们所带领的团队在中文系创建方面的历程和贡献，需要教育学家做专门的研究。爱德华兹和西门华德的团队培养了一批院系的开创者和学术带头人，前面提到的五位军人就是突出的代表。这五位军人离开亚非学院后都曾担任过院系领导，其中四位是院系的创始人。他们的办学过程、理念、方针、教材建设、师资管理等方方面面的异同，真的是一个很有诱惑力的研究项目。而这五位年龄相仿的军人成为汉学家的过程，他们各自对汉学领域的重大贡献，则是另外一个让人想起就兴奋不已的课题。

五、1942 年因战争需要而学中文的十五名德威男孩，本书中提及了五名：西门华等四位汉学家以及一位当过香港总督的外交家。另外十名德威男孩姓甚名谁，他们和中文的情缘如何，值得花大力气去探究。

六、作为众多汉学家的朋友，西门父子很有人格魅力，极具亲和力，他们为我们留下了不少友谊篇章。除了书中已经提及的同仁朋友，和西门父子有过交往的还有不少尚不太为人所知的人士，如在中国香港、法国巴黎及日本、美国的学者，又如那些甚至没能查到中文姓名的学者。这些在海外，在汉学还是幽兰专业的时代，对汉学研究做出过哪怕是一丁点儿贡献的学者，都是值得记载和研究的。

以上课题只是举例而已。总的来说，西门父子以及他们的同仁在中西交流史上缺失的篇章，还有待拾遗补缺。由于新冠疫情，我们没能按原计划前往柏林大学和伦敦大学等地进行实地调查，留下了深深的遗憾。期待本书能起到抛砖引玉的作用，引起更多学者对这段历史的兴趣，以对西门父子以及他们同时代的汉学家进行更深入的研究。

西门父子以及本书里提到的许多前辈都已经离我们远去，但他们所留下的一切，恰似空谷幽兰，不论何时，都独具其芳。

附　录

一、中外文参考资料

缩语说明：

来自西门家的资料 [MF]

来自墨尔本大学档案馆的资料 [MM]

来自堪培拉澳大利亚国立图书馆的资料 [MN]

来自维州巴拉瑞特新金山中文图书馆的资料 [MX]

陈怀宇 （2013）2018 《在西方发现陈寅恪：中国近代人文学的东方学与西学背景》，北京：北京师范大学出版社。

陈新雄 1999 《古音研究》，台北：五南图书。

冯　蒸 1988 汉藏语比较研究的原则与方法——西门华德《藏汉语比较词汇集》评析，《温州大学学报（自然科学版）》第 4 期，第 13—21 页。

丁邦新 （1974）2000 "非汉语"语言学之父——李方桂先生，丁邦新、余蔼芹编，《语言变化与汉语方言：李方桂先生纪念论文集》，西雅图：中央研究院语言研究所筹备处，美国华盛顿大学，第 403—417 页。

丁邦新 2008 《中国语言学论文集》，北京：中华书局。

[德] 福兰阁 2014 《两个世界的回忆，个人生命的旁白》，欧阳甦译，北京：社会科学文献出版社。

[德] 傅吾康 2013 《为中国着迷，一位汉学家的自传》，欧阳甦译，北京：社会科学文献出版社。

金承艺 1960a 给西门华的信（共 2 页），1 月 19 日于台湾。[MX]

金承艺 1960b 给西门华的信（共 2 页），2 月 26 日于台湾。[MX]

黄海涛 2010 第一部英国汉学史专著——评熊文华《英国汉学史》，《九州学林》，第 286—311 页。

季羡林 （2016）2018 《留德十年》，上海：华东师范大学出版社。

蒋 力 2018 《杨联陞别传》，北京：商务印书馆。

[日] 近藤一成 2006 英国的中国学，王瑞来译，张西平编，《欧美汉学研究的历史与现状》，郑州：大象出版社，第 346—367 页。

[德] 柯马丁 2005 德国汉学家在 1933—1945 年的迁移——重提一段被人遗忘的历史，杜非译 //[德] 马汉茂、[德] 汉雅娜、张西平、李雪涛主编，《德国汉学：历史、发展、人物与视角》，郑州：大象出版社，第 217—258 页。

李方桂 2003 《李方桂先生口述史》，王启龙、邓小咏译，北京：清华大学出版社。

李文洁 （2010）2012 袁同礼年谱简编 //《袁同礼纪念文集》，北京：国家图书出版社，第 23—88 页。

李雪涛 2008 《日耳曼学术谱系中的汉学：德国汉学之研究》，北京：外语教学与研究出版社。

李雪涛 2009 此心安处即吾乡——德国汉学家傅吾康在中国的十三年（1937—1950），关西大学学术资源库，2009 年 3 月 31 日，http://hdl.handle.net/10112/3295。

李振杰 1990 老舍在伦敦，《新文学史料》第 1 期，第 129—146 页。

[美] 列文森，罗斯玛丽 2010 《赵元任传》，[美] 罗斯玛丽·列文森采访，焦立为译，石家庄：河北教育出版社。

岭南大学香港同学会 1989a 《岭南通讯》，香港：岭南大学香港同学会有限公司，第 108 期。

岭南大学香港同学会 1989b 《岭南通讯》，香港：岭南大学香港同学会有限公司，第 110 期。

岭南大学香港同学会 1993 《岭南通讯》，香港：岭南大学香港同学会有限公司，第 122 期。

岭南大学香港同学会 1994 《岭南通讯》，香港：岭南大学香港同学会有限公司，第 125 期。

岭南大学香港同学会 1995 《岭南通讯》，香港：岭南大学香港同学会有限公司，第 129 期。

陆慧玲 2022 古典语文学何以推动口头诗学研究，《民族语文研究》第 40 卷第 6 期，第 119—130 页。

马悦然 2015 《另一种乡愁》（增订本），北京：新星出版社。

[澳] 梅卓琳 2019 《北望中国》，戴宁译，青岛：青岛出版社。

[加] 莫尔思 2018 《紫色云雾中的华西》，骆西、邓显昭译，成都：天地出版社。

[加] 蒲立本 2006 《古汉语语法纲要》，孙景涛译，北京：语文出版社。

[澳] 珀尔，西里尔 2003 《北京的莫理循》，檀东锃、窦坤译，福州：福建教育出版社。

钱存训 （2010）2012 纪念袁同礼先生，《袁同礼纪念文集》，北京：国家图书出版社，第 1—8 页。

全广镇 1996 《汉藏语同源词综探》，台北：学生书局。

[澳] 任璐曼采访 2019 康丹谈契丹文和消亡语言研究，张晓璇译，《上海书评》，2022 年 2 月 6 日。

桑　兵 2010 《国学与汉学：近代中外学者交往录》，北京：中国人民大学出版社。

孙继成 2020 剑桥大学汉学研究的见证人——访英国著名汉学家鲁惟一教授，《中国社会科学报》，2020 年 6 月 11 日第 2 版。

孙浩良 2007 《海外华人教育》，上海：上海人民出版社。

谭　楷 2018 《枫落华西坝》，成都：天地出版社。

王赓武、林娉婷 2020 《心安即是家》，夏沛然译，香港：香港中文大学出版社。

王　尧 2001 《平凡而伟大的学者于道泉》，石家庄：河北教育出版社。

微雨书细、张维本 2018 《华西书信》，成都：天地出版社。

闻　宥 1979a 给西门华的信（共 1 页），8 月 30 日于北京。[MX]

闻　宥 1979b 给西门华的信（共 1 页），12 月 17 日于北京。[MX]

吴思远 2020 美国汉学家白芝，《中华读书报》，2020 年 2 月 19 日第 18 版。

萧　乾 2003 《萧乾自述》，郑州：大象出版社。

萧　乾 2014 《文学回忆录》，哈尔滨：北方文艺出版社。

[德] 西门华 1974a 在澳洲国际问题学会代表团访华欢迎会上的献辞。[MF]

[德] 西门华 1974b 在澳洲国际问题学会代表团访华欢送会上的谢辞。[MF]

[德] 西门华德 1968 悼念袁同礼博士，陈祚龙译 // 袁慧熙编，《思忆录——袁守和先生纪念册》，台北：商务印书馆，第 30—32 页。

辛夷楣 2021 《这边风景 纪实》，悉尼：宇宙法则出版社。

熊式一 （2010）2013 《八十回忆》，北京：海豚出版社。

熊文华 2007 《英国汉学史》，北京：学苑出版社。

徐　樱 2010 《方桂与我五十五年》，北京：商务印书馆。

许锦文 2008 《一个真实的孟小冬》，北京：东方出版社。

杨步伟 2017 《一个女人的自传》，长沙：岳麓书社。

[澳] 杨进发 1988《新金山：澳大利亚华人1901—1921年》，姚楠、陈立贵译，上海：上海译文出版社。

袁中明 1965 《澳洲文化论集》，台北：商务印书馆。

叶　隽 2020 《汉学家的中国碎影》，福州：福建教育出版社。

俞大维等 1970 《谈陈寅恪》，台北：传记文学出版社。

岳　南 2014 《陈寅恪与傅斯年》，长沙：岳麓书社。

张红扬 （2010）2012 袁同礼与北京大学图书馆，《袁同礼纪念文集》，北京：国家图书出版社，第97—102页。

张西平、李雪涛 （2011）2018 《西方汉学十六讲》，北京：外语教学与研究出版社。

赵元任 2002 《赵元任语言学论文集》，吴宗济、赵新娜编，北京：商务印书馆。

郑　达 2020 《熊式一：消失的"中国莎士比亚"》，香港：香港中文大学出版社。

Airlie, Shiona. 2012. *Scottish Mandarin: The Life and Times of Sir Reginald Johnston*. Hong Kong: Hong Kong University Press.

Anonymous. 1969/1970. ′Notes on the AUCHMUTYA Report on Asian Language and Cultures′. No publication information. [MM]

Anonymous. 1977. Letter to H. F. Simon. 1 page, 16th August, Melbourne. [MX]

Anonymous. 2020. Manchu-Collection: Early and Modern Prints and Manuscripts in Manchu Language at the Berlin State Library. 2020-08-28. https://themen.crossasia.org/manchu—collection/?lang=en.

ANU Oriental Studies Society. 1963. ′Oriental Studies Convention Programme′. Internal Publication. [MM]

ANU Reporter. 1970. ′Oriental Studies′. 24th April. Internal Publication. [MF]

Arnold, David & Christopher Shackle. 2003. *SOAS Since the Sixties*. London: School of

Oriental and African Studies.

Baker, Chris. 2022. ′ Review of *The Brigands*′ *Song: Serving in the Army of a Native Chieftain. A Traditional Song Text from Guangxi in Southern China*′ . Translated and Annotated by David Holm and Meng Yuanyao (Leiden: E. J. Brill, 2022). *Journal of the Siam Society*, Vol. 110, Pt. 2, pp. 146—148.

Bawden, Charles. R. 1968. Letter to W. Simon. 1 page, 25th October, London. [MN]

Bawden, Charles. R. 1973. ′ Professor Emeritus Walter Simon′ . *Bulletin of the School of Oriental and African Studies*, London University, Vol. 36, 2, pp. 221—223.

Bawden, Charles. R. 1981. ′ Ernst Julius Walter Simon′ . *Proceedings of the British Academy 67*, pp. 459—477. London: Oxford University Press.

Bernal, Martin. 2012. *Geography of a Life*. Xlibris Corporation.

Birch, Cyril. 1953. Letter to H. F. Simon. 7 pages, 3rd July, place unknown. [MX]

Birch, Cyril. 1978. ′ Critical Approaches to Chinese Literature′ . 29 pages. [MX]

Blainey, Geoffrey. 1957. *A Centenary History of the University of Melbourne*. Melbourne: Melbourne University Press.

Blofeld, John. 1945. *Sino-British Cultural Relations*. London: The Chinese Society.

Bruce, Percy J., E. D. Edwards & Chien-Chun Shu. 1930a. *Linguaphone Oriental Language Courses Chinese I* . London: Linguaphone Institute.

Bruce, Percy J., E. D. Edwards & Chien-Chun Shu. 1930b. *Linguaphone Oriental Language Courses Chinese II*. London: Linguaphone Institute.

Brown, Ian. 2016. *The School of Oriental and African Studies: Imperial Training and the Expansion of Learning*. London: Cambridge University Press.

Cambridge Digital Library. 2016. Chinese Works ″ 一字值千金 ″. University of Cambridge. 2020-09-02. https://cudl.lib.cam.ac.uk/collections/chinese/1.

Chao, Charlie. 1962. Letter to H. F. Simon. 2 pages, 7th September, Taipei. [MX]

Chao, Yang Buwei. 1945. *How to Cook and Eat in Chinese*. New York: The John Day Company, 1949 edition.

Chao, Yuen Ren. 1945. ′ Review of *Chinese Sentence Series* Records by Walter Simon [Chinese Pronounced by C. H. Lu]′ . *Harvard Journal of Asiatic Studies*, Vol. 8, No3/4, pp.

364—370.

Chao, Yuen Ren. 1947. *Cantonese Primer*. New York: Greenwood Press, 1969 edition.

Chao, Yuen Ren. 1948. *Mandarin Primer*. Cambridge: Harvard University Press.

Chao, Yuen Ren. 1968a. *A Grammar of Spoken Chinese*. Taipei: Caves Books, 1985 edition.

Chao, Yuen Ren. 1968b. *Readings in Sayable Chinese*. San Francisco: Asian Language Publications.

Chao, Yuen Ren. 1969. Letter to Michael C. Rogers. 1 page, 19th June, New York. [MN]

Chao, Yuen Ren & Lien Sheng Yang. 1947. *Concise Dictionary of Spoken Chinese*. Cambridge: Harvard University Press.

Chiang, Fu-tsung. 1972a. Letter to W. Simon. 2 pages, 3rd March, Taipei. [MN]

Chiang, Fu-tsung. 1972b. Letter to W. Simon. 1 page, 22nd April, Taipei. [MX]

Chiang, Fu-tsung. 1977. Letter to H. F. Simon. 1 page, 2nd May, Taipei. [MF]

Chiang, Yee. 1975a. Letter to H. F. Simon. 1 page, 5th April, New York. [MX]

Chiang, Yee. 1975b. Postcard to H. F. Simon. 6th May, Yan'an, China. [MX]

China-Ausstellung. 1933—1934. *Deutsche Druckkunst Der Gegebwart*. Peiping, China.

Civil Service Commissions. 1949. ' Examinations in Modern Languages: Preliminary, Chinese' . [MF]

Clay, Catrine, Hugh Baker & Charles Tripp (eds.). 2007. *SOAS: A Celebration in Many Voices*. London: Third Millennium Publishing Limited.

Denwood, Philip. 1999. *Tibetan*. Amsterdam: John Benjamins Publishing.

Department of Oriental Studies, The University of Melbourne. 1962. ' Announcement of Prof. W. Simon's Lecture' . [MX]

Department of Oriental Studies, The University of Melbourne. 1966. ' Entertainment Expenses (1961—1966)' . [MM]

Department of Oriental Studies, The University of Melbourne. 1977. ' Minutes of Staff Meeting' . 2 pages, 19th April. [MM]

Department of Oriental Studies, The University of Melbourne. 1978. ' Minutes of Staff Meeting' . 2 pages, 23rd January. [MM]

Department of Oriental Studies, The University of Melbourne. 1979a. ' Minutes of Staff Meeting'. 3 pages, 24th July. [MM]

Department of Oriental Studies, The University of Melbourne. 1979b. ' Minutes of Staff Meeting'. 3 pages, 26h July. [MM]

Department of Oriental Studies, The University of Melbourne. 1979c. ' Minutes of Staff Meeting'. 2 pages, 23th November. [MM]

Department of Oriental Studies, The University of Melbourne. 1980. ' Minutes of Staff Meeting'. 2 pages, 2rd June. [MM]

East and Southeast Asian Studies Department & The University Art Gallery. 1974. *Modern Chinese Painters in the Traditional Style*. Melbourne: The University of Melbourne.

Ebury, Sue. 2008. *The Many lives of Kenneth Myer*. Melbourne: The Miegunyah Press.

Egerton, Clement. (1939) 1967. *The Golden Lotus: A Translation from the Chinese Original of the Novel Chin P'ing Mei*. London: Routledge & Kegan Paul, 1967 edition.

Endrey, Andrew. 2019. Eulogy for H. F. Simon' s Memorial Service. [MF]

Endrey, Andrew, Christopher Nailer & Carol Simon. 2020. ' A Torchbearer for Chinese Studies'. *The Age*, 16th March, p. 30.

Faculty of Arts, The University of Melbourne. 1962—1988. Faculty of Arts Handbooks. The University of Melbourne. 2021-06-15. https://digitised-collections.unimelb.edu.au/collections/7f076ac9-4753-55f2-8f65-02be306dad07?spc.page=1&view=listElement&spc.sf=dc.date.available&spc.sd=DESC.

Faculty of Arts, The University of Melbourne. 1970. Letter to Prof. H. F. Simon. 1 page, 25th November, Melbourne. [MM]

Finnane, Antonia. 2006. ' Teaching and Writing Histories, 1958—2004'. *The Life of the Past: The Discipline of History at the University of Melbourne, 1855—2005*, Fay Anderson and Stuart Macintyre (eds.). Melbourne: The Department of History, The University of Melbourne, pp. 297—319.

Forrest, R. A. D. 1948. *The Chinese Language*. London: Faber and Faber.

Goethe, Johann Wolfgang von. (1833) (n.d.) *Goethe' s Autobiography*. USA: Consumer Product Safety Improvement Act.

Gosling, Andrew. 2000. ' A Scholar — Librarian and His East Asian Collection' , *National Library of Australia News*, 11/3, pp. 3—6.

Great Britain Foreign Office. 1947. *Report of the Interdepartmental Commission of Enquiry on Oriental, Slavonic*, East European and African Studies. London: H. M. Stationary Office.

Gregory, John, S. 1967. Letter to H. F. Simon. 2 pages, 22nd May, Melbourne. [MM]

Gregory, John, S. 1977. Letter to H. F. Simon. 1 page, 9th March, Melbourne. [MM]

Hansford, S. H. 1954. *A Glossary of Chinese Art and Archaeology*. London. The Chinese Society.

Harvard-Yenching Institute. 2014. A Celebration of the Life and Career of Patrick Hanan, 1927—2014-08-06. https://www.harvard-yenching.org/news/a-celebration-of-the-life-and-career-of-patrick-hanan-1927-2014/.

Hill, Nathan W. 2011. ' An Inventory of Tibetan Sound Laws' . *Journal of the Royal Asiatic Society of Great Britain and Ireland*, 21/4. pp. 441—457.

Hill, Nathan W. 2017. ' Simon, Walter (1893—1981)' . *Encyclopedia of Chinese Language and Linguistics*, 4, pp. 100—102.

Hsiao, Ch'ien (Translated by Jeffery C. Kinkley). 1990. *Traveller Without a Map*. Stanford: Stanford University Press, 1993 edition.

Hu, Lily. 1990. ' Chinese Language Resources in the Melbourne University Library' , *East Asian Library Research Group of Australia Newsletter*, No.18, November.

Huck, Arthur. 1968. *The Chinese in Australia*. London: Longmans.

Hunt, Reginald, Geoffrey Russell & Keith Scott. 2008. *Mandarin Blue: RAF Chinese Linguists—1951 to 1962 — in the Cold War*. Oxford: Hurusco Books.

Jillett, Neil. 1971. ' Who'll Do the Talking' . *The Herald*, 6th September. [MM]

Karlgren, Bernhard. 1928. ' Problems in Archaic Chinese' . *The Journal of the Royal Asiatic Society of Great Britain and Ireland*, 4. pp. 769—813.

Karlgren, Bernhard. 1931. ' Tibetan and Chinese' . *T'oung Pao*, 2nd, Vol.28, no1/2, pp. 25—27.

King, Robert C. I. & H. F. Simon. 1970, 1980. *First Reader in Standard Chinese*. Department of Asian Studies, University of Melbourne. [MF]

Kowallis, Jon Eugene Von. 2020. ʹSowing Seeds of Sinology in Australian Gardens: The Life and Career of H. F. Simon, Foundation Professor of Chinese at the University of Melbourneʹ. *Journal of the Society for Asian Humanities*, Vol. 52, pp. 189—192.

Larkins, Frank. 2018. *International House Melbourne*. Melbourne: Melbourne University Press.

Lawson, Henry. (1912) 2022. The Lone Hand, August 1st, 1912. National Library of Australia. 2022-02-21. https://nla.gov.au/nla.obj-405773879/view?partId=nla.obj-405906983#page/n0/mode/1up.

Lin, Yü Tʹang. 1924. ʹA Survey of the Phonetics of Ancient Chineseʹ. *Asia Major*, pp. 134—146.

Lingnan College Hong Kong. 1995. *Calendar*. Hongkong: Lingnan College.

Liu, Tsʹun-yan. 1967. *Chinese Popular Fiction in Two London Libraries*. Hong Kong: Long Men Bookstore.

Liu, Y. C. 1960. *Fifty Chinese Stories*. London: Lund Humphries, 1967 edition.

Loewe, Michael. 1982. ʹProfessor Walter Simon, C. B. E., F. B. Eʹ. *Journal of the Royal Asiatic Society of the Great Britain and Ireland* (New Series), Vol. 114/1, pp. 44—47.

Lord Chamberlain. 1980. Invitation to Professor and Mrs. H. F. Simon. [MF]

Ma, M. 1971. Letter to H. F. Simon. 2 pages, 15th December, The Department of Chinese, University of Hong Kong. [MM]

Macdonald, Rose. (n.d.). ʹCould be Grotto Type of Toronto Beautiesʹ. (n.p.) [MF]

Macheras, Chris. 2022. *Old Vintage Melbourne*. Melbourne • London: Scribe Publications.

Malmqvist, Göran. 1950. ʹA Phonological Description of Some Irregular Tone Phenomena in the Dialect of Omei, Szechwanʹ, *Studia Serica*, Vol. IX, pp. 89—93.

Malmqvist, Göran. 1975. Letter to H.F. Simon. 2 pages, 18th February, Stockholm. [MF]

Malmqvist, Göran. 2011a. *Bernhard Karlgren, Portrait of a Scholar*. Bethlehem: Lehigh University Press.

Malmqvist, Göran. 2011b. Letter to H. F. Simon. 2 pages, 2nd July, Stockholm. [MF]

Malmqvist, Göran. 2014. *Ramblings in a Vanished World*. (Translated from Swedish by

David. W. Pankenier). Pennsylvania: Phoenix Song Media.

Martin, J. R. (ed.). 2013. *Interviews with M.A.K. Halliday: Language Turned Back on Himself*. Sydney: Bloomsbury.

Melbourne University. 1971. *Staff News*. 12th August, Internal publication.

Melbourne University Chinese Students′ Association. 1963. Invitation to Prof. H. F. Simon, 1 page, 2nd June, Melbourne. [MM]

Morris, Ivan (ed.). 1970. *Madly Singing in the Mountains. An Appreciation and Anthology of Arthur Waley*. New York, Evanston, San Francisco, London: Harper & Row, Publishers, 1972 edition.

Nakano, Miyoko. 1970. Letter to W. Simon. 1 page, 21st July, Sapporo, Japan. [MN]

New York Times. 1968. ′ Authur Waley, 76, Orientalist, Dead: Ttranslator of Chinese and Japanese Literature′ . 28th June, p. 42.

Paton, G. W. 1961a. Letter to H. F. Simon. 1 page, 27th April. Melbourne University. [MM]

Paton, G. W. 1961b. Letter to H. F. Simon. 1 page, 21st July, Melbourne University. [MM]

Paton, G. W. 1961c. Letter to H. F. Simon. 1 page, 8th September, Melbourne University. [MM]

Paton, G. W. 1966. Letter to H. F. Simon. 1 page, 4th August, Melbourne University. [MM]

Penny, Benjamin. 2014. East Asian History. Australian Centre for China in the World, The Australian National University. 2014-02-27. https://www.eastasianhistory.org/38/davis-re-prints-preface/.

Philips, Cyril. 1995. *Beyond the Ivory Tower, the Autobiography of Sir Cyril Philips*. London: The Radcliffe Press.

Phillips, C. H. 1967. *The School of Oriental & African Studies, University of London, 1917—1967*. London: Design for Print Ltd.

Phillips, Clifford H. P. 1948. *Hand Book of Royal Air Force Terminology English-Chinese*. London: Air Ministry Kingsway, 1953 edition.

Poynter, John & Carolyn Rasmussen. 1996. *A Place Apart: The University of Melbourne, Decades of Challenge*. Melbourne: Melbourne University Press.

Pulleyblank, E. G. 1963. ′ An Interpretation of the Vowel Systems of Old Chinese and of

Written Burmese′, *Asia Major*, Vol. Ⅹ. part 2, pp. 200—221.

Pulleyblank, E. G. 1995. *Outline of Classical Chinese Grammar*. Canada: University of British Columbia Press.

Qi, Lintao. 2018. *Jin Ping Mei English Translations*. London and New York: Routledge.

Richmond and Twickenham Times. 1961. ′Professor Decorated by Queen Mother′. 4th March, p. 10. [MF]

Roberts, Claire. 2019. ′Modern Chinese Painters 1974′. *China in Australasia: Cultural Diplomacy and Chinese Arts Since the Cold War*, James Beattie, Richard Bullen and Maria Galikowski (eds.). London and New York: Routledge, pp. 62—84.

Rolf, Lie. 1964. ′Breaking the Language Barrier′. *The Age*, 20th, August. [MM]

Ross, E. Denison, 1943. *Both Ends of the Candle: The Autobiography of Sir E. Denison Ross*. London: Faber and Faber.

Schindler, Bruno (ed.). 1963. *Asia Major*, Vol. 10.

Schindler, B. & Simon, W. 1947. *Structure Drill in Spanish*. London: Lund Humphries & Co. Ltd.

Shadick, Harold & Ch′iao Chien. 1968. *A first Course in Literary Chinese*. Ithaca: Cornell University Press, 1992 edition.

Simon, Carol. 1971. Letter to Walter Simon. 2 pages, 1st October, Melbourne. [MF]

Simon, Carol. 1973. Letter to Walter Simon. 2 pages, 24th March, Melbourne. [MF]

Simon, Carol. 2010. ′Eulogy for a Wife and Mother, Margo Simon′. [MF]

Simon, H. F. 1948. Some Elementary Notes on Literary Chinese. Draft. [MF]

Simon, H. F. 1949a. Letter to Family. 2 pages, 19th August, Chengdu, China. [MF]

Simon, H. F. 1949b. Letter to Mother. 2 pages, 7th September, Chengdu, China. [MF]

Simon, H. F. 1949c. Notebooks in Chengdu. [MX]

Simon, H. F. 1950a. ′Translations from 词 Poetry′. *Studia Serica*, Vol. IX. pp. 72—88.

Simon, H. F. 1950b. Letter to Father. 3 pages, 21st May, Chengdu, China. [MF]

Simon, H. F. 1950c. Letter to Father. 2 pages, 3rd August, Hong Kong University. [MF]

Simon, H. F. 1950d. Letter to Family. 1 page, 10th August, Hong Kong University. [MF]

Simon, H. F. 1950e. Letter to Father. 5 pages, 24th August, Hong Kong University. [MF]

Simon, H. F. 1950f. Letter to Family. 2 pages, 7th September, Hong Kong. [MF]

Simon, H. F. 1953. ′ Two Substantival Complexes in Standard Chinese′ . *Bulletin of the School of Oriental and African Studies*, pp. 327—355.

Simon, H. F. 1954a. ′ Puppet Drama′ . 4 pages, daft. [MX]

Simon, H. F. 1954b. ′ Szechwanese (Sichuanese) Shadow Puppets′ . 9 pages, draft. [MX]

Simon, H. F. 1954c. ′ Chinese Shadow Drama, York′ . 3 pages, draft. [MX]

Simon, H. F. 1954d. ′ Demonstration Puppets, York′ . 2 pages, draft. [MX]

Simon, H. F. 1954e. ′ Shadow Theatre Notes′ . 3 pages, draft. [MX]

Simon, H. F. 1954f.′ Introduction (to Chinese Shadow Drama)′ . 2 pages, draft. [MX]

Simon, H. F. 1954g. ′ Demonstration Puppets in Order of Appearance′ . 1 page, draft. [XA]

Simon, H. F. 1958. ′ Some Remarks on the Structure of the Verb Complex in Standard Chinese′ . *Bulletin of the School of Oriental and African Studies*, Vol. 21. no. 1/3, pp. 553—577.

Simon, H. F. 1959a. Letter to Family. 1 page, 4th February, Taipei. [MF]

Simon, H. F. 1959b. Letter to Father. 3 pages, 10th February, Taipei. [MF]

Simon, H. F. 1959c. Letter to Family. 2 pages, 25th February, Taipei. [MF]

Simon, H. F. 1959d. Letter to Father. 1 page, 17th March, Taipei. [MF]

Simon, H. F. 1959e. Letter to Family. 3 pages, 6th June, Taipei. [MF]

Simon, H. F. 1959f. Letter to Parents. 3 pages, 4th September, Taipei. [MF]

Simon, H. F. 1959g. Letter to Parents. 3 pages, 27th November, Taipei. [MF]

Simon, H. F. 1961a. Letter to Margo. 3 pages, 25th February, Seattle, USA. [MF]

Simon, H. F. 1961b. Letter to Vice-Chancellor. 5 pages, 10th May, Melbourne. [MM]

Simon, H. F. 1961c. Letter to Vice-Chancellor. 1 page, 29th May, Melbourne. [MM]

Simon, H. F. 1961d. Letter to Parents, 7 pages, 4th April, Canberra. [MF]

Simon, H. F. 1961e. Letter to Parents. 2 pages, 5th June, Melbourne. [MF]

Simon, H. F. 1961f. Letter to Ian Adie. 2 pages, 14th July, Melbourne. [MF]

Simon, H. F. 1961g. Draft Proposal for the Establishment of a Centre of East Asian Studies. 4 pages, 18th July, Melbourne. [MM]

Simon, H. F. 1961h. Letter to Vice-Chancellor. 2 pages, 1st September, Melbourne. [MM]

Simon, H. F. 1961i. Letter to Parents. 2 pages, 7th September, Melbourne. [MM]

Simon, H. F. 1961j. Letter to Vice-Chancellor. 2 pages, 8th September, Melbourne. [MM]

Simon, H. F. 1961k. Letter to Vice-Chancellor. 3 pages, 11th September, Melbourne. [MM]

Simon, H. F. 1961l. Letter to Alan Mackay. 1 page, 24th October, Melbourne. [MM]

Simon, H. F. 1962a. Letter to Father. 1 page, 15th March, 1 page, Melbourne. [MX]

Simon, H. F. 1962b. Letter to Father. 1 page, 11th April, Melbourne. [MX]

Simon, H. F. 1962c. Announcement for Prof. W. Simon's Lectures. [MX]

Simon, H. F. 1962d. Letter to Chiu Kai-ming. 2 pages, 10th May, Melbourne. [MM]

Simon, H. F. 1962e. 'Departmental Report: January 1961—February 1962'. [MM]

Simon, H. F. 1962f. 'Chinese Shadow Drama'. 3 pages, draft. [MX]

Simon, H. F. 1962g. Letter to Charlie Chao.1 page, 7th August, Melbourne. [MX]

Simon, H. F. 1963a. Letter to Tsai-hsien Chang. 1 page, 27th May, Melbourne. [MM]

Simon, H. F. 1963b. Letter to Wolfgang Franke. 1 page, 21st June, Melbourne. [MM]

Simon, H. F. 1963c. Letter to Wolfgang Franke. 1 page, 9th August, Melbourne. [MM]

Simon, H. F. 1963d. 'Students Taking Part in the Canberra Conference of Oriental Studies'. Draft. [MM]

Simon, H. F. 1963e. 'Annual Report of Department of Oriental Studies'. Draft. [MM]

Simon, H. F. 1963f. 'A Case for Asian Languages in Australian Schools'. *Hemisphere*, Vol. 7, pp. 3—7.

Simon, H. F. 1963g. 'Some Motivations of Chinese Foreign Policy'. Presented at 1963 Morrison Lecture, Australian National University. [MF]

Simon, H. F. 1965a. 'New Arts Building for 1967—1969 Triennium, Notes for the University Submission'. Draft. [MX]

Simon, H. F. 1965b. 'Department of Oriental Studies—Report for the Myer Foundation'. Draft. [MM]

Simon, H. F. 1967a. Letter to John S. Gregory. 2 pages, 18th January, Melbourne. [MM]

Simon, H. F. 1967 b. Letter to S. G. Milston. 1 page, 18th January, Melbourne. [MM]

Simon, H. F. 1967c. Letter to R. Mason. 1 page, 18th January, Melbourne. [MM]

Simon, H. F. 1967d. Letter to C. P. Fitzgerald. 1 page, 18th January, Melbourne. [MM]

Simon, H. F. 1967e. Letter to Otto Van der Sprenkel. 1 page, 18th January, Melbourne. [MM]

Simon, H. F. 1967f. Letter to David Sisson. 1 page, 18th January, Melbourne. [MM]

Simon, H. F. 1967g. Letter to Rafe de Crespigny. 1 page, 18th January, Melbourne. [MM]

Simon, H. F. 1967 h. Letter to Warden J. D. Sinclair—Wilson. 1 page, 25th October, Melbourne. [MM]

Simon, H. F. 1972a. Letter to Family. 2 pages, 4th May, Taipei. [MX]

Simon, H. F. 1972b. Letter to Stephen Murray-Smith. 2 pages, 22nd June, Taipei. [MX]

Simon, H. F. 1973a. ' Syntactic M Structures in Standard Chinese' . *Bulletin of the School of Oriental and African Studies*, 26: 382—398.

Simon, H. F. 1973b. Letter to the Myer Foundation. 2 pages, 5th April, Melbourne. [MM]

Simon, H. F. 1973c. Letter to Parents. 2 pages, 15th July, Melbourne. [MF]

Simon, H. F. 1974a. Letter to D. E. Caro. 2 pages, 4th October, Melbourne. [DF]

Simon, H. F. 1974b. Letter to J. W. Mather. 2 pages, 16th October, Melbourne. [DF]

Simon, H. F. 1974c. ' Study Leave Report' . Draft. [XF]

Simon, H. F. 1975a. Letter to the Dean of Arts, Faculty of Arts. 3 pages, 10th June, Melbourne. [MM]

Simon, H. F. 1975b. Letter to the Dean of Arts. 1 page, 29th September, Melbourne. [MM]

Simon, H. F. 1977a. *Report of the Visit to the People' s Republic of China by an Australian Language Teaching Delegation. 22nd May to 12th June*. Canberra: Australian Department of Education, pp. 25—31, 35—42, 63—69, 94—98. [MX]

Simon, H. F. 1977b. Letter to Chiang Fu-tsung. 1 page, 9th March, Hong Kong. [MX]

Simon, H. F. 1977c. Letter to Father. 2 pages, 24th March, Melbourne. [MX]

Simon, H. F. 1977d. Letter to Chao Yuen Ren. 2 pages, 15th July, Melbourne. [MX]

Simon, H. F. 1977e. Report on Study leave. 3 pages, draft. [MX]

Simon, H. F. 1978a. ' Surface Marking Features and Event and Discourse Related Categories.' *Chinese Language Use*, pp. 37—68. Contemporary China Centre, Australian National University.

Simon, H. F. 1978b. ' On Being Sayable and Readable' . *Australian Universities Language and Literature Association*, IX , pp. 32—42.

Simon, H. F. 1978c. ′ Sentence Structure and Discourse Practice in Chinese: A Study of Two Sentences from a Sayable Text′ . 47 pages. Presented at Asian Studies Association of Australia Conference, May. [MX]

Simon, H. F. 1979. ′ Written Models of Speech for Oral Performance and Marking of Tone in the Pinyin Transcription in Chinese′ . 58 pages, draft. [MX]

Simon, H. F. 1980a. ′ On Speech Characteristics in Chinese and Construction of Models of Speech′ . *Asie Orientale*, Vol.8, pp. 28—80.

Simon, H. F. 1980b. ′ Linguistics and Cognitive Issues in the Marking of Lexical Tone in Pinyin′ . 53 pages, draft. [MX]

Simon, H. F. 1980c. ′ Models for Oral Performance and the Marking of Tone in the Pinyin Transcription′ . 48 pages, draft. [MX]

Simon, H. F. 1980d. ′ The Composition of Models of Speech in Chinese and Contrasts with Texts in Written Tradition′ . *Cahiers de Linguistique, Asie Orientale*, No.8. pp.29—79.

Simon, H. F. 1980e. Letter to Wen You. 1 page, 29th January, Melbourne. [MX]

Simon, H. F. 1981. Letter to Mary Tregear. 1 page, 21st May, Melbourne. [XF]

Simon, H. F. 1982a. Letter to Students Regarding the Departmental 21st Anniversary. (n.d.) [MF]

Simon, H. F. 1982b. ′ On the Structure and Form of Models of Speech for Oral Performance in Chinese′ . *Oriental Society of Australia*, pp. 224—263.

Simon, H. F. 1983a. ′ Notes on Asian Studies in the University of Melbourne′ . August, 23 pages. [MX]

Simon, H. F. 1983b. ′ Address to Graduates′ . 9 March, 8 pages. [MX]

Simon, H. F. 1984a. ′ On the Marking of Tone in the Pinyin Transcription′ . 58 pages, accepted for publication in the 80th Birthday Volume for Prof. Wang Li, Hong Kong. [FA]

Simon, H. F. 1984b. ′ The Discourse Antecedents of Subject NP in Models of Speech in Chinese′ . 44 pages, draft. [MX]

Simon, H. F. 1984c. ′ Some Thoughts on the Construction and Presentation of Models for Oral Performance in Chinese′ . 26 pages, draft. [MX]

Simon, H. F. 1988a. Letter to John Chen. Lingnan College. 2 pages, 21st April, Melbourne. [MX]

Simon, H. F. 1988b. Curriculum Vitae of Harry F. Simon. 6 pages, 21st April, Melbourne. [MF]

Simon, H. F. 1988c. Chinese Grammar for Students. 10 chapters, draft. [MX]

Simon, Kate. 1935. Letter to H. F. Simon. 1 page, 3rd December, Berlin. [MF]

Simon, Water. 1920. ′ Charakteristik des Judenspanischen Dialekts von Saloniki′ , *Zeitschrift für Romanische Philologie*, Vol. 40, pp. 655—689. Offprint [MF]

Simon, Water. 1937. ′ Has the Chinese Language Parts of Speech?′ . *Transactions of the Philological Society*, pp. 99—119.

Simon, Water. 1938. ′ The Reconstruction of Archaic Chinese′ . *Bulletin of the School of Oriental and African Studies*, Vol. IX, part 2, pp. 267—288.

Simon, Water. 1942a. *The New Official Chinese Latin Script Gwoyeu Romatzyh. Tables, Rules, Illustrative Examples*. London: Arthur Probsthain.

Simon, Water. 1942b. *Chinese Sentence Series* 1, co-author with C. H. Lu. London: Arthur Probsthain, 1943 edition.

Simon, Water. 1943. *Chinese National Language (Gwoyeu) Reader and Guide to Conversation*, co-author with C. H. Lu. London: Lund Humphries, 1954 edition.

Simon, Water. 1944a. *Chinese Sentence Series* II, co-author with C. H. Lu. London: Arthur Probsthain, 1956 edition.

Simon, Water. 1944b. *Gwoyeu Romatzyh. Chinese-English Vocabulary* (Chinese Sentence Series, Part III). London: Arthur Probsthain.

Simon, Water. 1944c. *1200 Chinese Basic Characters*. London: Lund Humphries, 1957 edition.

Simon, Water. 1944d. *How to Study and Write Chinese Characters*. Taipei: Book World Company, Taipei, 1959 edition.

Simon, Water. 1944e. Letter to Ralph Sewell. 2 pages, 29th October, London. [MF]

Simon, Water. 1944f. Letter to Ralph Sewell. 4 pages, 16th December, London. [MF]

Simon, Water. 1945. *Structure Drill in Chinese*, with T. C. Chao. London: The Tau Chiang

Book Co., 1959 edition.

Simon, Water. 1947. *A Beginners' Chinese-English Dictionary of the National Language (Gwoyeu)*. London: PERCY Lund, Humphries & Co. LTD, 1964 edition.

Simon, Water. 1950.ʹ Annual Reportʹ . Draft. [MF]

Simon, Water. 1952. ʹ Obituary: Gustav Halounʹ , *The Journal of the Royal Asiatic Society of Great Britain and Ireland*, pp. 93—95.

Simon, Water. 1955. ʹ Obituary of J. J. L. Duyvendak（28th June 1889—9th July 1954）ʹ , offprint, no publication information. [MF]

Simon, Water. 1956.ʹ In memory of Henry J. Oppenheimʹ . Draft. [MF]

Simon, Water. 1957a. ʹ A Kottish-Tibetan-Chinese Word Equationʹ . *Bulletin of the Institute of History and Philology, Academia Sinica*, Vol. 28 (1), pp. 441— 443.

Simon, Water. 1957b. ʹ Two Final Consonantal Clusters in Archaic Tibetanʹ . *Bulletin of the Institute of History and Philology, Academia Sinica*, Vol. 29 (1), pp. 87—90.

Simon, Water. 1958.ʹ Obituary of Evangeline Dora Edwardsʹ . Bulletin of the School of Oriental and African Studies, Vol. XXXI, part 1, pp. 220—23.

Simon, Water. 1959.ʹ The Attribution to Michael Boym of Two Early Achievements of Western Sinologyʹ . *Asia Major*, Vol. VII, parts 1—2 (Arthur Waley Anniversary Volume) , pp. 165—169.

Simon, Water. 1960.ʹ A Chinese Prayer in Tibetan Scriptʹ . *Liebenthal Festschrift: Sino-Indian Studies*, Vol. Ⅴ , 3 and 4, pp. 192—199.

Simon, Water. 1962. Letter to H. F. Simon. 1 page, 5th April, London.

Simon, Water. 1963. Letter to H. F. Simon. 2 pages, n. d., London. [MX]

Simon, Water. 1964a. ʹ Obituary of Dr. Bruno Schindlerʹ . *Asia Major*, Vol. Ⅺ , 2, pp. 93—100.

Simon, Water. 1964b. Reference letter for Din Cheuk Lau. 1 page, 29th January, London. [MN]

Simon, Water. 1965a. Letter to Professor Lewy. 2 pages, 9th February, London. [MN]

Simon, Water. 1965b. Letter to Professor Lewy. 1 page, 30th April, London. [MN]

Simon, Water. 1966. Letter to Charles R. B., 2 pages, 23rd October, London. [MN]

Simon, Water. 1967. ′Obituary: Arthur Waley′. *Bulletin of the School of Oriental and African Studies*, Vol. ⅩⅩⅩ, 1, pp. 267—271.

Simon, Water. 1968. ′In Memoriam Yuan T′ung-li′. *Si Yi Lu*, Yuan Huixi (eds.), pp. 1—44. Taipei: Commercial Press.

Simon, Water. 1969a. Report on Japan Visit. 7 pages, 12th April. [MN]

Simon, Water. 1969b. ′Cognates of Tibetan Rans-pa (Entire, Complete) With Guttural Stem Initial′. *Bulletin of the Institute of History and Philology, Academic Sinica*, Vol. 39 (2), pp. 287—289.

Simon, Water. 1970. ′A few Waleyesque Remarks′. *Madly Singing in the Mountains, An Appreciation and Anthology of Arthur Waley*. Ivan Morris (eds.). New York, Evanston, San Francisco, London: Harper & Row, Publishers, pp. 93—95, 1972 edition.

Simon, Water. 1971. ′Tibetan Fifteen and Eighteen′. *Études Tibétaines: Dédiées à la Mémoire de Marcelle Lalou*, Paris, Librarie d′Amérique et d′Orient, pp. 472—478.

Simon, Water. 1972. Letter to Fu-tsung Chiang, 4 pages, 27th February, London.

Simon, Water. 1977. *Manchu books in London: A Union Catalogue*. Co-author with Howard G. H. Nelson. London: British Museum Publications for the British Library.

Simon, Water. 1979. *Catalogue du Fonds Manchou*. Co-author with Jeanne-Marie Puyraimond and Marie-Rose Séguy. Paris: Bibliothèque Nationale.

Skinner, G. William. 2017. *Rural China on the Eve of Revolution Sichuan Fieldnotes, 1949—1950*. Staven Harrel and William Lavely (eds.). Seattle: University of Washington Press.

Stein, Rolf Alfred. 1967a. Letter to W. Simon. 2 pages, 23rd March, Paris. [MN]

Stein, Rolf Alfred. 1967b. Letter to W. Simon. n.d., 1 page, Paris. [MN]

The Age. 1962. ′Oriental Library in Her Charge′. 14th September, p. 14. [MM]

The Age. 1971. ′Our System of Teaching Languages Has Failed′. 1st, April. [MM]

The Age. 1992. ′Scholar′s Mission Pierced the Mystery That Was China′. 21st April. [MM]

The Australian. 1970. ′Learning to Speak to Asia′. n.d. [MM]

The Times. 1968. ′Mr. Henry McAleavy′. 28th October. [MM]

The University of Melbourne. 1961. ′University of Melbourne Calendar 1961′. 2022-02-21.https://digitised—collections.unimelb.edu.au/handle/11343/23433.

The University of Melbourne. 1964. *Annual Report*. Internal Publication.

The Victorian Universities and Schools Examinations Board. 1972a. ′High School Certificate Examination—1972, First Paper′. [MM]

The Victorian Universities and Schools Examinations Board. 1972b. ′High School Certificate Examination—1972, Second Paper′. [MM]

Thurgood, Graham & Randy J. Lapolla. 2003. *The Sino-Tibetan Languages*. Abingdon, Oxon, New York: Routledge.

Trommsdorff, Paul. 1931. ′Heinrich Simon′, *Zentreiblatt für Bibliothekswese*, Vol. 48. [MF]

Wadley, Stephen A., Carsten Naeher, Keith Dede. 2006. *Proceedings of the First North American Conference on Manchu Studies (Portland, on May 9—10, 2003), Vol. 1: Studies in Manchu Literature and History.* Otto Harrassowitz Verlag.

Wai, Irene. 1964. ′Library Report′. 4 pages. [MM]

Waley, Alison. 1967. Letter to W. Simon. 1 page, 26th January, London. [MN]

Waley, Alison. 1969. Letter to W. Simon. 1 page, 19th June, London. [MN]

Waley, Alison. 1982. *A Half of Two Lives*. New York: McGraw-Hill Books Company, 1983 edition.

Ward, Willie. 1974. Letter to H. F. Simon. 1 page, 31st May, London. [MF]

Warden, J. D. Sinclair-Wilson. 1962. Letter to H. F. Simon, 2 pages, n.d., London. [MM]

Warden, J. D. Sinclair-Wilson. 1963. Letter to H. F. Simon, 1 page, 23rd February, Melbourne. [MM]

Wen, Hong. 1980. Letter to H. F. Simon. 1 page, 17th April, Beijing. [MX]

Whitaker, K. P. K. 1945. *Structure Drill in Cantonese*. London: Lund Humphries.

Whitaker, K. P. K. 1954. *Cantonese Sentence Series*. London: Lund Humphries.

Whitaker, K. P. K. 1973. ′A Cantonese Song Entitled Creoy Keok Lrio a Gao 除却了阿九′. *Bulletin of the School of Oriental and African Studies*, Vol. XXXVI, part 2, pp. 446—459.

Whitaker, K. P. K. & Walter Simon. 1953. *1200 Chinese Basic Characters: An Adaptation for Students of Cantonese of W. Simon′s National Language Version*. London: Lund Humphries.

Williamson, H. R. 1947. *Teach Yourself Chinese*. London: Hodder and Stoughton Limited for the English Universities Press.

Winchester, Simon. 2008. *Bomb, Book and Compass—Joseph Needham and the Great Secrets of China*. London: Penguin Books.

Wolfendena, Dziela. 1931. No title. *Journal of the Royal Asiatic of Great Britain & Ireland* (New Series), 63 (1): 210—213. [MF]

Woodard, C. G. 1977. Letter to H. F. Simon. 1 page, 14th June, Beijing. [MM]

Wykes, Olive. 1966. *Survey of Foreign Language Teaching in the Australian University*. Australian Humanities Research Council. [MX]

Yao, Shih-ao. 1933. ' Ein Kurzer Beitrag zur Quellenkritik der Reichsannalen der Kin-und Yuan-Dynastie' . *Asia Major*, Vol. IX , 4, pp. 580—590. [MX]

Yeung, Bick-har. 1996. ' Chinese Language Collection Conspectus at the University of Melbourne Library' . *East Asian Library Research Group of Australia Newsletter*.

Yeung, Bick-har. 2013.' News from the East Asian Collection, The University of Melbourne Library' . *East Asian Library Research Group of Australia Newsletter*.

Yü, Ta We. 1927. ' Europa und China'. *Sinica*, pp. 50—53. [MX]

Zheng, Da. 2010. *Chiang Yee: The Silent Traveller from the East—A Cultural Biography*. New Brunswick, New Jersey and London: Rutgers University Press.

二、西门父子年谱简编

西门华德　1893.6.10—1981.2.22

第一阶段：1893—1925

1893　6月10日出生于柏林。

1911　就读于柏林大学（1911—1914），专业为古典语言学。

1914　在军队当情报官（1914—1918），获铁十字二等战功勋章一枚。

1919　返回柏林，完成博士论文；通过法语、拉丁语、希腊语教师资格证书；进入柏林大学图书馆工作。

1920　博士论文发表；通过高级图书馆馆员资格考试；开始学中文。

1921　在基尔大学图书馆工作一年。

1922　柏林大学任图书馆馆员（1922—1935）；与凯泽完婚。

1923　师从福兰阁和弗兰克等（1923—1926），学习了中文、藏文、满文、日文、蒙古文等语言；大儿子西门华出世。

1924　与袁同礼在柏林大学图书馆相识；发表第一篇有关汉学的文章。

第二阶段：1926—1935

1926　柏林大学东方语言系担任无薪讲师（1926—1932），教授远东语言学。

1927　收到俞大维赠送的论文《欧洲与中国》。

1929　论文《藏汉比较词汇初探》发表，引起了语言学界的轰动，高本汉等发表评论；与李方桂相识。

1929—1930　赴英国图书馆进修；小儿子西门彼得出世。

1930　担任《东方文献报》中国部门的合作出版人（1930—?）；介绍蒋复璁与福兰阁相识；父亲去世。

1931—1932　负责东方语言系的汉学教学工作。

1932—1933　晋升为教授；1932年11月17日到1933年底，作为交换学者去北平图书馆工作了一年；为李德启编、于道泉校的满文的《北图联合目录》编写了拉丁文目录并作德文序；与胡适、丁文江等相识；筹备"现代德国印刷展览"。

1934　失去柏林大学教职；收到姚从吾赠送的有关金元王朝史册的论文抽印本。

1935　失去柏林大学图书馆馆员工作；4月，接待高本汉；年底赴伦敦学术协助会寻求帮助。

第三阶段：1936—1960

1936　年初，全家离开柏林；得到韦利的匿名捐款；2月获得伦敦大学东方学院的临时教职，与蒋彝成为同事。

1936—1960　任职于伦敦大学亚非学院（东方学院）。

1937—1938　6月，获半职讲师的职位，后得副教授职位；邀请于道泉到亚非学院任教。

1939　为艾之顿英译的《金瓶梅》的定稿提供指导；9月，全家得到英国居留权；萧乾到亚非学院任职，和西门华德成为同事。

1941　和萧乾一起被派到伯明翰郊区"公谊救护队"训练营教授中文；年中递交英国公民申请（二战结束若干年后才获准）。

1942—1947　负责中文训练班工作，把国语罗马字介绍到英国，出版了第一部国语罗马字注音的英汉词典，编辑了一系列采用国语罗马字注音的教材。

1943　妹妹去世。

1944　母亲去世。

1947　10月，获教授职位；谢绝柏林大学汉学系主任职位。

1948　1月，在欧洲青年中国学家第一次会议上发表论文；9月至次年8月，赴中国和日本采购书籍。

1950　晋升为远东系代主任；创办中文博士班，培养了白芝、韩南等优秀博士生。

1951 任《伦敦大学亚非学院集刊》编委（1951—1960）；负责皇家空军语言学训练班的工作（1951—1960）。

1952 任《泰东》杂志编委（1952—1954）；晋升为远东系系主任。

1954 担任第23届国际东方学者大会主席，与赵元任会面。

1957 在《庆祝胡适先生65岁论文集》和《庆祝赵元任先生65岁论文集》上发表论文；获英国科学院院士头衔。

1960 退休。据不完全的统计，工作30余年，共发表了80余种论著；6月，获"终身荣誉教授"和"服务二十五年荣誉学者"称号。

第四阶段：1961—1981

1961 2月28日，在白金汉宫接受王太后授予的大英帝国勋章；访问多伦多大学。

1962 访问美国和加拿大；在袁同礼的陪同下参观美国国会图书馆；访问堪培拉澳大利亚国立大学；访问墨尔本；5月12日在墨尔本大学作第一场讲座；8月24日—28日访问台北。

1963 《泰东》杂志出专辑庆祝西门华德的七十寿辰；访问巴黎，参加满语的《巴黎联合目录》的编辑工作。

1964 任《泰东》编辑、总编（1964—1975）。

1967 任英国语言学会主席（1967—1970）。

1969 在《庆祝李方桂先生65岁论文集》发表论文。

1970 在墨尔本大学作公开演讲；2月到4月14日，访问东京东洋文库和京都；4月在堪培拉澳大利亚国立大学进行为期两周的访问；访问巴黎，参加《巴黎联合目录》的编撰工作；弟弟西门马克斯去世。

1972 庆祝金婚。

1973 6月26日，伦敦大学亚非学院召开酒会庆祝西门华德的80大寿，并出版了《庆祝西门华德教授八十岁论文集》。

1974　圣诞节前后到墨尔本探望儿子一家。

1976　任英国皇家亚洲学会荣誉副会长（1976—1981）。

1977　获得皇家亚洲学会金奖。

1981　2月22日辞世。据不完全统计，退休后的出版物有20余种。

西门华　1923.9.13—2019.7.7

第一阶段：1923—1941

1923　9月13日诞生于柏林。

1936　全家迁到伦敦；在泰晤士河谷文法学校上中学。

第二阶段：1942—1960

1942　5月至次年12月，伦敦大学亚非学院学习中文。

1944　在军队担任中尉。

1945　5月以军人身份回亚非学院任教，并继续学中文。

1947　晋升为亚非学院中文讲师；成为伦敦哲学学会会员。

1949　6月赴香港休学术假，8月3日抵达昆明看望朋友沃德，随后和马悦然一起去华西协合大学跟闻宥学习古典诗词和元曲。

1950　7月16日离开成都，途径重庆、汉口和广州，7月30日抵达香港；9月24日参加马悦然和陈宁祖的婚礼后回到伦敦；在《汉学研究》上发表第一篇翻译作品。

1952　12月27日与玛果成婚。

1953　发表第一篇有关北京口语语法的论文；大女儿西门卡萝出生于伦敦。

1954　8月，参加在伦敦召开的第二十三届东方学家国际会议，与赵元任会面；10月18日随英商访华贸易团抵达中国香港；11月17日一

12月11日随英国工商界贸易访问团访问内地，任助理秘书。

1955　3月27日—4月18日随英国代表团访问中国。

1956　在慕尼黑参加东方学家国际会议。

1956—1968　担任英国大学中国委员会成员。

1957　7月21日—8月9日随企鹅出版社创始人莱恩访问中国。

1958　10月9日赴中国台湾休学术假。

1959　小女儿西门珍妮于1959年出生于台北；10月7日—11月11日去日本采购书籍；12月31日全家离开台湾。

1960　接受墨尔本大学邀请，创建东方研究系。

第三阶段：1961—1988

1961　1月中旬独自启程去美国和加拿大的名校作考察；3月16日抵达墨尔本，4月28日妻子和两个女儿抵达墨尔本；筹备东方研究系，东亚研究中心以及东亚图书馆；任东方研究系教授、主任，以及系主任委员会成员，校学术委员会成员，澳大利亚国际事务研究所成员（1961—1988）。

1962　接收第一批中文学生（20名）和东方研究课程的学生（22名）入学。

1963　在澳大利亚成人教育中心、维州国家艺术馆等单位做"中国的外交政策""中国的皮影戏"等报告；在"第二十五届莫理循讲座"上做演讲；带领10名学生到堪培拉国立大学参加第一届东方研讨会。

1965　接收第一批日文学生入学。

1966　任墨尔本大学文学院副院长（1966—1967）；任文学院教育委员会成员（1966—1969）。

1967　2月到9月，在欧洲休学术假期；任维州高校招生委员会主席；任维州高校中学考核委员会委员（1967—1971）。

1968　任文学院院长（1968—1970）；任中心建筑规划委员会成员

（1968—1970）。

1971　任墨尔本商会理事会理事（1971—1975）。

1972—1973　任文学院副院长（1972—1976）；1972年1月到1973年
　　　2月，在中国台湾和欧洲休学术假。

1974　3月3日—4月5日，举办《传统风格的现代中国画画家》画展；
　　　4月8日到4月26日，作为澳大利亚国际事务研究所代表团成员
　　　访问中国。

1975　上半年访问英国著名大学的东方研究机构。

1976　参加在布里斯班举行的澳大利亚高校语言文学协会会议，并宣读
　　　了论文；8月17日到1977年1月25日，在牛津大学圣安东尼学院担
　　　任访问学者；任校学术委员会主席（1976—1978）。

1977　1月27日—2月11日，在香港大学任访问学者；5月22日到6月12日
　　　访问中国：参加堪培拉举办的中国语言应用会议，并宣读了论
　　　文；任墨尔本大学学术委员会主席（1977—1978）。

1978　访问中国。

1979　11月1日—11月13日访问中国，见到闻宥；11月，接待中国记者
　　　代表团；任墨尔本大学行政副校长（1979—1980）；任澳中理事
　　　会理事（1979—1982）；任澳中理事会社会科学部主席（1979—
　　　1982）。

1980　3月，接待中国作家代表团；在香港大学任访问学者；5月31日—
　　　6月6日访问中国；访问牛津大学圣安东尼学院；7月17日下午四
　　　点到六点在白金汉宫参加庆祝英国王太后80岁大寿的盛典；访问
　　　中国；参加在布里斯班召开的澳大利亚亚洲协会会议，并宣读了
　　　两篇论文。

1981　父亲西门华德去世；参加在墨尔本召开的澳大利亚亚洲协会年
　　　会；参加堪培拉举办的中国语言应用会议，并宣读了论文。

1982　10月30日—11月11日访问中国；担任澳大利亚国际事务研究所副
　　　所长。

1983　10月31日—11月3日访问中国；在香港大学担任访问学者。

1984　任香港中文大学访问学者；母亲西门凯泽去世。

1985　主持在墨尔本举行的澳大利亚高校语言文学协会会议。

1988　5月18日—5月28日访问香港；8月31日从墨尔本大学退休。

第四阶段：1989—2019

1989　前往香港岭南书院工作；任岭南书院文学院院长，翻译系教授（1989—1995）。

1992　和妻子以及卡萝一起去欧洲度假，并访问了马悦然。

1996　返回墨尔本，在雅拉河边的新居安度晚年。

1998　外孙杰克出生。

2010　妻子西门玛果去世。

2011　弟弟西门彼得去世。

2019　7月7日清晨在养老院辞世。

三、外中人名对照

A

Albert，George Frederick Ernest（乔治五世，1865—1936）

Alexander，Von Staël-Holstein（钢和泰，1877—1937）

Alleton，Viviane（艾乐桐）

Anderson，Joan A.（安德森）

B

Balazs，Étienne（白乐日，1905—1963）

Bailey，Harold Walter（贝雷，1899—1996）

Baillieu，William L.（贝琉，1859—1936）

Barnes，Jack（巴恩斯）

Barnett，K. M. A.（彭德，1911—1987）

Barry，Redmond（巴里，1813—1880）

Barthold，Wilhelm（巴特霍尔特，1869–1930）

Bawden，Charles R.（鲍登，1924—2016）

Beveridge，William（贝弗里奇，1879—1963）

Bianco，Lucien（毕仰高，1930—）

Bielenstein，Hans H. A.（毕汉思，1920—2015）

Biggerstaff，Knight（毕乃德，1906—2001）

Binyon，Laurence（宾扬，1869—1943）

Birch，Cyril（白芝，1925—2023）

Boas，Franz（鲍亚士，1858—1942）

Bowes-Lyon，Elizabeth Angela Marguerite（伊丽莎白王太后，1900—2002）

Brewitt-Taylor，C. H.（邓罗，1857—1938）

Bruce，Joseph Percy（卜道成，1861—1934）

Buck，Pearl S.（赛珍珠，1892—1973）

C

Childers，Hugh（柴尔德斯，1827—1896）

Chinnery，John（秦乃瑞，1924—2010）

Crawford，Max（克劳福德，1906—1991）

Crespigny，Rafe de（张磊夫，1936—）

D

Daniels，F. J.（丹尼尔斯，1899—1983）

Davis，A. R.（戴维斯，1924—1983）

Dean，Arthur（迪恩，1893—1970）

Denwood，Philipe（登伍德，1941—）

Derham，David（德勒姆，1920—1985）

Downer，Gordon（道尔）

Dubs，Homer H.（德效骞，1892—1969）

Duyvendak，J. J. L.（戴闻达，1889—1954）

E

Edwards，Eve D.（爱德华兹，1888—1957）

Egerod，SΦren（艾格罗德，1923—1995）

Egerton，Clement（艾之顿）

Elisséeff，Serge（叶理绥，1889—1975）

Enoki，Kazuo（榎一雄，1913—1989）

F

Firth，John Rupert（弗斯，1890—1960）

Fisher，Carney T.（费舍尔）

FitzGerald，Stephen（费思棻，1938—）

Fitzgerald，C. P.（费子智，1902—1992）

Forrest，R. A. D.（弗雷斯特，1893—?）

France，Glynn（弗兰士）

Francke，August Hermann（弗兰克，1870—1930）

Franke，Otto（福兰阁，1863—1946）

Franke，Wolfgang（傅吾康，1912—2007）

Fraser，Everard（埃弗雷泽，1859—1922）

G

Geon，Kwang Jin（全广镇）

Gidman，David（基德曼，1923—2001）

Giles，Lionel（翟林奈，1875—1958）

Goethe，Johann Wolfgang von（歌德，1749—1832）

Goodrich，Luther C.（傅路德，1894—1986）

Gouin，François（古安，1831—1896）

Graham，Angus Charles（葛瑞汉，1919—1991）

Green，Withers（格林）

Green，Mrs.（格林太太）

Gregory，John S.（格雷戈里，1923—2021）

Grinstead，Eric D.（格林斯特，1921—2008）

H

Haenisch，Erich（埃尼希·海尼士，1880—1966）

Haenisch，Wolf（沃夫尔·海尼士，1908—1978）

Halliday，Michael（韩礼德，1925—2018）

Haloun，Gustav（夏伦，1898—1951）

Hanan，Patrick（韩南，1927—2014）

Hansford，S. Howard（韩斯福，1899—1973）

Haudricourt，André-Georges（奥德里古，1911—1996）

Hauer，Erich（豪尔，1878—1936）

Hawkes，David（霍克思，1923—2009）

Hedin，Sven（赫定，1865—1952）

Henning，Walter（恒宁，1908—1967）

Hightower，James R.（海陶玮，1915—2006）

Hill，Nathan W.（希尔）

Hilton，James（希尔顿，1900—1954）

Hitler，Adolf（希特勒，1889—1945）

Huck，Arthur（哈克，1926—）

Holm，David（贺大卫）

Humboldt，Wilhelm Von（洪堡，1767–1835）

I

Irwin，Richard Gregg（欧文，1909—1968）

J

Jäschke，Heinrich August（叶斯开，1817—1883）

James，Arthur Lloyd（詹姆斯，1884—1943）

Johnston，Reginald（庄士敦，1874—1938）

K

Kahle，Paul Ernst（卡勒，1875—1964）

Kane，Daniel（康丹，1948—2021）

Karlgren，Bernhard（高本汉，1889—1978）

1935）

Skinner，G. William（施坚雅，1925—2008）

Stein，Rolf Alfred（石泰安，1911—1999）

Sprenkel，Otto Van der（斯普伦克，1906—1978）

Simon，Carol（西门卡萝 / 西门恺儒）

Simon，Clara Abraham（西门克拉拉，1870—1944）

Simon，H. F.（西门华 / 西门重光，1923—2019）

Simon，Heinrich（西门海因里希，1858—1930）

Simon，Jenny（西门珍妮 / 西门箴钰）

Simon，Kate（西门凯特，1898—1943）

Simon，Kate Jungmann（西门凯泽，1902—1984）

Simon，Margo（西门玛果，1924—2010）

Simon，Max（西门马克斯，1899—1970）

Simon，Nicholas（西门尼古拉斯）

Simon，Peter（西门彼得，1929—2011）

Simon，Susannah（西门苏珊娜）

Simon，Walter（西门华德 / 西门光中，1893—1981）

Simmonds，E. H. S.（西蒙兹，1919—1994）

Simmonds，Patricia（西蒙帕，1923—2018）

Smith，Norman Lockhart（史美，1887—1968）

T

Thurgood，Graham（杜冠明）

Timpson，Tom（廷普森）

Trautmann，Herrn O.（陶德曼，1877—1950）

Trittel，Walter（特里特尔，1880—1948?）

Turner，Ralph Lilley（特纳，1888—1983）

Twitchett，Denis（杜希德，1925—2006）

W

Waley，Arthur（韦利，1889—1966）

Walleser，Max（沃勒瑟，1874—1954）

Ward，Willie（沃德）

Warden，J. D. Sinelair-Wilson（沃顿）

Warner，Shelley（华淑慧）

Whitlam，Gough（惠特拉姆，1916—2014）

Winchester，Simon（温切斯特，1944—）

Wilhelm，Hellmut（卫德明，1905—1990）

Wilhelm，Richard（卫礼贤，1873—1930）

Wilson，Samuel（威尔森，1832—1895）

Wolfenden，Stuart N.（沃尔芬登，1889—1938）

Woodard，Gary（伍达德）

Wright，Mary C.（芮玛丽，1917—1970）

Y

Yeldham，Peter（耶尔德姆，1927—）

Youde，Edward（尤德，1924—1986）

四、中外人名对照

A

埃弗雷泽（Everard Fraser）

艾格罗德（SФren Egerod，1923—1995）

艾乐桐（Viviane Alleton）

艾之顿（Clement Egerton）

爱德华兹（Eve D. Edwards，1888—1957）

安德森（Joan A. Anderson）

奥本海姆（Henry J. Oppenheim，1895?—1956?）

奥本海姆夫人（Mrs. Oppenheim）

奥茨（Leslie Russell Oates，1925—2013）

奥德里古（André-Georges Haudricourt，1911—1996）

B

巴恩斯（Jack Barnes）

巴里（Redmond Barry，1813—1880）

巴金（1904—2005）

白乐日（Étienne Balazs，1905—1963）

巴特霍尔特（Wilhelm Barthold，1869—1930）

白芝（Cyril Birch，1925—2023）

鲍登（Charles R. Bawden，1924—2016）

鲍威尔（Margaret Powell）

鲍亚士（Franz Boas，1858—1942）

贝弗里奇（William Beveridge，1879—1963）

贝雷（Harold Walter Bailey，1899—1996）

贝琉（William L. Baillieu，1859—1936）

贝罗贝（Alain Peyraube）

毕汉思（Hans H. A. Bielenstein，1920—2015）

毕乃德（Knight Biggerstaff，1906—2001）

毕仰高（Lucien Bianco，1930—）

宾扬（Laurence Binyon，1869—1943）

冰心（1900—1999）

卞之琳（1910—2000）

伯希和（Paul Pelliot，1878—1945）

卜道成（Joseph Percy Bruce，1861—1934）

C

蔡元培（1868—1940）

曹雪芹（1715—1763）

柴尔德斯（Hugh Childers，1827—1896）

陈半丁（1876—1970）

陈定民（1910—1985）

陈独秀（1879—1942）

陈京祖

陈宁祖（1931?—1996）

陈望道（1891—1977）

陈文芬

陈小滢

陈新雄（1935—2012）

陈行可（1893—1984）

陈杨国生（杨国生）

陈源（陈西滢，1896—1970）

陈寅恪（Yin-koh Tschen，1890—1969）

陈之迈（Chih-Mai Chen，1908—1978）

程曦（1919—1997）

崔骥（Chi Tsui，1901/1902—1951）

D

戴维斯（A. R. Davis，1924—1983）

戴闻达（J. J. L. Duyvendak，1889—1954）

丹尼尔斯（F. J. Daniels，1899—1983）

道尔（Gordon Downer）

德勒姆（David Derham，1920—1985）

德效骞（Homer H. Dubs，1892—1969）

龚煌城（1934—2010）

古安（François Gouin，1831—1896）

郭大维（1919—2003）

H

哈克（Arthur Huck，1926—）

海尼士（埃尼希·海尼士，Erich Haenisch，1880—1966）

海尼士（沃夫尔·海尼士，Wolf Haenisch，1908—1978）

海陶玮（James R. Hightower，1915—2006）

韩礼德（Michael Halliday，1925—2018）

韩南（Patrick Hanan，1927—2014）

韩少功

韩斯福（S. Howard Hansford，1899—1973）

豪尔（Erich Hauer，1878—1936）

贺大卫（David Holm）

赫定（Sven Hedin，1865—1952）

恒宁（Walter Henning，1908—1967）

洪堡（Wilhelm Von Humboldt，1767–1835）

侯宝璋（1893—1967）

侯健存（1923—2014）

侯仁之（1911—2013）

胡柏华

胡佩衡（1892—1965）

胡适（Shih Hu，1891—1962）

胡冼丽环（Lily Hu）

华淑慧（Shelley Warner）

黄宾虹（1864/1865—1955）

黄君碧（1898—1991）

黄柳霜（Anna May Wang，1905—1961）

黄右公（Yue-Kung Wong）

惠特拉姆（Gough Whitlam，1916—2014）

霍克思（David Hawkes，1923—2009）

J

基德曼（David Gidman，1923—2001）

季羡林（1911—2009）

榎一雄（Kazuo Enoki，1913—1989）

蒋复璁（Fu-tsung Chiang，1898—1990）

蒋彝（Yee Chiang，1903—1977）

金承艺（R. C. I. King，1926—1996）

居浩然（Hao-jan Chü，1917—1983）

K

卡勒（Paul Ernst Kahle，1875—1964）

康丹（Daniel Kane，1948—2021）

柯马丁（Martin Kern）

克劳福德（Max Crawford，1906—1991）

L

拉露（Marcelle Lalou，1890—1967）

莱德敖（John Kennedy Rideout，1912—1950）

莱恩（Allen Lane，1902—1970）

赖宝勤（Katherine P. K. Whitaker，1912—2003）

赖廉士（Linsay Tasman Ride，1898—1977）

赖瑞和

蓝克实（Douglas Lancashire，1926—2011）

廖少廉

廖伊丽斯（Christine Liao）

廖梓岱

劳森（Henry Lawson，1867—1922）

老舍（舒庆春，Colin C. Shu，1899—1966）

雷厚田氏（Clifford H. P. Phillips）

雷纳（Peter Rayner）

雷兴（F. D. Lessing，1882—1961）

李抱枕（Pao-Chen Lee，1907—1979）

李大钊（1889—1927）

李德启（The-Ch'i Li）

李方桂（Fang Kuei Li，1902—1987）

李光照（Kwong Lee Dow，1938— ）

李嘉乐（Alexis Rygaloff，1922—2007）

李济（Chi Li，1896—1979）

李克曼（Pierre Ryckmans，1935—2014）

李苦禅（1899—1983）

李有义（1912—?）

李文田（1834—1895）

李棪（Yim Lee）

李约瑟（Joseph Needham，1900—1995）

李桢显（Stephen Chinghin Lee）

里斯（William Hopkyn Rees，1859—1924）

梁兰勋（Lan—Hsun Liang）

梁启超（1873—1929）

梁实秋（1903—1987）

梁于渭（?— 1913）

梁肇庭（Sow-Theng Leong，1939—1987）

林语堂（Yü T'ang Lin，1895—1976）

凌叔华（1900—1990）

刘程荫（Yin. C. Liu，1914—2008）

刘大杰（1904—1977）

刘殿爵（Din Cheuk Lau，1921—2010）

刘海粟（1896—1994）

刘克庄

刘若愚（James J. Y. Liu，1926/1927—1986）

刘荣恩（Jung-en Liu，1908–2001）

刘陶陶

刘先生（James Liou）

刘墉（1719—1804）

刘月池（Goot Chee Lew）

柳存仁（Ts'un-yan Liu，1917—2009）

娄子匡（Tsu Kuang Lou，1907—2005）

鲁蒂曼（Margaret Ruttiman，1924—2010）

鲁惟一（Michael Loewe，1922—2009）

鲁迅（1881—1936）

陆博士（Chien-hsün Lu）

吕德斯（Heinrich Lüders，1869—1943）

吕风子（1885—1959）

吕叔湘（1904—1998）

罗常培（1899—1958）

罗仁地（Randy J. LaPolla）

罗斯（Edward Denison Ross，1871—1940）

罗文谟（1902—1951）

罗旭龢（R. M. Kotewall）

罗依果（Igor de Rachewiltz，1929—2016）

骆仁廷（James Stewart Lockhart，1858—1937）

M

马伯乐（Henri Maspero，1883—1945）

马守真（Robert Henry Mathews，1877—1970）

马悦然（Göran Malmqvist，1924—2019）

马致远（1250?—1321）

麦卡利维（Henry McAleavy，1911/1912—1968）

迈雅（肯·迈雅，Kenneth Myer，1921—1992）

迈雅（西德尼·迈雅，Sidney Myer，1878—1934）

曼宁太太（程乔，Mrs. Manning）

茅盾（1896—1981）

毛泽东（1893—1976）

毛子水（Tzyhshoei Mau，1893—1988）

梅德利（John Dudley Gibbs Medley，1891—1962）

梅兰芳（1894—1961）

门德尔（Douglas Mendel，1921—1978）

孟华玲（Diane Manwaring）

米尔斯顿（B. Gwenda Milstom）

缪勒（F. W. K. Mueller，1863—1930）

莫里斯（Ivan Morris，1925—1976）

莫理循（George Ernest Morrison，1862—1920）

N

纳尔逊（Howard G. H. Nelson）

尼克松（Richard Nixon，1913—1994）

O

欧文（Richard Gregg Irwin，1909—1968）

P

潘天寿（1897—1971）

佩顿（G. W. Paton，1902—1985）

彭德（K. M. A. Barnett，1911—1987）

蒲立本（Edwin George Pulleyblank，1922—2013）

普赖莱蒙德（Jeanne-Marie Puyraimond）

普罗布森（Arthur Probsthain）

普祖鲁斯基（Jean Przyluski，1885—1944）

溥心畬（1896—1963）

溥仪（1906—1967）

Q

齐白石（1864—1957）

齐思和（1907—1980）

钱锺书（1910—1998）

乔治五世（George Frederick Ernest Albert，1865—1936）

秦乃瑞（John Chinnery，1924—2010）

裘开明（Kaiming Chiu，1898—1977）

全广镇（Kwang Jin Geon）

R

芮玛丽（Mary C. Wright，1917—1970）

容祖椿（1872—1944）

S

塞吉（Marie-Rose Séguy）

赛珍珠（Pearl S. Buck，1892—1973）

申德勒（Bruno Schindler，1882—1964）

沈刚伯（1896—1977）

沈兼士（1887—1947）

施谛文森（Ralph Skrine Stevenson，1895—1977）

施坚雅（G. William Skinner，1925—2008）

施拉姆（Stuart R. Schram，1924—2012）

施耐庵（约1296—1370）

石泰安（Rolf Alfred Stein，1911—1999）

史美（Norman Lockhart Smith，1887—1968）

司马迁

斯通曼（Walter Stoneman，1876—1958）

斯普伦克（Otto Van der Sprenkel，1906—1978）

松村润（Jun Matsumura，1924—）

松田（Matsude Sen）

苏仁山（1814—1849）

索绪尔（Ferdinand de Saussure，1857—1913）

T

陶德曼（Herrn O. Trautmann，1877—1950）

陶寿伯（1902—1997）

特纳（Ralph Lilley Turner，1888—1983）

特里特尔（Walter Trittel，1880—1948?）

廷普森（Tom Timpson）

W

万里（1916—2015）

汪慎生（1896—1972）

王方宇（Fred Fang-yü Wang，1913—1997）

王赓武（Gungwu Wang，1930—）

王国权

王力（1900—1986）

王女士（Ms. Wong）

王际真（Chi-Chen Wang，1899—2001）

王素（1794—1877）

王太后（Elizabeth Angela Marguerite Bowes-Lyon，1900—2002）

王先生（Y. C. Wang）

王省吾（Sydney Wang，1920—2004）

王雪涛（1903—1982）

王一亭（1867—1938）

王云五（1888—1979）

威尔森（Samuel Wilson，1832—1895）

韦利（Arthur Waley，1889—1966）

卫德明（Hellmut Wilhelm，1905—1990）

辛勉（Mien Hsin）

熊式一（Shi-I Hsiung，1902—1991）

徐悲鸿（Pei-hung Hsü，1895—1953）

徐樱（1910—1993）

许勒（Wilhelm Schüler，1869—1935）

薛君度（Chun-tu Hsueh，1922—2016）

Y

严文郁（1904—2005）

晏阳初（1890—1990）

杨碧霞（Bick-har Yang）

杨步伟（Buwei Yueng，1889—1981）

杨宪益（Hsien-yi Yang，1915—2009）

杨联陞（Lien-sheng Yang，1914—1990）

杨啸谷（1885—1969）

杨小楼（1878—1938）

杨秀拔（Paul Hsiu-pa Yang）

杨秀异

姚从吾（姚士鳌 Ts'ung-wu Yao，1894—1970）

姚华（1876—1930）

耶尔德姆（Peter Yeldham，1927— ）

叶斯开（Heinrich August Jäschke，1817—1883）

叶理绥（Serge Elisséeff，1889—1975）

尤德（Edward Youde，1924—1986）

俞大维（Ta We Yü，1897—1993）

于道泉（Tao Ch'uan Yu，1901—1992）

余光中（1928—2017）

余元鑫（1915—1961）

袁同礼（Tung-li Yuan，1895—1965）

袁中明（Chung-ming Yuan）

Z

曾垂祺

翟林奈（Lionel Giles，1875—1958）

詹姆斯（Arthur Lloyd James，1884—1943）

张大千（Dai-Chien Chang，1899—1983）

张洪年（Cheung H. Samuel）

张磊夫（Rafe de Crespigny，1936— ）

张起钧（Constant C. C. Chang，1916—1986）

张先生

张在贤（Tsai-Hsien Chang，1919—2006）

张砚田（?—1986）

兆先生（T. C. Chao）

赵世家

赵元任（Yuen Ren Chao，1892—

1982）

　　赵志麟（Charlie Chi-Lin Chao）

　　赵子昂（赵孟頫，1254—1322）

　　郑德坤（1907—2001）

　　郑振铎（1898—1958）

　　周策纵（Tse-Tsung Chow，1916—2007）

　　周恩来（1898—1976）

　　周培源（1902—1993）

　　庄士敦（Reginald Johnston，1874—1938）

　　邹嘉彦（Benjamin Ts′ou）

　　朱德熙（1920—1992）

　　朱祖谋（1857—1931）